V&R unipress

# Fields of Linguistics – Aktuelle Fragestellungen und Herausforderungen

Band 4

Herausgegeben von
Joanna Szczęk, Anna Dargiewicz
und Mariusz Jakosz

Die Bände dieser Reihe sind peer-reviewed.

Joanna Targońska / Mariusz Jakosz (Hg.)

# Wendepunkte in der Fremd-
# sprachenlehr- und -lernforschung

Teil 2

V&R unipress

Bibliografische Information der Deutschen Nationalbibliothek
Die Deutsche Nationalbibliothek verzeichnet diese Publikation in der Deutschen
Nationalbibliografie; detaillierte bibliografische Daten sind im Internet über
https://dnb.de abrufbar.

Diese Publikation wurde von der Warmia und Mazury-Universität in Olsztyn und
von der Schlesischen Universität in Katowice finanziell unterstützt.

Gutachter:innen: Univ.-Prof. Dr. habil. Małgorzata Bielicka (Adam-Mickiewicz-Universität
Poznań), Univ.-Prof. Dr. habil. Felicja Księżyk (Universität Oppeln), Univ.-Prof. Dr. habil. Krystyna
Mihułka (Universität Rzeszów), Univ.-Prof. Dr. habil. Renata Nadobnik (Jakob-von-Paradies-
Akademie Gorzów Wielkopolski), Univ.-Prof. Dr. habil. Krzysztof Nerlicki (Universität Stettin),
Univ.-Prof. Dr. habil. Agnieszka Pawłowska-Balcerska (Adam-Mickiewicz-Universität Poznań),
Prof. Dr. habil. Joanna Szczęk (Universität Wrocław), Prof. Dr. Beatrice Wilke (Universität Salerno),
Jun.-Prof. Dr. Nadja Wulff (Pädagogische Hochschule Freiburg)

Umschlagabbildung: © Adrian Kocot
Druck und Bindung: CPI books GmbH, Birkstraße 10, D-25917 Leck
Printed in the EU.

Vandenhoeck & Ruprecht Verlage | www.vandenhoeck-ruprecht-verlage.com

ISSN 2941-7465
ISBN 978-3-8471-1683-7

# Inhalt

I. Wendepunkte in der Auffassung, Entwicklung und in
Förderungsmöglichkeiten von verschiedenen fremdsprachlichen
Kompetenzen

II. Innovationen in der Arbeit an verschiedenen Subsystemen und
Sprachfertigkeiten

Joanna Targońska (Uniwersytet Warmińsko-Mazurski w Olsztynie) /
Mariusz Jakosz (Uniwersytet Śląski, Katowice)

# Fremdsprachenlehren und -lernen im Wandel

**Abstract**
**Turning Points in Foreign Language Teaching and Learning**
The article discusses selected breakthroughs in the research on foreign language teaching and learning which have occurred over the past centuries and decades. The changes described include – among other things – foreign language teaching methods and the role of teachers in various teaching approaches. Taking the narrative approach as an example, changes in teaching different language systems and age groups have also been presented.

**Keywords:** foreign language teaching, teaching methods, teacher, language teaching, early foreign language teaching
**Schlüsselwörter:** Fremdsprachendidaktik, Lehrmethoden, Lehrkraft, Sprachbildung, frühes Fremdsprachenlernen

## 1. Einführung

Es ist unbestreitbar, dass sich jede wissenschaftliche Disziplin mit der Zeit entwickelt. Diese Entwicklung geht einerseits mit kleinen Änderungen einher, andererseits lassen sich dabei auch größere Veränderungen oder sogar Umbrüche bzw. Wendepunkte erkennen. Dies gilt auch für die Fremdsprachenlehr- und -lernforschung sowie für die auf ihren Erkenntnissen basierende Sprachdidaktik und die Fremdsprachendidaktik. Die Wende bedeutet in den wissenschaftlichen Disziplinen den Abschied von einer Sichtweise und die Hinwendung zu einer neuen oder auch einer Ausdifferenzierung einer bisherigen.

Im Hinblick auf die Fremdsprachendidaktik sowie die Fremdsprachenlehr- und -lernforschung konnten in den letzten 100 Jahren schon mehrmals Wendepunkte beobachtet werden. Diese bezogen sich auf viele Aspekte der Fremdsprachenvermittlung und des Fremdsprachenlernens. Manchmal wurden diese von den Linguist:innen bzw. Fremdsprachendidaktiker:innen, explizit, d.h. durch ihren Aufruf zu großen Veränderungen angekündigt. Manchmal kamen sie jedoch ganz unerwartet zustande. Ein Beispiel für einen Wendepunkt in der

Methodik des Fremdsprachenunterrichts kann die Abkehr von der Grammatikorientierung und die Hinwendung zum Vokabular (Wortschatzwende) sein. Zu den weiteren Wendepunkten, die sich im letzten Jahrhundert vollzogen haben, können u. a. die Lernerorientierung und die Kompetenzorientierung des Fremdsprachenunterrichts gezählt werden.

Es lassen sich in den letzten Jahrhunderten und Jahrzehnten Veränderungen auf vielen Ebenen des Fremdsprachenunterrichts beobachten. Alle können jedoch im vorliegenden Beitrag nicht genannt, geschweige denn beschrieben werden. Unser Ziel ist es, auf ausgewählte Wendepunkte in der Fremdsprachenlehr- und -lernforschung und in der Fremdsprachendidaktik hinzuweisen und diese kurz zu beschreiben. Dabei soll gezeigt werden, dass sich diese Veränderungen auf verschiedene Aspekte des Unterrichtens der Fremdsprachen und der Unterrichtsführung, d. h. auf die Methoden des Fremdsprachenunterrichts und die Rolle der Lehrkräfte in verschiedenen didaktischen Ansätzen, auf die Methodologie der Erforschung von Fremdsprachenerwerbs- und -lernprozessen beziehen und dass ihnen verschiedene Gründe bzw. Geschehnisse zugrunde gelegen haben.

Im vorliegenden Beitrag wird davon ausgegangen, dass sich explizite und implizite Wendepunkte in der Fremdsprachenlehr- und -lernforschung sowie in der Fremdsprachendidaktik unterscheiden lassen. Zu den ersten zählen wir solche, die explizit gefordert, genannt und postuliert wurden. Unter die impliziten Wendepunkte fallen solche Veränderungen, die nebenbei, allmählich bzw. schrittweise eingetreten sind und nicht explizit als Wendepunkte bezeichnet wurden, wobei sie – insbesondere im Nachhinein – diese Bezeichnung verdient hätten.

## 2.    Ebenen der Wendepunkte in der Fremdsprachendidaktik

In der Glottodidaktik, d. h. der Didaktik des Fremdsprachenlehrens und -lernens, haben sich im Laufe der Geschichte zahlreiche Wendepunkte vollzogen. Große Veränderungen konnten schon auf dem Weg zum institutionellen Fremdsprachenunterricht beobachtet werden, denn Fremdsprachen wurden bereits unterrichtet, bevor diese Eingang in Schulen gefunden haben. Somit wandelten auch die Fremdsprachenunterrichtenden, bis diese an Universitäten und anderen Bildungseinrichtungen ausgebildet wurden (vgl. dazu Kapitel 3).

Wendepunkte lassen sich in der Fremdsprachendidaktik bzw. Fremdsprachenlehr- und -lernforschung somit u. a. auf folgenden Ebenen beobachten:
– Neuerungen in den Methoden des fremdsprachlichen Unterrichts (mehr dazu in Kapitel 4),

- Wendepunkte in der Auffassung, Entwicklung und in den Förderungsmöglichkeiten von verschiedenen fremdsprachlichen Kompetenzen (z.B. Wendepunkte in der Auffassung der Wortschatzkompetenz (vgl. dazu den Beitrag von Targońska in diesem Band) oder die Erweiterung des Kompetenzbegriffs, auch um die *Soft Skills* (vgl. den Beitrag von Hradílková und Pytlik),
- Veränderungen in der Arbeit an verschiedenen Subsystemen (z.B. an der Förderung der Schreib- und Sprechfertigkeit mittels digitaler Medien (vgl. dazu den Beitrag von Gierzyńska) oder in verschiedenen Konzeptualisierungen des Schreibens im Fremdsprachenunterricht (mehr dazu im Beitrag von Kowalonek-Janczarek und Kretzer),
- Wandel in der Sprachbildung, z.B. in der Hervorhebung der Rolle der affektiven Faktoren im Fremdsprachenunterricht (darunter auch des Humors, worauf der Beitrag von Jakosz eingeht), der Reflexion über Sprache und z.B. neue Ansätze in der Landeskunde und Änderungen ihrer Inhalte. Diese Änderungen beziehen sich auch auf die Integration verschiedener außersprachlicher Inhalte in den Fremdsprachenunterricht, was den Gegenstand der Beiträge von Pukevičiūtė und Jarmalavičius und von Widawska bildet,
- Wendepunkte in der Rolle und in der Ausbildung von Fremdsprachenlehrkräften, innovative Formen und Inhalte in der Lehrerausbildung, sowie Herausforderungen für die Fremdsprachenlehrerausbildung (vgl. den Beitrag von Chabros und Janicka),
- Wendepunkte in der Fremdsprachenforschung, neue Zugänge zu Fremdsprachenlernprozessen (innovative Methoden der Datenerhebung, neue Forschungsmethoden und -instrumente),
- Wende(n) in der Fremdsprachenpolitik, z.B. Bestimmung des Zeitpunktes des Unterrichtens der ersten und der weiteren Fremdsprache(n), Festlegung der Pflichtfremdsprachen und Fremdsprachenfolgen, wozu auch die Postulierung der Tertiärsprachendidaktik gehört (vgl. den Beitrag von Chabros).

Natürlich lassen sich Wendepunkte auch in weiteren Bereichen beobachten, die mit dem Fremdsprachenlehren- und -lernen verbunden sind. Im vorliegenden Beitrag konzentrieren wir uns jedoch nur auf ausgewählte Ebenen der Veränderungen, die sich auf die Methoden des Fremdsprachenunterrichts, die Sprachbildung und die Rolle der Lehrperson im Lernprozess erstrecken.

## 3.    Wendepunkte auf dem Weg zum institutionellen Fremdsprachenunterricht und zum Beruf des Fremdsprachenlehrenden

Fremdsprachenkenntnisse waren seit jeher den Menschen aus verschiedenen Gründen wichtig, deshalb kann es nicht verwundern, dass sie schon seit Jahrhunderten gelernt bzw. erworben wurden. Verschiedene Fremd(-sprachen) mussten jedoch von jemandem unterrichtet werden. Bevor Fremdsprachenlehrer:innen gezielt ausgebildet und die modernen Fremdsprachen an öffentlichen Schulen unterrichtet wurden, gab es schon unterschiedliche Gruppen von »Lehrpersonen«, die keine »klassischen« Lehrer:innen im heutigen Sinne waren. Somit konnten auf dem Weg zu ihrer Ausbildung verschiedene Wendepunkte beobachtet werden.

Vor Jahrhunderten gehörten zu den Unterrichtenden z.B. Sklaven, die den Griechen das Lateinische und den Römern das Griechische beigebracht haben. Dann übernahmen Mönche, die das Lateinische gelehrt haben, die Rolle der Lehrpersonen. An den Höfen vermittelten Kindermädchen (auch »Bonnen« genannt) den Adligen bzw. ihren Kindern Kenntnisse in verschiedenen Fremdsprachen (vgl. Christ 2020: 31 f.). Dies zeigt, dass sich auf dem Weg zur Entwicklung des institutionellen Fremdsprachenunterrichts und der Fremdsprachendidaktik als Wissenschaft (vgl. Meißner 2020: 302) und zur Bildung der Fremdsprachenlehrkräfte[1], zur Entfaltung der wissenschaftlichen Disziplin Fremdsprachenlehr- und -lernforschung sowie des Faches, der Disziplin und des Studiengangs Deutsch als Fremdsprache (vgl. Feld-Knapp 2012: 11 f.) verschiedene Wenden vollzogen haben.

## 4.    Wendepunkte in den Methoden des Fremdsprachenunterrichts

Anstöße für verschiedene Umbrüche im Fremdsprachenunterricht gab einerseits der technische und wissenschaftliche Fortschritt. Andererseits wurden Wendepunkte durch die gesellschaftliche Entwicklung, z.B. durch zunehmende Mobilität der Sprachbenutzer:innen und Änderungen ihrer Bedürfnisse bzw. Erwartungen eingeleitet. Bestimmte Ereignisse, unerwartete Geschehnisse und die

---

1 Interessant ist die Tatsache, dass die ersten richtigen Fremdsprachenlehrkräfte zuerst, d.h. schon im 18. Jahrhundert an Kaufmannsschulen eingestellt waren (vgl. Christ 2020: 38). Erst in den 1970er Jahren wurde »die Fremdsprachendidaktik in die Ausbildung der Fremdsprachenlehrer einbezogen« (Christ 2020: 93), wofür der Anstoß aus den pädagogischen Schulen kam.

Notwendigkeit, den neuen Anforderungen gerecht zu werden, können Impulse für eine veränderte Sichtweise geben, d. h. zu kleinen Modifikationen oder sogar zu einer Wende führen. So sind die einst populären und modernen Methoden des Fremdsprachenunterrichts wegen veränderter Erfordernisse, oder dank neuer Erkenntnisse durch andere, oft innovative Ansätze ersetzt worden. Der technische Fortschritt hat ebenfalls einen Beitrag zu großen Veränderungen und gerade zur Konzipierung innovativer Vorgehensweisen in der Vermittlung der Fremdsprache bzw. der Fremdsprachenunterrichtsführung beigetragen. Im Folgenden werden die Wandlungen in den Methoden des Fremdsprachenunterrichts näher beschrieben.

Seit dem 15. Jahrhundert wurden Fremdsprachen auf unterschiedliche Art und Weise unterrichtet. Seit dieser Zeit können sechs unterschiedliche Methoden des Fremdsprachenunterrichts differenziert werden, nach denen er im Laufe der Geschichte Jahre oder Jahrzehnte lang geführt wurde. Vom 15. bis in das 18. Jahrhundert wurden Fremdsprachen nach den sog. Sprach- bzw. Hofmeistermethoden unterrichtet (vgl. Christ 2020: 130 f.). Zwischen dem Ende des 18. und Ende des 19. Jahrhunderts erfolgte der Fremdsprachenunterricht nach der Grammatik-Übersetzungs-Methode. Um 1880 wurde in der Fremdsprachenbildung die direkte Methode angewandt. Das 20. Jahrhundert brachte viele neue methodische Ansätze mit sich, wobei seit seiner zweiten Hälfte rasche Entwicklung immer neuerer Methoden des Fremdsprachenunterrichts zu beobachten ist. Für die Jahre 1900–1950 war der Einsatz der vermittelnden Methode charakteristisch. Ab 1950 kam die audiolinguale Methode, die gleich, d. h. 1960, durch die audiovisuelle ersetzt wurde. Seit 1970 hat man mit dem kommunikativen Ansatz zu tun. Inzwischen wurden verschiedene alternative Methoden des Fremdsprachenunterrichts vorgeschlagen und didaktisch ausprobiert (vgl. Christ 2020: 130 f.). Im Weiteren wird kurz beschrieben, was für die ausgewählten Methoden des Fremdsprachenunterrichts charakteristisch war, was die Wende(n) auslöste bzw. was den Anstoß für eine Wende gab und worin Wendepunkte sichtbar werden.

## 4.1    Wenden im Lateinunterricht

Einen großen Einfluss auf den Unterricht der modernen Fremdsprachen hatte zweifelsohne der Lateinunterricht, wobei dieser im Laufe der Jahrhunderte auch Änderungen unterworfen war. Während der mittelalterliche auf die Vermittlung der Sprechfertigkeit abzielte und das Einüben der »Dialoge des alltäglichen Lebens in lateinischer Sprache« (Christ 2020: 132) berücksichtigte, konzentrierte sich der Lateinunterricht der Renaissance auf ein tiefgründiges Studium der Grammatik und eher auf das Schreiben als auf das Sprechen. Der wichtigste

Wendepunkt, der sich im Lateinunterricht vollzogen hat, betraf somit die Verlagerung des Schwerpunktes vom Sprechen auf das Schreiben, d.h. von der Förderung der Sprechfertigkeit auf die Stärkung der Schreibfertigkeit. In diesem Lateinunterricht mussten Vokabellisten und Listen der Redewendungen auswendig gelernt werden. Die verstärkte Konzentration auf das grammatische Training sowie der Fokus des Unterrichts auf das Verfassen von perfekten, dem klassischen Ideal entsprechenden Texten führte zur Vernachlässigung der Sprech- und Kommunikationsfähigkeit. Priorität hatte die Schulung der Grammatikkenntnisse, weshalb »die Sprechfähigkeit der Schüler [...] unter diesem verstärkten grammatischen Training sehr stark« litt (Christ 2020: 133). Der Übersetzung, zunächst in die Fremdsprache und dann der Übertragung der klassischen Texte in die Muttersprache, wurde eine große Rolle beigemessen. Der Lateinunterricht, mit seiner grammatischen Ausrichtung, sollte zum einen der Stärkung des Sprachbewusstseins, zum anderen dem Studium der Grammatik dienen. Diese Art des Unterrichts hatte einen großen Einfluss auf den Unterricht der modernen Fremdsprachen von ca. 1800 bis ca. 1880 (ebd.: 135f.), d.h. bildete die Grundlage für die Grammatik-Übersetzungs-Methode (weiter GÜM), die auf die Vermittlung des Wissens über die jeweilige Fremdsprache ausgerichtet war. Der nach diesem methodischen Ansatz geführte Unterricht, dessen Ziel die Gewährung »eine[r] bewusste[n] Einsicht in [...] [den] formalen Aufbau und das Regelsystem« der Fremdsprache war (Neuner/Hunfeld 2002: 30), basierte auf der geschriebenen und nicht auf der gesprochenen Sprache. Der praktischen Beherrschung der Fremdsprache wurde in dieser Methode keine Bedeutung beigemessen, weshalb die Vorbereitung auf die authentische Kommunikation darin keine Rolle spielte. In dem Unterricht mussten grammatische Regeln und Vokabeln auswendig gelernt werden. Viele Linguist:innen waren mit dieser Methode des neusprachlichen Fremdsprachenunterrichts unzufrieden. Viëtor kritisierte an der GÜM vor allem, »daß sie eine lebende Sprache mit den Mitteln einer toten Sprache lehrt« (ebd.: 31), was ihn zur Postulierung der Wende im Fremdsprachenunterricht veranlasste (siehe Kapitel 4.2).

## 4.2   Viëtors expliziter Aufruf zur Umkehrung des (Fremdsprachen-)Unterrichts

Explizite Wendepunkte sind auch auf die Unzufriedenheit mit einem Sachverhalt, z.B. mit einer Unterrichtsmethode zurückzuführen. Ein Beispiel für eine explizit postulierte Wende ist das Erscheinen eines von Wilhelm Viëtor (1882/

1886)[2] herausgegebenen Buches, eigentlich einer Broschüre unter dem Titel *Der Sprachunterricht muss umkehren! Ein Beitrag zur Überbürdungsfrage.* Den Ausgangspunkt für das von ihm angekündigte Umkehrpostulat bildete seine kritische Einstellung zur strukturalistischen Vermittlung von Sprachkenntnissen, d. h. die Konzentration des Sprachunterrichts auf das Schriftliche und auf Phoneme, Einzelwörter sowie grammatische Strukturen, die von den Lernenden auswendig gelernt werden sollten. Viëtor bemerkte, dass der Fremdsprachenunterricht, in dessen Zentrum die Entfaltung der Übersetzungsfähigkeit (der alten lateinischen und griechischen Texte) steht, keine Kommunikationsfähigkeit der Lernenden aufbaut. Deshalb forderte er, den Unterricht von alten nicht lebendigen (Fremd-)Sprachen wie das Lateinische und das Griechische durch schulisches Unterrichten von lebendigen Fremdsprachen wie Englisch und Französisch zu ersetzen, deren Kenntnisse im Leben der Fremdsprachenlernenden nützlich sein könnten (ebd.: 25f.). Gerade das Französische oder das Englische sollten demnach an den Schulen als erste Fremdsprache(n) unterrichtet werden. Viëtor postulierte auch die Umwandlung des Inhalts des Fremdsprachenunterrichts, dessen Ziel nicht die Schulung der Übersetzungsfähigkeit der schöngeistigen Literatur sein sollte, was Viëtor (1886: 31) folgendermaßen formulierte: »Das Übersetzen in fremde Sprachen ist eine Kunst, welche die Schule nichts angeht«. Vielmehr soll der Zweck des Unterrichts das Verständnis und (Re-)Produktion von Texten sein sowie die Entwicklung der Fähigkeit, in der Fremdsprache zu denken und sich auszudrücken. Der nächste Wendepunkt äußerte sich somit in der Abkehr von dem Schriftlichen und in der Konzentration auf »die aktive mündliche Sprachbeherrschung« (Neuner/Hunfeld 2002: 34). Das Gehörte und das Gesprochene sollten Vorrang vor dem Gelesenen und Geschriebenen haben. Die Fremdsprachenlernenden sollen sich auf den Inhalt und auf die Aussprache konzentrieren. Erst nachdem diese korrekt memoriert worden ist, soll die grafische Komponente berücksichtigt werden. Die Einführung des Geschriebenen sollte sich nämlich nicht negativ auf die Aussprache der Fremdsprachenlernenden auswirken, denn die Fremdsprachenkenntnisse sollen der Kommunikation dienen und dazu ist die korrekte Aussprache von Belang.

---

2 Viëtor hat sein Buch zwar 1882 herausgegeben, aber zu dieser Zeit noch anonym unter dem Pseudonym Quousque tandem (vgl. Christ 2020: 173).

4.3    Reformbewegung und Postulierung neuer Methoden des
       Fremdsprachenunterrichts

Die Reformbewegung, die einige Jahrzehnte nach Viëtors Postulat zur »Um-
kehrung« des (Fremd-)Sprach(en)unterrichts führte, hat eine Wende in der
Linguistik und somit in der Ausbildung der Fremdsprachenlehrkräfte ausgelöst.
Das wichtigste Anliegen der Reformbewegung war es, »den Unterricht in den
modernen Fremdsprachen auf eine solide wissenschaftliche Basis zu stellen.
Diese wissenschaftliche Basis sollte die Sprachwissenschaft sein, und […] die
Unterrichtsmethode zu erneuern« (Christ 2020: 174). Die neue Sprachwissenschaft (auch junggrammatische Schule genannt) stellte die gesprochene Sprache
und zwar die Sprache der Gegenwart in den Mittelpunkt ihres Forschungsinteresses. In der Phonetik als einer wissenschaftlichen Disziplin wurden synchrone, empirische und experimentelle Untersuchungen durchgeführt. Dies alles
führte zu einer regen Diskussion über den Fremdsprachenunterricht: »Man
beschäftigte sich mit Spracherwerb, mit psychologischen Fragen das Lehren und
Lernen fremder Sprachen betreffend, mit den Inhalten des Fremdsprachenunterrichts, mit mediendidaktischen Fragen« (ebd.: 177). An diesen Diskussionen
nahmen als Reformer:innen viele Methodiker:innen und Sprachwissenschaft-
ler:innen teil, wobei ihre Postulate nicht einheitlich waren. Die gemäßigten Re-
former:innen haben – in Opposition zu den radikalen – die vermittelnde Methode des Fremdsprachenunterrichts angestrebt. Im Bildungsprozess der Neu-
philologen war nicht mehr das Wissen über den Prozess der geschichtlichen
Entwicklung der jeweiligen Sprache bedeutungsvoll, d. h. weder Kenntnisse in der
historischen Grammatik noch das Wissen über die historische Lautentwicklung.
Viel wichtiger waren die (kommunikativen) Bedürfnisse der Fremdsprachenlernenden, was zur Berücksichtigung der praktischen Phonetik und der gesprochenen Sprache der Gegenwart in der Fremdsprachenlehrerausbildung
führte (vgl. Christ 2020: 93).
    Die direkte Methode entstand infolge der Reformbewegung, jedoch berück-
sichtigte sie nur Postulate der strengen Reformer:innen. Ziel des Fremdsprachenunterrichts in dieser Methode war es, Fremdsprachenlernende auf die
Kommunikation in der Zielsprache vorzubereiten und bei ihnen Sprachgefühl
und Sprachbewusstheit aufzubauen (vgl. Neuner/Hunfeld 2002: 35). Deshalb
sollte der nach dieser Methode geführte Fremdsprachenunterricht ausschließlich
einsprachig erfolgen, d. h. direkt und ohne Dazwischentreten der Muttersprache,
die als ein Störfaktor auf dem Weg zum Erwerb der Zielsprache angesehen wurde.
Dies sollte auch dem Denken in der Erstsprache und der Übertragung des
muttersprachlichen Systems auf das System der Fremdsprache vorbeugen (ebd.:
33). Die gesprochene Sprache hatte Priorität und wurde im Gebrauch gelernt,
weswegen die Umgangssprache Eingang in den fremdsprachlichen Unterricht

fand. Da die Sprache durch Nachahmung erlernt bzw. erworben werden sollte, war der von der Lehrkraft gelieferte Input von Relevanz, denn ihre (Aus-)Sprache diente als ein nachzuahmendes Muster. Aus diesem Grunde wurden an die Lehrenden andere Anforderungen als bis dahin, z.B. in der GÜM gestellt. Ihre akzentfreie Aussprache, der man bisher keine so große Rolle beigemessen hat, war in der direkten Methode ausschlaggebend (ebd.: 37), was einen wichtigen Wendepunkt darstellte. In diesem Ansatz war auch die Vermittlung der praktischen Phonetik-Kenntnisse wichtig. Der nächste Wandel, der sich nach der Postulierung der direkten Methode vollzogen hat, war die Verlagerung des Schwerpunktes des Fremdsprachenunterrichts von der korrekten Schreibung auf die korrekte Aussprache, was die Einführung der Ausspracheschulung in den Unterricht notwendig machte.

Die direkte Methode brachte auch Änderungen in der Grammatik- und Wortschatzvermittlung mit sich. Das erste Subsystem wurde nicht mehr deduktiv (d.h. durch Vermittlung von grammatischen Regeln) unterrichtet. Die Grammatikstrukturen sollten vielmehr induktiv erschlossen werden, wobei die grammatischen Regeln nicht völlig ausgeschlossen waren, sondern »erst am Ende einer Unterrichtseinheit [...] praktisch als Bestätigung und Zusammenfassung des neu Gelernten« angegeben wurden (Neuner/Hunfeld 2002: 39). Die Wortschatzarbeit erfolgte einsprachig, wobei die zu lernenden lexikalischen Einheiten verbal (z.B. mittels Definitionen, Angabe von Synonymen) oder nonverbal (über Bilder oder Gesten) semantisiert[3] wurden. Mir der direkten Methode wurden neue Übungstypen im Unterricht eingesetzt, einerseits die mechanischen wie z.B. Abschreiben von Texten bzw. Herausschreiben von Vokabeln, andererseits die analytischen, zum Denken und zum Einsatz vom Sprachwissen veranlassenden Übungen, wie z.B. Umformungsübungen oder die zur Verknüpfungen von Sätzen (vgl. Christ 2020: 189f.). Die Übersetzungsübungen waren zwar zugelassen, aber sie sollten erst am Ende der Übungsphase erfolgen.

Die Reformbewegung des ausgehenden 19. Jahrhunderts – die der gemäßigten Reformer:innen – hat zur Konzipierung und Einführung der vermittelnden Methode geführt, die eine Modifikation und Erweiterung der GÜM darstellte und Elemente der audiolingualen Methode umfasste. Aus der GÜM wurde die Grammatik- und Wortschatzprogression, und aus der audiolingualen Methode die Einsprachigkeit der Unterrichtsführung und die Schwerpunktsetzung auf die Mündlichkeit, d.h. gesprochene Sprache übernommen (vgl. Funk/Hunfeld 2002: 72). In dem nach dieser Methode geführten Unterricht ging man nicht von Sätzen, sondern von Texten aus, die das alltägliche Leben betroffen haben. Die dort vorkommenden grammatischen Phänomene wurden induktiv erschlossen.

---

3 Mit Semantisierung ist die Bedeutungsvermittlung gemeint.

Fremdsprachenlernende sollten anhand der Beispiele selbst zu Grammatikregeln
kommen, wobei die Lehrkraft ihnen zur Hilfe stand, Regelmäßigkeit der grammatischen Phänomene bewusst machte und half, grammatische Regeln zu formulieren. Danach folgte in dem Unterricht eine Übungsphase, deren Ziel die
korrekte Anwendung der neu kennen gelernten grammatischen Form bzw.
Struktur war.

## 4.4     Mediengestützte Wende – Konzipierung der audiolingualen und audiovisuellen Methode

Die Wende zu der audiolingualen und dann zu der audiovisuellen Methode
entsprang neuen Herausforderungen bzw. Erfordernissen. Die erste, die aus den
Vereinigten Staaten kam, war eine Antwort auf die Notwendigkeit, für die Zwecke
der Kriegsteilnahme der USA über viele Dolmetscher:innen, Übersetzer:innen
und andere Mitarbeiter:innen mit fundierten Fremdsprachenkenntnissen zu
verfügen und somit diese auszubilden. Andererseits gab der technische Fortschritt, d.h. die Entwicklung vieler moderner Unterrichtsmedien, einen Anstoß
für den Einsatz von damals modernen Tonträgern im Fremdsprachenunterricht
(vgl. Christ 2020: 191–197). Für diese Methode waren »der Vorrang des Mündlichen vor dem Schriftlichen« sowie die Einbettung der grammatischen
Sprachmuster in Alltagssituationen charakteristisch (vgl. Neuner/Hunfeld 2002:
61). Darin ging man von *Patterns* (Strukturmustern) aus, die auswendig zu lernen
waren. Diese wurden dann in Drill-Übungen trainiert. Fremdsprachenkenntnisse wurden ohne Rückgriff auf die Muttersprache vermittelt und erworben.
Dabei beruhte der Lernprozess auf dem Hören, Nachahmen und Wiederholen
(vgl. Christ 2020: 191–197). Dazu wurden Sprachlabore eingesetzt, die es ermöglichten, die korrekte Aussprache zu hören und zu imitieren.

   Parallel dazu kam die audiovisuelle Methode aus Europa. Sie wurde in
Frankreich konzipiert. Der Grund für ihre Ausarbeitung war die Notwendigkeit,
den Migrant:innen und ausländischen Studierenden Französisch beizubringen.
Hier wurde die Fremdsprache bildgestützt vermittelt, was einen weiteren Wendepunkt bedeutet. Die dabei eingesetzten Bilder dienten der Textverständnissi-
cherung und der Semantisierung. Sie hatten auch die Aufgabe, landeskundliches
bzw. interkulturelles Wissen zu vermitteln (ebd.: 199). Der Unterricht war somit
medienzentriert. Die Grammatik sollte ganzheitlich aufgenommen werden. In
dieser Methode, in der gesprochene Sprache und das Sprechen in der Fremdsprache im Vordergrund standen, wurden auch Phonetik-Übungen wiederent-
deckt (wobei diese durch Übungen zur Intonation, d.h. Suprasegmentation erweitert wurden) und für jede Lektion vorgesehen. Diese Methode

> erhält viele Charakteristika, die auch die direkte Methode auszeichneten: prinzipielle Einsprachigkeit, induktive Grammatik (aber: nach strukturalistischer Konzeption), Betonung der Phonetik, aber: auch und gerade der suprasegmentalen Phonetik, die Tatsache schließlich, daß die Schreibung sehr lange hinausgezögert wird (länger, als es die direkten Methodiker gewagt haben). (Christ 2020: 202)

Die audiovisuelle Methode und die audiolinguale Methode weisen viele Ähnlichkeiten auf. Das wichtigste sie verbindende Element war die behavioristische Konzeption des Unterrichtens, bei dem nach Stimulus-Response-Schema gelernt werden sollte. Der fremdsprachliche Unterricht hatte die »Ausbildung von Sprachgewohnheiten durch Verhaltenskonditionierung« zum Ziel (Neuner/Hunfeld 2002: 67). Der Umbruch im Vergleich zu der direkten Methode äußerte sich im Einsatz der neuen Medien und ihrer Rolle bei der Schulung verschiedener Sprachfertigkeiten und beim Aufbau von Kompetenzen. Eine weitere Wende, und somit die Rückkehr zur GÜM, bildete die grammatische Progression (diese war im Vergleich zur GÜM versteckt), nach der Lektionen konzipiert waren und die für die Wahl der im Unterricht behandelten Themen und gelesene Texte entscheidend war (vgl. Funk/Hunfeld 2002: 56).

Man kann auf der Achse der Entwicklung verschiedener Methoden des Fremdsprachenunterrichts beobachten, dass einerseits jahrzehntelang sich keine Wendepunkte im Methodenrepertoire vollzogen haben und andererseits im 20. Jahrhundert – insbesondere in seiner zweiten Hälfte – die methodischen Ansätze viele Wenden erfuhren. Die Konzipierung immer neuerer Methoden war auf die »massive Ausdehnung des Fremdsprachenunterrichts an alle denkbaren Publikumsgruppen« (Christ 2020: 207), d.h. Zielgruppen zurückzuführen. Den Grund für die Entwicklung in den 1960er Jahren der sog. alternativen Methoden (dazu gehören z.B. Suggestopädie, *The Silent Way*, *Community Language Learning*, *Total Physical Response*) sieht Christ (2020: 208) im Versuch, den Herausforderungen, d.h. dem Problem der Zielgruppe der Erwachsenen, eine Fremdsprache zu beherrschen, gerecht zu werden. Deshalb stützten sie sich »auf die Ergebnisse der Gedächtnisforschung, der menschlichen Kognition und der Psychologie und basier[en] auf der Beobachtung der Unterrichtspraxis« (Tobiasz 2007: 264). In diesen Methoden war die Schaffung einer lernfreundlichen Atmosphäre und Stärkung der Aufnahme- und Lernbereitschaft von Relevanz, was den Wendepunkt in den Methoden darstellte, denn hier stand im Vordergrund – im Gegensatz zu den oben beschriebenen konventionellen Methoden – nicht die Vermittlung des Sprachwissens und der Aufbau der Kompetenzen, sondern die Schaffung der lernfreundlichen Atmosphäre, in der unterrichtet und gelernt wurde. So spielte z.B. in der Suggestopädie der Einsatz der Musik im Unterricht eine wichtige Rolle, die einerseits der Entspannung diente, andererseits die unbewusste Aufnahme des Lernstoffes fördern sollte (vgl. ebd.: 265). Das Plus und somit die Wandlung des Fremdsprachenunterrichts in den alternativen Metho-

den lag »im Hervorheben der emotiven Seite des fremdsprachlichen Lernprozesses« (Tobiasz 2007: 270). In ihnen wurde den Emotionen eine größere Bedeutung zugeschrieben als den kognitiven Lernprozessen.

## 4.5    Pragmatische Wende

Die Pragmatische Wende in der Konzeption des Fremdsprachenunterrichts kam
nicht durch technische Neuerungen zustande. Der Ursprung lag ausschließlich in
einem didaktischen Umdenken. Im Zentrum des Interesses der Pragmatik stand
der Sprecher, d. h. sein Sprachgebrauch, deshalb ging die Sprachwissenschaft
vom Sprechakt aus. Die Sprache wurde nicht mehr als ein System, sondern
vielmehr als eine menschliche Tätigkeit aufgefasst und als solche beschrieben.
Dies hatte auch einen Einfluss auf den Fremdsprachenunterricht, denn die
pragmatische bzw. pragmatisch-kommunikative Wende bewirkte, dass in seinem
Zentrum die Lernenden standen, die als ernst zu nehmende Subjekte betrachtet
wurden. Bei der Fremdsprachenvermittlung waren ihre Einstellungen, Interessen, Erwartungen, aber auch Fragen und Probleme wichtig (vgl. Christ 2020:
203 ff.). Die pragmatische Wende führte zur Postulierung der kommunikativen
Didaktik und somit zur Einführung des pragmatisch-funktionalen Konzepts des
fremdsprachlichen Unterrichts, in dem Fremdsprachenlernende auf die Erfüllung ihrer kommunikativen Rollen, darunter auf die gelungene Realisierung der
Sprechabsichten bzw. der Sprechintentionen vorbereitet werden sollten (vgl.
Neuner/Hunfeld 2002: 88).

Die Fremdsprache wurde im Gebrauch, durch Handeln in der Sprache, unterrichtet. Vermittelt wurden nicht nur sprachliche Mittel, sondern vor allem ihre
Funktion in bestimmten Sprechakten. Da der Lerngegenstand sowie seine Rolle
im Sprachlernprozess den Fremdsprachenlernenden bewusst sein sollten, wurden v. a. sprachliche Mittel vermittelt und ihre Rolle bei der Realisierung bestimmter Sprechakte bewusst gemacht. Der weitere große Wendepunkt, der
dabei zu beobachten ist, bezog sich auf die Grammatikvermittlung, insbesondere
auf die Grammatikprogression. Nicht ausschließlich die Grammatik bestimmte
die Lehrprogression, sondern auch die zu realisierenden Sprechabsichten, Rollen, in denen Lernende in der Zukunft auftreten werden, sowie auch Themen,
Inhalte und Texte (vgl. Neuner/Hunfeld 2002: 97). Den Unterrichtsgegenstand
bildete die Mitteilungsgrammatik, d. h. die grammatischen Phänomene, die für
die Kommunikation notwendig waren. Der Verstehensgrammatik, deren Kenntnis für Rezeptionsprozesse wichtig war, wurde dabei weniger Zeit eingeräumt.
Der nächste Wendepunkt in diesem Ansatz bezog sich auf die Abkehr von automatischen Drill-Übungen und deren Ersetzung durch bewusstmachende
Verfahren (vgl. Funk/Hunfeld 2002: 92 ff.; Christ 2020: 203 f.). Im Vergleich zu der

audiolingualen und audiovisuellen Methode, bestand der weitere Wandel in der Betrachtung der Muttersprache. Diese sollte jedoch nicht aus dem Fremdsprachenunterricht verbannt werden. Ihre dienende Funktion wurde erkannt und genutzt, z. B. in der Erklärung der grammatischen Phänomene (vgl. Christ 2020: 203 ff.).

Zusammenfassend kann festgestellt werden, dass neue Medien einen großen Einfluss auf die Herbeiführung der Wenden im Methodenangebot hatten, denn »neue Medien machen neue Methoden möglich« (Christ 2020: 208). Zu den neuen Medien, die aus heutiger Perspektive schon als veraltet betrachtet werden können, die jedoch Wendepunkte in Methodenrepertoire eingeleitet haben, gehörten z. B. Grammophon, Kassettenrekorder, Videorekorder, Tageslichtprojektor und vieles mehr. Obwohl der Computer und das Internet schon vor langer Zeit Einzug in den Fremdsprachenunterricht gehalten haben, ermöglichen jedoch neue Tools und Applikationen den Einsatz von veränderten Arbeitstechniken an bestimmten Subsystemen bzw. an der Entfaltung verschiedener Kompetenzen (vgl. dazu den Beitrag von Gierzyńska in diesem Band).

## 5.  Wandel in der Sprachbildung (am Beispiel des narrativen Ansatzes)

Wendepunkte in der Fremdsprachendidaktik können sich auf Ziele, Inhalte, und Schwerpunkte des (Fremdsprachen-)Unterrichts, auf die Lern- und Arbeitsformen und somit auch auf die Methoden der Fremdsprachenvermittlung beziehen. Denn mit der Änderung des Ziels des Fremdsprachenunterrichts und der Zielgruppe der Unterrichteten muss sich auch seine Methodik wandeln. Unter Wandlungen in der Sprachbildung können verschiedene Verlagerungen des Schwerpunktes des Fremdsprachenunterrichts verstanden werden.

Das frühe Fremdsprachenlernen stand beispielsweise schon seit einigen Jahrzehnten im Fokus der europäischen Bildungspolitik. Wenn man die Daten zum Fremdsprachenlernen in Europa aus den letzten 25 Jahren miteinander vergleicht, lässt sich die Tendenz erkennen, dass man immer häufiger mit dem Erlernen von Fremdsprachen im frühen Kindesalter beginnt (vgl. Petravić/Šenjug Golub/Gehrmann 2018: 9). Das frühe Fremdsprachenlernen orientiert sich vollständig am Entwicklungsstand der Kinder, an ihren Fähigkeiten und Neigungen. Sie können unbefangen an Neues herangehen und ein hohes Maß an Sprachfreude und Sprachbewusstsein entwickeln (vgl. Gompf 1991: 23; Kirsch 1992: 75; Leopold-Mudrack 1998: 16; Iluk 2006: 276).

Die Erkenntnisse aus der Erst- und Fremdspracherwerbsforschung führten im Laufe der Zeit zur Entwicklung unterschiedlicher methodischer Ansätze für den frühen Fremdsprachenunterricht (siehe z. B. Leopold-Mudrack 1998; Klippel 2000; Bleyhl 2002; Lundquist-Mog/Widlok 2015; Wowro/Jakosz/Gładysz 2019). Man kann darin verschiedene Wendepunkte festhalten:

> Bis in die 90er Jahre fand in den bestehenden Programmen zum frühen Fremdspra-chenlernen meist ein Vorgehen Anwendung, das auf möglichst baldiges Nachsprechen der Kinder baute. Die Schüler wurden von Beginn an dazu angehalten, im Chor und auch einzeln Wörter und kurze Wendungen in der Zielsprache nachzusprechen. Die Stundenplanungen waren so angelegt, dass die Kinder in einer einzelnen Stunde etwa fünf bis acht neue Wörter, zumeist konkrete Dingbezeichnungen, durch Nachsprechen und Zuordnen kennen lernen sollten. (Sambanis 2005: 5)

Ende des 20. Jahrhunderts hat sich der Schwerpunkt der Sprachbildung im Frühunterricht von der raschen Sprachproduktion (durch Nachahmung) auf den Aufbau der Rezeptionsfertigkeit verlagert:

> Alles Sprach(en)lernen beginnt mit dem Hören und dem Verstehen, und erst wenn ein Lerner zu verstehen beginnt, kann auch der Prozess in Gang gesetzt werden, im Laufe dessen ein motorisches Programm entwickelt wird, welches dann das Sprechen der fremden Sprache erlaubt. (Sambanis 2005: 5)

Laut diesem Ansatz sollten Kinder nicht zum Sprechen gezwungen werden, sondern sich während der Hörtätigkeit ausschließlich auf das Verstehen kon-zentrieren und keine sprachlich produktiven Aktivitäten in der Fremdsprache zeigen. Sie sind kommunikativ gesehen aktiv, indem sie nonverbal – z. B. durch Gestik und Mimik – signalisieren, dass sie den sprachlichen Input verstanden haben.[4] Die in der Kindesentwicklung vorhandenen Zeitfenster, die so genannten sensiblen Phasen, legen nämlich Möglichkeiten und Kompetenzen offen, im Gehirn die geeigneten Regionen sowie Verbindungen zu erkennen, um dort die gelernten Sprachen effizient zu verankern (vgl. Wowro/Jakosz/Gładysz 2018: 9).

Von zentraler Bedeutung ist auch, dass Kinder – ähnlich wie in der Mutter-sprache – mit möglichst umfangreichem authentischem zielsprachigem Input konfrontiert werden, um mehr oder weniger lange in einer Phase des Zuhörens und Aufnehmens zu bleiben:

> Die Schulkinder sollten mit der L2 in ihrer »natürlichen« Form konfrontiert werden und nicht mit einem reduzierten Input, aus dem alles herausgefiltert wurde, was noch nicht

---

4 Kinder werden dazu befähigt, »sich ohne Rückgriff auf zielsprachliche Mittel durch das Ausführen von Handlungen an der Lernsituation zu beteiligen und auch [ihr] Verstehen dadurch zu beweisen« (Sambanis 2005: 9). Als hilfreich erweist sich hier die *Total-Physical-Response*-Methode, laut der die kleinen Lernenden auf einen sprachlichen Impuls nicht ziel-sprachlich reagieren, sondern durch physische Reaktionen zeigen, dass sie die Bedeutung von Wortschatz bzw. grammatischen Strukturen verstanden haben. Dieses didaktische Vorgehen entspricht dem starken Bedürfnis der Kinder nach Bewegung und handelndem Spielen (vgl. Lundquist-Mog/Widlok 2015: 28).

im Unterricht behandelt wurde – vorausgesetzt natürlich, es ist in ihrem Alter angemessen und vermittelt Inhalte, die ihren Interessen entgegenkommen. Die Auswahl der
Strukturen innerhalb dieses Inputs kann den impliziten Lernvorgängen überlassen
bleiben. (Bleyhl 2003: 7)

Ein solcher Unterricht folgt daher weder einer grammatischen noch einer lexikalischen Progression. Kinder erleben stattdessen ein ganzheitliches »Sprachbad« und haben zumindest kurzzeitig das Erlebnis, dem Medium der fremden
Sprache voll ausgesetzt zu sein: Sie werden dazu angeregt, über ihren eigenen
Verstehensprozess zu reflektieren und können dabei erkennen, dass ihr »Welt-
wissen sowie parasprachliche Mittel und mediale Hilfen des Lehrers ausreichen,
um einen Teil der Botschaft zu entziffern« (Kubanek-German 1993: 52). Dabei
werden »Wortschatz und Strukturen […] in immer verschiedenen Situationen
erfahren und damit vielfältiger vernetzt und behalten« (Bleyhl 1996: 346).

Die bereits genannten Bedingungen für das »Sprachbad«, die stille Verste-
hensleistung von Kindern und die Anforderung, sie im Fremdsprachenunterricht aktiv zu beteiligen und handeln zu lassen, erfüllt der narrative Ansatz (*story
telling approach*) in optimaler Weise. Dieser ist darauf ausgerichtet, Kindern die
Fremdsprache über entsprechend ausgewählte narrative Texte (Märchen, Geschichten, Erzählungen usw.) zu vermitteln (vgl. Lundquist-Mog/Widlok 2015:
130). Der Einsatz von narrativen Texten zielt auf das Globalverständnis ab:
Kinder versuchen, den Inhalt eines längeren Textes aus dem Gesamtzusam-
menhang zu verstehen. Narrative Texte eignen sich auch sehr gut für die Entwicklung einer korrekten Aussprache, weil die Lernenden eine längere Passage in
der Fremdsprache hören, wodurch in ihrem Gehirn ein »akustisches Gesamtbild«
der Fremdsprache entsteht. Von Vorteil ist in diesem Ansatz ebenfalls, dass
narrative Texte an der kindlichen Erlebniswelt orientierte Inhalte bieten, wodurch sich Kinder direkt angesprochen fühlen, und einen qualitativ hochwerti-
gen Input liefern, der sich durch einen umfangreicheren und differenzierteren
Wortschatz kennzeichnet (vgl. u. a. Lundquist-Mog/Widlok 2015: 130–131; Iluk/
Jakosz 2017: 113; Jakosz 2018: 56–57; Gładysz/Gładysz 2021: 28).

Aus den empirisch fundierten Befunden ergibt sich, dass der narrative Ansatz
heutzutage als eine besonders effiziente Lehrform im fremdsprachlichen Frühunterricht gilt. Im Gegensatz zu traditionellen Lehrmethoden, die auf stark be-
schränktem Input und intensiver Imitation basieren, werden durch den narrativen Ansatz die günstigsten Bedingungen für die angeborenen Sprachaneig-
nungsprozesse geschaffen sowie die kognitiven Fähigkeiten von Kindern stärker
berücksichtigt (vgl. Gładysz 2007; Iluk 2011; Iluk/Jakosz 2018; Jakosz 2019;
Wowro 2019).

Zu anderen Wandlungen in der Sprachbildung kann auch der Meinungs-
wechsel zur Rolle der Übersetzung bzw. der expliziten Grammatikvermittlung

beim Fremdsprachenlehren und -lernen oder Berücksichtigung der affektiven Faktoren, darunter der Emotionen im Fremdsprachenunterricht z. B. durch Involvierung humoristischer Inhalte (vgl. den Beitrag von Jakosz in diesem Band) gezählt werden. Darüber hinaus können Änderungen bzw. Erweiterungen der Ziele bzw. Rolle des Fremdsprachenunterrichts um die Notwendigkeit der Vermittlung von Wissen aus verschiedenen Lebensbereichen und Fächern (vgl. den Beitrag von Pukevičiūtė und Jarmalavičius) und des Aufbaus des Geschichtsbewusstseins (mehr dazu im Beitrag von Widawska) als Wendepunkte aufgefasst werden. Dazu gehören auch Wandlungen in der Auffassung und Vermittlung von landeskundlichen Inhalten im Fremdsprachenunterricht (z. B. der kognitive, kommunikative und interkulturelle Ansatz der Landeskunde, vgl. dazu Adamczak-Krysztofowicz (2002)). Die Umbrüche lassen sich auch in der Auffassung des Wortschatzes, der lexikalischen Einheiten, in der Rolle der Phraseologie beim Fremdsprachenlernen und somit Wandlungen in der Auffassung der Phraseodidaktik feststellen. Gemeint ist hier z. B. der Übergang vom phraseologischen Dreischritt (vgl. Kühn 1992) zum phraseologischen Vierschritt (vgl. Lüger 1997).

## 6.   Wendepunkte in der Auffassung der Rolle der Lehrperson und ihren Tätigkeitsfeldern

Auch die Rolle der Fremdsprachenunterrichtenden erlebte verschiedene Wendepunkte. Zum einen änderte sich im Laufe der letzten Jahrzehnte der Adressatenkreis[5] des zuerst nicht institutionellen und danach des institutionellen Fremdsprachenunterrichts, was dazu führte, dass sich das Angebot an den in der Fremdsprache vermittelten Inhalten allmählich ausweitete. Auch das Tätigkeitsfeld der Fremdsprachenlehrkräfte unterlag verschiedenen Veränderungen, was sich darin äußerte, dass sie immer neuere Aufgaben bekommen haben (vgl. Christ 2020: 96 f.). Mit der Zeit wurden sie nicht nur zu Sprach- und Lernbera-

---

5  Christ (2020: 100 ff.) verweist darauf, dass im Laufe der Jahrzehnte verschiedene Gruppen von Lernenden an der Beherrschung unterschiedlicher Fremdsprachen interessiert waren. Man kann somit in der Geschichte des Fremdsprachenunterrichts eine Typologie der Fremdsprachenlernenden aufstellen, wobei sich zwischen verschiedenen Typen keine klaren zeitigen Grenzen ziehen lassen (ebd.: 128). Seit dem 13. Jahrhundert gehörten zu den Fremdsprachenlernenden Pilger, die z. B. Französisch und Baskisch gelernt haben. Danach waren es u. a. Fernkaufleute, Soldaten, Landsknechte, Adelige, Fürsten, Kinder der Bürger und Adeligen. Der erste schulische Fremdsprachenunterricht fand an einigen deutschen Schulen schon im 18. Jahrhundert statt. »Eine allgemeine Einführung des Unterrichts einer modernen Fremdsprache in Sekundarschulen erfolgte in Deutschland erst mit der Ausdehnung des französischen Herrschaftsbereichs in Folge der Revolutionskriege. Im linksrheinischen Gebiet wurde der Französischunterricht ab 1794 allgemein, im übrigen Deutschland etwas später erteilt« (Christ 2020: 104).

ter:innen sowie Coachs bzw. Lernbegleitenden, sondern auch zu Kulturver-
mittler:innen (vgl. den Beitrag von Widawska).

Diese veränderten Rollen der Fremdsprachenlehrkräfte resultierten aus den
veränderten Methodenkonzepten der Vermittlung von Fremdsprachenkenntnissen, was in Kapitel 4 dargestellt wurde. Man kann Christ (2020: 209) zustimmen, dass zwar Lehrkräfte Methoden entwickelt haben, aber auch die Methoden
prägten Lehrer:innen, d.h. sie stellten an sie bestimmte Anforderungen oder
haben ihnen bestimmte Rollen zugewiesen, diese definiert bzw. konkret vorgesehen.

Manche Methoden des Fremdsprachenunterrichts sind lehrerzentriert, andere dagegen lernerzentriert. In der GÜM spielten Fremdsprachenlehrende die
Rolle der Wissensvermittelnden. Sie lieferten den Fremdsprachenlernenden
nicht nur das Grammatik- und Wortschatzwissen, sondern auch dieses über die
Kultur des Zielsprachenlandes, darunter auch literarisches Wissen (vgl. Funk/
Hunfeld 2002: 30). In der direkten Methode war der Lehrer kein »Lehrstoff-
pauker‹ und ›Alleswisser‹« mehr, sondern er wurde zum »Partner im Lernprozess« (Funk/Hunfeld 2002: 41), der eher loben als bestrafen sollte. In der audiolingualen und audiovisuellen Methode wurde die Lehrkraft zur Rolle des
Medientechnikers degradiert, wodurch ihr didaktischer Spielraum eigeschränkt
war (ebd.: 66).

## 7.    Schlussbemerkungen

Mit diesem Sammelband wird das Ziel verfolgt, der oben skizzierten thematischen Vielfalt Rechnung zu tragen und ausgewählte Wendepunkte in der
Fremdsprachenlehr- und -lernforschung aufzuzeigen. Die zusammengestellten
Beiträge wurden in vier thematische Blöcke aufgeteilt. Somit versammelt die
erste Sektion zwei Studien, die auf die Wendepunkte in der Auffassung, Entwicklung und in Förderungsmöglichkeiten von verschiedenen fremdsprachlichen Kompetenzen fokussiert sind. In dem Beitrag von Joanna Targońska wird
veranschaulicht, welchen Veränderungen die Konzepte Kompetenz und Wortschatzkompetenz unterworfen waren. Helena Hradílková und Petr Pytlík befassen sich mit innovativen fachübergreifenden Lehransätzen, die zur Entwicklung von praxisrelevanten *Soft Skills* im universitären DaF-Unterricht beitragen
können.

Im Fokus der nächsten thematischen Sektion stehen Innovationen in der
Arbeit an verschiedenen Subsystemen und Sprachfertigkeiten. Marta Anna Gierzyńska zeigt, wie dank dem Einsatz von digitalen Medien, die in Zeiten der
durch das SARS-CoV-2-Virus verursachten Pandemie eingesetzt wurden, produktive Sprachfertigkeiten im fremdsprachlichen Online-Unterricht gefördert

werden können. Ziel der Studie von Monika Kowalonek-Janczarek und Michael M. Kretzer ist es, die Konzeptualisierung des Schreibens in deutschen, polnischen und südafrikanischen Fremdsprachen-Curricula für die gymnasiale Oberstufe zu untersuchen.

Ein weiterer thematischer Block umfasst drei Studien, die sich mit dem Wandel in der Sprachbildung auseinandersetzen. Mariusz Jakosz stellt die Vor- und Nachteile des Einsatzes von Humor im Fremdsprachenunterricht dar und analysiert, wie er in ausgewählten Richtlinien zum Fremdsprachenlehren und -lernen berücksichtigt wird. Virginija Jūratė Pukevičiūtė und Dalius Jarmalavičius beleuchten einige Aspekte des integrierten Lernens von Inhalten und Sprache (CLIL) in Litauen und präsentieren die Ergebnisse einer Untersuchung, die einen Einblick in die Ansichten der Lernenden höherer Klassen über die Bedeutung der Lehr- und Lernmittel im bilingualen Unterricht geben. Barbara Widawska konzentriert sich auf kulturgeschichtliches und sprachliches Lernen im hochschuldidaktischen Kontext und erläutert, wie der Erwerb von historischem und kulturellem Wissen in einer Fremdsprache zur Stärkung interkultureller Kompetenzen der Germanistikstudierenden führt.

Der Band wird mit zwei Studien abgerundet, in denen die Autorinnen über die Wenden in der Rolle und in der Ausbildung von Fremdsprachenlehrkräften reflektieren. Eliza Chabros versucht herauszufinden, welche Stellung die DaF-Lehrenden an polnischen Oberschulen zur Mehrsprachigkeitsdidaktik nehmen und mit welchen Resultaten sie diesen Ansatz in ihrem DaF-Unterricht implementieren. Monika Janicka widmet ihre Überlegungen der Rolle der Kommunikationskompetenz als einer der grundlegenden Lehrkompetenzen. Sie schlägt ein in der Praxis bewährtes Methodentraining vor, das im Rahmen der Deutschlehrerausbildung eingesetzt werden sollte. In seinem Fokus stehen die Erteilung der Instruktion, die in der Lehrperson-Lernende-Kommunikation von Bedeutung ist, und die Körpersprache, die die verbalen Anweisungen begleitet.

Mit den in diesem Sammelband versammelten Beiträgen veranschaulichen die Autorinnen und Autoren, dass sich die Fremdsprachendidaktik und die Fremdsprachenlehr- und -lernforschung im Laufe der Zeit stark gewandelt haben. Diese Entwicklungen spiegeln die sich verändernden Bedürfnisse und Erwartungen der Gesellschaft und der Lernenden wider. Diese prägen somit die Ausrichtung der Fremdsprachendidaktik und -forschung.

An dieser Stelle möchten wir uns ganz herzlich bei allen Autorinnen und Autoren für ihre Beiträge und für ihre produktive Zusammenarbeit bedanken. Unser Dank gilt auch den Gutachterinnen und Gutachtern des Bandes, die mit ihren konstruktiven Anmerkungen die präsentierten Studien wesentlich bereichert haben.

Für die finanzielle Unterstützung bedanken wir uns beim Dekan der Humanistischen Fakultät der Warmia und Mazury-Universität in Olsztyn und beim

Dekan der Humanistischen Fakultät der Schlesischen Universität Katowice[6], ohne die die Publikation des Bandes nicht möglich gewesen wäre.

## Bibliographie

Adamczak-Krysztofowicz, Sylwia (2002): *Texte als Grundlage der Kommunikation zwischen Kulturen. Eine Studie zur Kultur- und Landeskundevermittlung im DaF-Studium in Polen*. Hamburg: Dr. Kovač.

Bleyhl, Werner (1996): *Der Fallstrick des traditionellen Lehrens und Lernens fremder Sprachen. Vom Unterschied zwischen linearem und nicht-linearem Fremdsprachenunterricht*. In: Praxis des neusprachlichen Unterrichts, 43/4, S. 339–347.

Bleyhl, Werner (Hrsg.) (2002): *Fremdsprachen in der Grundschule. Geschichten erzählen im Anfangsunterricht – Storrytelling*. Hannover: Schroedel.

Bleyhl, Werner (2003): *Grammatikunterricht in der Grundschule?* In: Fremdsprachen Frühbeginn, 4, S. 5–9.

Christ, Herbert (2020): *Geschichte des Fremdsprachenunterrichts im deutschsprachigen Raum, von den Anfängen bis 1995* (= Gießener Fremdsprachendidaktik. Online 14). URL: http://geb.uni-giessen.de/geb/volltexte/2020/15193/pdf/GiFon_14.pdf [Zugriff am 20.08.2023].

Feld-Knapp, Ilona (2012): *Deutsch als Fremdsprache: Von der Sprachlehre zur wissenschaftlichen Disziplin*. In: Feld-Knapp, Ilona (Hrsg.): *Beruf und Berufung. Fremdsprachenlehrer in Ungarn* (= CM-Beiträge zur Lehrerforschung 1). Budapest: Typotex/Eötvös Collegium, S. 17–52.

Funk, Gerhard / Hunfeld, Hans (2002): *Methoden des fremdsprachlichen Unterrichts. Eine Einführung*. Berlin u. a.: Langenscheidt.

Gładysz, Jolanta (2007): *Empirische Untersuchung der Effizienz des narrativen Ansatzes*. In: Orbis Linguarum, 32, S. 205–230.

Gładysz, Jolanta / Gładysz, Marek (2021): *Lehrwerkbegutachtung für den frühen Fremdsprachenunterricht*. In: Linguodidactica, XXV, S. 21–38.

Gompf, Gundi (1991): *Didaktische Ansätze des Frühlernens von Fremdsprachen*. In: Ermert, Karl (Hrsg.): *Loccumer Protokolle. Frühes Fremdsprachenlernen – Schulreform für Europa*. Loccum: Evangelische Akademie Loccum, S. 22–28.

Iluk, Jan (2006): *Jak uczyć małe dzieci języków obcych?* Częstochowa: Wydawnictwo Wyższej Szkoły Lingwistycznej.

Iluk, Jan (2011): *Der narrative Ansatz im frühen Fremdsprachenunterricht und seine Effizienz*. In: Adamczak-Krysztofowicz, Sylwia / Kowalonek-Janczarek, Monika / Maciejewski, Marcin / Sopata, Aldona (Hrsg.): *Aktuelle Probleme der Angewandten Linguistik. Interkulturalität als Schlüsselkompetenz für Fremdsprachenlehrer, Übersetzer und Mediatoren*. Poznań: Wydawnictwo Naukowe UAM, S. 217–225.

6 The research activities co-financed by the funds granted under the Research Excellence Initiative of the University of Silesia in Katowice.

Iluk, Jan / Jakosz, Mariusz (2017): *Narrativer Fremdsprachenunterricht im Vor- und Schulalter aus der Perspektive der interkulturellen Erziehung*. In: Studia Germanica Gedanensia, 37, S. 111–128.

Iluk, Jan / Jakosz, Mariusz (2018): *Empirische Befunde zur Wirksamkeit des narrativen Fremdsprachenunterrichts in Kindergärten*. In: Hufeisen, Britta / Knorr, Dagmar / Rosenberg, Peter / Schroeder, Christoph / Sopata, Aldona / Wicherkiewicz, Tomasz (Hrsg.): *Sprachbildung und Sprachkontakt im deutsch-polnischen Kontext*. Berlin: Peter Lang, S. 67–89.

Jakosz, Mariusz (2018): *Zum Einfluss affektiver Faktoren auf den frühen Fremdsprachenerwerb im Elementarbereich durch den narrativen Ansatz*. In: Glottodidactica, XLV/1, S. 51–68.

Jakosz, Mariusz (2019): *Zum Einfluss des narrativen Ansatzes auf den rezeptiven Wortschatzerwerb im fremdsprachlichen Frühunterricht*. In: Wowro, Iwona / Jakosz, Mariusz / Gładysz, Jolanta (Hrsg.): *Geöffnetes Zeitfenster nutzen! Frühes Fremdsprachenlernen – Zwischen Theorie und Praxis*. Göttingen: V&R unipress, S. 87–105.

Kirsch, Dieter (1992): *Der narrative Ansatz im frühen Fremdsprachenunterricht*. In: Goethe-Institut / The British Council / ENS-Credif (Hrsg.): *Fremdsprachenlernen in der Grundschule*. Paris: Didier Erudition, S. 71–77.

Klippel, Friederike (2000): *Englisch in der Grundschule. Handbuch für einen kindgemäßen Fremdsprachenunterricht*. Berlin: Cornelsen.

Kühn, Peter (1992): *Phraseodidaktik. Entwicklungen, Probleme und Überlegungen für den Muttersprachenunterricht und den Unterricht Deutsch als Fremdsprache*. In: Fremdsprachen Lehren und Lernen, 21, S. 167–189.

Leopold-Mudrack, Annette (1998): *Fremdsprachenerziehung in der Primarstufe: Voraussetzungen, Konzept, Realisierung*. Münster: Waxmann.

Lüger, Heinz-Helmut (1997): *Anregungen zur Phraseodidaktik*. In: Beiträge zur Fremdsprachenvermittlung, 32, S. 69–120.

Lundquist-Mog, Angelika / Widlok, Beate (2015): *DaF für Kinder*. München: Klett-Langenscheidt.

Sambanis, Michaela (2005): *Verstehensbasierte Ansätze im frühen Fremdsprachenunterricht – Weg oder Irrweg?* In: Beiträge zur Fremdsprachenvermittlung, 43, S. 3–11.

Tobiasz, Lesław (2007): *Wortschatzarbeit in alternativen Lehrmethoden – eine kritische Betrachtung*. In: Convivium. Germanistisches Jahrbuch Polen, S. 263–273.

Viëtor, Wilhelm (1884/1886): *Der Sprachunterricht muss umkehren! Ein Beitrag zur Überbürdungsfrage*. 2. Auflage. Heilbronn: Gebrüder Henninger.

Wowro, Iwona (2019): *Kinderfremdsprachenkenntnisse mit narrativer Methode entwickeln und effektiv fördern. Auswertung einer Untersuchung*. In: Wowro, Iwona / Jakosz, Mariusz / Gładysz, Jolanta (Hrsg.): *Geöffnetes Zeitfenster nutzen! Frühes Fremdsprachenlernen – Zwischen Theorie und Praxis*. Göttingen: V&R unipress, S. 143–168.

Wowro, Iwona / Jakosz, Mariusz / Gładysz, Jolanta (Hrsg.) (2019): *Vorwort*. In: Wowro, Iwona / Jakosz, Mariusz / Gładysz, Jolanta (Hrsg.): *Geöffnetes Zeitfenster nutzen! Frühes Fremdsprachenlernen – Zwischen Theorie und Praxis*. Göttingen: V&R unipress, S. 9–11.

I. Wendepunkte in der Auffassung, Entwicklung und in Förderungsmöglichkeiten von verschiedenen fremdsprachlichen Kompetenzen

Joanna Targońska (Uniwersytet Warmińsko-Mazurski w Olsztynie)

# Wendepunkte in der Auffassung und Beschreibung der Kompetenz und der Wortschatzkompetenz

Abstract
Turning Points in the Conception and Description of Competence and Vocabulary Competence
The concept of competence occupies a central position in foreign language teaching and learning research. Its understanding and definition changed with the newly conceived theories of foreign language acquisition. Various competence models emerged in foreign language teaching research, which included many skills on the one hand and different sub-competences on the other. Many turning points can be observed in the understanding of the concept of competence, which are described in the following article. It will be shown what changes the concept of competence alone was subjected to. Changes in the development, perception and description of vocabulary competence are also presented here.

Keywords: competence, communicative competence, lexical competence, collocational competence
Schlüsselwörter: Kompetenz, Kommunikative Kompetenz, Wortschatzkompetenz, Kollokationskompetenz

## 1. Einleitung

Wenden bzw. verschiedene Wendepunkte begleiten wissenschaftliche Disziplinen. In der Glottodidaktik bzw. Fremdsprachenlehr- und -lernforschung wurden manche Wandlungen explizit *Wenden* genannt. So gab es in dieser wissenschaftlichen Disziplin die *kommunikative Wende*, *pragmatische Wende* oder sogar *Wortschatzwende*. Nicht jede Wende wurde jedoch explizit als solche bezeichnet, obwohl einige Veränderungen bzw. Umbrüche diese Bezeichnung verdienten. Der vorliegende Beitrag ist Wendepunkten in der Auffassung der Kompetenz gewidmet, wobei sich sein wesentlicher Teil mit der lexikalischen Kompetenz befasst. Ziel des Beitrags ist es, die Wendepunkte, die sich im Verständnis der beiden Begriffe und zugleich der Konzepte *Kompetenz* und *Wort-*

*schatzkompetenz*[1] vollzogen haben, zu erfassen und zu beschreiben. In seinem Mittelpunkt steht jedoch der Wortschatz und sein Erwerb bzw. sein Erlernen, weshalb im vorliegenden Artikel Wandlungen in der Auffassung der *Kompetenz* oft auch aus dem Blickfeld des Wortschatzlernens betrachtet werden.

Der Kompetenzbegriff nimmt eine zentrale Stellung in der Fremdsprachen-lehr- und -lernforschung ein. Seit der von Chomsky (1965) vorgeschlagenen Dichotomie zwischen *Kompetenz* und *Performanz* wandelte sich die Auffassung des ersten Begriffs, wobei dessen Deutung nicht nur mit den immer wieder neu konzipierten Theorien des Fremdsprachenerwerbs Hand in Hand ging, sondern diese auch widerspiegelte. Im Verständnis des Kompetenzbegriffs lassen sich viele Wendepunkte beobachten, auf die im folgenden Beitrag näher eingegangen wird.

Der Beitrag ist in zwei Hauptabschnitte gegliedert. Zuerst (Abschnitt 2) wer-den Wendepunkte in der Auffassung des Begriffs *Kompetenz* beschrieben und anschließend diese in der Modellierung der *Kommunikativen Kompetenz* ge-nauer betrachtet. Der Abschnitt 3 ist der Beschreibung von Wandlungen in der Auffassung der *lexikalischen Kompetenz* gewidmet.

## 2.   Wendepunkte in der Auffassung des *Kompetenz*begriffs

Der *Kompetenz*begriff war einerseits in der Sprachwissenschaft, andererseits in der Fremdsprachenlehr- und -lernforschung vielen Wandlungen unterworfen. Im Folgenden werden fünf markante Wendepunkte in seiner Auffassung pos-tuliert:

- Wendepunkt I: Abkehr von der Dichotomie zwischen *Kompetenz* und *Per-formanz*,
- Wendepunkt II: Postulierung der *Kommunikativen Kompetenz* (Hymes 1972) als Folge der *kommunikativen Wende*,
- Wendepunkt III: Veränderung in der Deutung der *Kommunikativen Kompe-tenz* (Piepho 1974),
- Wendepunkt IV: Modellierung der Sprachkompetenz, d. h. Entstehung von neuen Kompetenz-Modellen,
- Wendepunkt V: *Wortschatzwende* und die explizite Ausdifferenzierung der *Wortschatzkompetenz* im Kompetenzmodell.

Die ersten Auslegungen des Begriffs *Kompetenz* stammen von Chomsky (1965), der die Unterscheidung zwischen der *Kompetenz* und der *Performanz* vorge-

---

1 Die Begriffe *Wortschatzkompetenz* und *lexikalische Kompetenz* werden in der deutschspra-chigen Forschungsliteratur und in der vorliegenden Untersuchung synonym gebraucht.

nommen hat. Unter *Kompetenz* verstand er die Sprachkenntnis eines idealen Sprechers bzw. Hörers, d.h. die Sprache als ein ideales Regelwerk. Der tatsächliche Sprachgebrauch eines konkreten Sprechers wurde von ihm *Performanz* genannt. Schnell wurde jedoch diese Unterscheidung kritisiert. Der wichtigste Kritikpunkt betraf die falsche Annahme bei der Differenzierung der beiden Begriffe. Chomsky wurde vorgeworfen, dass er von einem abstrakten idealen Regelwerk ausgegangen sei, als würde die Sprache als ein ideales Regelwerk außerhalb der Menschen existieren. Da diese jedoch einen inhärenten Bestandteil des Menschen und seiner Denkprozesse bildet, sollte eben die Sprache im Gebrauch die *Sprachkompetenz* ausmachen. *Kompetenz* kann nämlich nicht losgelöst vom Menschen untersucht werden (vgl. Weskamp 2007: 59). Diese kritische Auseinandersetzung mit dem von Chomsky postulierten Kompetenzbegriff war der Auslöser bzw. der Ausgangspunkt für den ersten Wendepunkt in der Auffassung der *Kompetenz*.

Die Postulierung der *Kommunikativen Kompetenz* von Hymes (1972), hier als zweiter Wendepunkt bezeichnet, führte zur Aufhebung der Dichotomie zwischen *Kompetenz* und *Performanz*. Dabei wurde die Kompetenz nicht mehr mit dem Wissen über Sprache gleichgesetzt, sondern eher als eine Fähigkeit aufgefasst. Man kann bei diesem Wendepunkt auch die Abkehr von der Auffassung der Kompetenz als Wissen beobachten. Die Grundannahmen bei der Postulierung der *Kommunikativen Kompetenz* waren die folgenden:

– Sprachgebrauch bzw. Sprache im Gebrauch ist wichtiger als die Struktur der Sprache allein,
– Kompetenz umfasst nicht nur sprachlich korrekte, sondern auch sozial und kulturell angemessene Äußerungen,
– *Kommunikative Kompetenz* kommt »in konkreten (sozialen) Situationen als Zusammenspiel von Wissen und Können« zum Ausdruck (Legutke 2008: 22).

Das Konzept der von Hymes (1972) postulierten *Kommunikativen Kompetenz* wurde von Piepho (1974) didaktisch umgesetzt, was als der dritte Wendepunt in der Auffassung der Kompetenz aufgefasst wird. Piepho stellte die *Kommunikative Kompetenz* (verstanden als kommunikative Handlungsfähigkeit) der *linguistischen Kompetenz* gegenüber, wobei jene von ihm als Beherrschung von Coderegistern und bestimmten grammatischen Strukturen gedeutet wurde. Piepho (1974: 132) definierte die *Kommunikative Kompetenz* als

die umfassende Fähigkeit eines Sprechers, kommunikativ zu handeln und sich im Diskurs zu äußern, d.h. die Bedeutung und die Absicht in oder hinter einer Äußerung bzw. einem Text aufzufassen und einige Absichten in wirksamer Weise sprachlich auszudrücken.

In dieser Definition rückt die kommunikative Handlungsfähigkeit in den Vordergrund, d.h. die gelungene Realisierung eigener Sprechabsichten. Betont wird auch die Relevanz der Kenntnis von sprachlichen Mitteln bei der Entwicklung der *Kommunikativen Kompetenz*, was aus dem folgenden angeführten Zitat hervorgeht:

> Kommunikative Kompetenz bedeutet [...] die Fähigkeit, sich ohne Ängste und Komplexe *mit sprachlichen Mitteln, die man durchschaut und in ihren Wirkungen abschätzen gelernt hat*, zu verständigen und kommunikative Absichten [...] zu durchschauen. (Piepho 1974: 9f., Hervorhebung J.T.)

Zu sprachlichen Mitteln, deren Kenntnis zur Entwicklung der *Kommunikativen Kompetenz* notwendig ist, können sowohl lexikalische Mittel als auch grammatische Strukturen gehören. Die von Piepho (1974: 74f.) erwähnte Fähigkeit des Durchschauens von sprachlichen Mitteln und die des Abschätzens ihrer Wirkung kann aus meiner Sicht einerseits als Sprachbewusstsein und Sprachbewusstheit, andererseits als Wortschatzbewusstsein bzw. Reflexion über Sprache interpretiert werden.

Der Paradigmenwechsel im Fremdsprachenunterricht, d.h. die Abkehr vom Frontalunterricht und die Betonung der Relevanz von Kommunikation, führten zum verstärkten Interesse am *Kompetenz*-Begriff. Viele Wissenschaftler:innen äußerten ihre Gedanken zur möglichen Deutung der *Kommunikativen Kompetenz*. Die *Kompetenz* umfasste zwar seit dem zweiten Wendepunkt nicht nur das Wissen, sondern in erster Linie die Fähigkeit, in kommunikativen Situationen Gebrauch davon zu machen, jedoch begannen Anfang der 1980er Jahre viele Kompetenzmodelle zu entstehen, in denen *Kompetenz* als ein Bündel von verschiedenen Teil-Kompetenzen bzw. Kompetenzbestandteilen dargestellt wurde, was als nächster Wendepunkt aufzufassen ist. Es wurden viele Modelle vorgeschlagen. Eine besonders große Resonanz fanden jedoch in der einschlägigen Literatur die Modelle von Canale und Swain (1980), Canale (1983) sowie van Ek (1987), weshalb diese im Weiteren kurz besprochen werden.

Da diese Modelle zwar schon nach der Einkehr der *kommunikativen Wende* im Fremdsprachenunterricht, jedoch noch vor der sog. *Wortschatzwende*, d.h. zur Zeit der Grammatikorientierung des Fremdsprachenunterrichts entstanden sind, kann es nicht wundern, dass in den ersten Modellen der *Kommunikativen Kompetenz* die *Wortschatzkompetenz* noch nicht explizit ausdifferenziert, geschweige denn genannt wurde, was die in Tab. 1 präsentierte Zusammenstellung nahelegt.

| Bestandteile der Kommunikativen Kompetenz | | |
|---|---|---|
| Canale/Swain (1980) | Canale (1983) | van Ek (1987) |
| grammatische Kompetenz | grammatische Kompetenz | linguistische Kompetenz |
| soziolinguistische Kompetenz | soziolinguistische Kompetenz | soziolinguistische Kompetenz |
| strategische Kompetenz/ Kommunikationsstrategien | strategische Kompetenz/ Kommunikationsstrategien | strategische Kompetenz |
| | Diskurskompetenz | soziale und Diskurskompetenz |
| | | soziokulturelle Kompetenz |

Tab. 1: Zusammenstellung ausgewählter Modelle der *Kommunikativen Kompetenz*

In dem von Canale und Swain (1980: 27 ff.) vorgeschlagenen Modell setzt sich die *Kommunikative Kompetenz* aus der *grammatischen,* der *soziolinguistischen* und der *den Kommunikationsstrategien* entsprechenden *strategischen Kompetenz* zusammen. Drei Jahre später erweitert Canale (1983) das *Kompetenz*-Modell um die *Diskurskompetenz.* Im Vergleich zu den beiden o. e. Modellen ist im Modell der *Kommunikativen Kompetenz* von van Ek (1987) die Ausdifferenzierung weiterer neuer Teil-Kompetenzen sichtbar, d. h. *der soziokulturellen* und *der sozialen Kompetenz.*

Die in Tabelle 1 zusammengestellten Modelle der *Kommunikativen Kompetenz* von den oben erwähnten Wissenschaftler:innen weisen viele Gemeinsamkeiten auf, z. B. die Postulierung der *grammatischen* bzw. *linguistischen Teil-Kompetenz.* Die Bezeichnung *grammatische Kompetenz* kann jedoch ein wenig irreführen, denn diese umfasst nicht nur Grammatikkenntnisse, wie z. B. syntaktisches und morphologisches (Regel-)Wissen, sondern auch das Wortschatzwissen bzw. die Kenntnis der Semantik. So zählt Canale (1983: 6 ff.) zur *grammatischen Teilkompetenz* die Kenntnisse der Wortbildung, der Aussprache und der Rechtschreibung. Die von van Ek postulierte *linguistische Teilkompetenz* spiegelt besser das wider, was Canale und Swain (1980) sowie Canale (1983) als *grammatische Teilkompetenz* bezeichneten, denn seine Benennung suggeriert schon, dass ausschließlich die Kenntnis des grammatischen Subsystems nicht ausreichend ist. Die Ausdifferenzierung dieser Subkompetenz in allen hier besprochenen Modellen der *Kommunikativen Kompetenz* kann ein Beweis dafür sein, dass in ihnen dem sprachlichen Wissen eine große Bedeutung beigemessen wurde.

Eine weitere Gemeinsamkeit der Modelle äußert sich in der Unterscheidung von der *soziolinguistischen Teil-Kompetenz,* die die Kenntnis bzw. Berücksichtigung von soziokulturellen Regeln des Sprachgebrauchs umfasst. *Kommunikative Kompetenz* äußert sich nämlich in der Bildung von Äußerungen, die bestimmten soziolinguistischen Kontexten entsprechen, also in der Angemessenheit des Sprachgebrauchs im Hinblick auf die Bedeutung und Form, sowie in einer situationsangemessenen Realisierung bestimmter Sprechabsichten (Canale 1983: 8). Die dritte, in all den oben präsentierten Modellen postulierte Teil-kompetenz bildet die *strategische Kompetenz*. Sie umfasst verbale und nonver-bale Kommunikationsstrategien, die zum einen als Kompensationsstrategien eingesetzt werden, zum anderen der Steigerung der Effektivität der Kommuni-kation dienen können.

Ein Novum stellt in der Beschreibung der *Kommunikativen Kompetenz* die von Canale (1983: 9) postulierte *Diskurskompetenz* dar, die es ermöglicht, mündlich und schriftlich korrekt verschiedene Textarten zu produzieren. Sie äußert sich in der Fähigkeit, grammatische Formen mit der Semantik der Wörter korrekt zu verbinden, sodass dabei kohärente und kohäsive Texte entstehen.

Zusammenfassend lässt sich feststellen, dass – sogar nach der Einkehr der *Wortschatzwende* – in keinem der Modelle der *Sprach-* bzw. *Kommunikativen Kompetenz* die *Wortschatzkompetenz* als eine Teil- bzw. Subkompetenz explizit ausdifferenziert wurde. Aus diesem Grunde blieb jahrelang eine Definition der *lexikalischen Kompetenz* aus. Dies bedeutet jedoch nicht, dass die *Wortschatz-kompetenz* im heutigen Verständnis kein Element der *Kommunikativen Kom-petenz* von damals darstellte. Sie ist in der *grammatischen Kompetenz* von Canale und Swain (1980) sowie bei Canale (1983) bzw. in der *linguistischen Kompetenz* von van Ek (1987) zu suchen und zu finden.

In der Forschungsliteratur wird dem *Gemeinsamen europäischen Referenz-rahmen für Sprachen* (weiter GER) eine große Rolle bei der Beschreibung der *Kompetenz* beigemessen. Die Relevanz der Publikation für die Kompetenzori-entierung sehen Hu et al. (2008: 163 f.) folgendermaßen:

> Für das Fremdsprachenlernen und -lehren und seine Erforschung war eine entschei-dende Wegmarke dabei der Gemeinsame Europäische Referenzrahmen für Sprachen (GeR), in dem fremdsprachliche Kompetenzen erstmals operational beschrieben, Teilkompetenzen definiert und Kompetenzniveaus bestimmt wurden.

Das Erscheinungsjahr des GER (2001) wurde von Targońska und Stork (2014: 29) als Zäsur für eine veränderte Auffassung, eine neue Positionierung und Be-schreibung der *Wortschatzkompetenz* aufgefasst, denn gerade in diesem wich-tigen Dokument wurde die *Wortschatzkompetenz*[2] zum ersten Mal explizit ge-nannt und definiert, was im Folgenden als Vollzug des Wendepunktes V in der Beschreibung der *(Kommunikativen) Kompetenz* postuliert wird.

Wendepunkte lassen sich nicht nur in Modellen der *(Kommunikativen) Kompetenz* festhalten. Auch die Definitionen des Kompetenzbegriffs wandelten

---

2 Aus diesem Grunde unterscheiden Targońska und Stork (2013: 77) zwei Phasen in der Auf-fassung der *lexikalischen Kompetenz:* Phase I vor dem Erscheinen des GER und Phase II die danach.

sich. Während zu Beginn *Kommunikative Kompetenz* als die Fähigkeit, »eine
Fremdsprache richtig (grammatische Kompetenz), angemessen (soziolinguis-
tisch) und flexibel (strategische Kompetenz) zu gebrauchen« definiert wurde
(Weskamp 2007: 60, in Anlehnung an Canale/Swain 1980), wird heutzutage in
Deutschland am häufigsten die Auffassung des Kompetenzbegriffs von Weinert
herangezogen. Nach ihm sind Kompetenzen:

> die bei Individuen verfügbaren oder durch sie erlernbaren kognitiven Fähigkeiten und
> Fertigkeiten, um bestimmte Probleme zu lösen, sowie die damit verbundenen moti-
> vationalen, volitionalen und sozialen Bereitschaften und Fähigkeiten, um Problemlö-
> sungen in variablen Situationen erfolgreich und verantwortungsvoll nutzen zu können.
> (Weinert 2001: 27f.)

Von dieser Definition lassen sich folgende charakteristischen Merkmale der
Kompetenz ableiten:
- Kompetenz stellt einerseits eine Disposition dar, andererseits kommt sie in
  der Problemlösungsfähigkeit zum Ausdruck (vgl. Hu et al. 2008: 166),
- Kompetenz umfasst nicht nur Fähigkeiten und Fertigkeiten, sondern auch
  Motivation, Absicht und Bereitschaft,
- Kompetenz ermöglicht die Lösung bestimmter »Probleme«. Unter diesen
  »Problemen« können im Fremdsprachenlern- und -erwerbsprozess sprachliche
  Herausforderungen verstanden werden, z.B. die Bewältigung der Kommuni-
  kationssituation bzw. eine gelungene Realisierung verschiedener Sprechab-
  sichten.

Einen großen Einfluss auf die Ausdifferenzierung der Wortschatzkompetenz, auf
deren Wandlungen im nächsten Kapitel näher eingegangen wird, hatte zweifelsohne die sog. *Wortschatzwende*[3] im Fremdsprachenunterricht. Diese äußerte
sich einerseits in der verstärkten Konzentration auf den Wortschatzerwerb und
somit auch auf die Wortschatzarbeit im Fremdsprachenunterricht. Andererseits
war für sie die Abkehr von der Konzentration auf isolierte vereinzelte Wörter
bzw. Vokabeln charakteristisch. Seit Ende der 1980er Jahre konnte man die
Auswirkungen der Wortschatzwende in den Fremdsprachenlehrwerken beobachten. Dort wurde der Wortschatz kontextuell eingeführt und immer öfter in
Form von Wortverbindungen, Wortfamilien und Wortfeldern präsentiert. Die
Fremdsprachenlernenden hatten ein großes Angebot an lexikalischem Übungs-
material sowie an Lernerwörterbüchern. Auf dem Markt erschienen viele Pu-
blikationen zum Wortschatz und zur Wortschatzarbeit im Fremdsprachenunterricht (vgl. Bahns 1997: 2).

---

3 Den Grund für die Wortschatzwende sieht Bahns (1997: 2) in der Entwicklung der Kognitiven
Linguistik und Psycholinguistik, die sich verstärkt auf die Prozesse des Wortschatzlernens,
-behaltens und -abrufens konzentrierten.

## 3.   Wende in der Auffassung und Beschreibung der *Wortschatzkompetenz*

Die jahrelang ausbleibende Aussonderung und explizite Nennung der *Wort-schatzkompetenz* in Kompetenzmodellen kann jedoch nicht als fehlendes Interesse an dieser Subkompetenz der *Kommunikativen Kompetenz* interpretiert werden. Lange Zeit wurden Wortschatzkenntnisse und die Fähigkeit der (korrekten) Verwendung der Lexik in Kompetenzmodellen unter die *Grammatik-* bzw. die *grammatische Kompetenz* subsumiert. Somit lassen sich in der Auffassung der *Wortschatzkompetenz* verschiedene Wandlungen bzw. Wendepunkte festhalten, die im Folgenden aufgelistet und im nächsten Schritt beschrieben werden:

- Wendepunkt 1: Beschreibung der *Faktoren der Wortschatzkenntnis*,
- Wendepunkt 2: Übergang von Wortschatzkenntnisfaktoren und Ausdifferenzierung (und explizite Nennung) der *Wortschatzkompetenz* in Kompetenzmodellen,
- »Wendepunkt« 3[4]: Definierung *der lexikalischen Kompetenz* in Form von Kann-Beschreibungen,
- »Wendepunkt« 4: Entstehung von ausgebauten Definitionen der *lexikalischen Kompetenz*,
- »Wendepunkt« 5: Ausdifferenzierung verschiedener Kompetenzen, die mit Wortschatzkenntnissen verbunden sind (*idiomatische Kompetenz, phraseologische* und *Kollokationskompetenz*),
- Wendepunkt 6: Subkompetenzenorientierte Auffassung der Wortschatzkompetenz.

Bevor die *lexikalische Kompetenz* in den Kompetenzmodellen explizit genannt und definiert wurde, versuchten Sprachwissenschaftler:innen bzw. Fremdsprachendidaktiker:innen zu bestimmen, was es bedeutet, ein Wort zu kennen. Dies bedeutet, dass statt der Definition der *Wortschatzkompetenz* Faktoren der Wortschatzkenntnis genannt wurden, auf die unten kurz eingegangen wird.

---

4  Die Wendepunkte 3, 4 und 5 stehen in der Auflistung in Anführungszeichen, denn es handelt sich dabei um keine großen Wandlungen bzw. Umbrüche, sondern eher um Modifikationen in der Form der Auffassung und Beschreibung von *Wortschatzkompetenz*. Es geht bei den »Wendepunkten« auch um keine chronologisch ablaufenden Modifikationen, denn diese Modifikationen und Änderungen überlappen sich zeitlich.

## 3.1    Faktoren der Wortkenntnis

Die ersten Gedanken dazu, was es bedeutet, ein Wort zu kennen, scheinen von Cronbach (1942) zu stammen. Obwohl in den nachfolgenden Jahrzehnten einige Konzeptionen der Faktoren der Wortschatzkenntnis erarbeitet wurden, werden im Folgenden aus Platzgründen nur die etablierten besprochen, auf die in wissenschaftlichen Beiträgen oft Bezug genommen wird (vgl. Tab. 2).

Schon im Konzept von Cronbach (1942) fällt auf, dass darin die Wortschatzkenntnis über die Kenntnis der Bedeutung einer lexikalischen Einheit (weiter LE[5]) hinausgeht, denn darin wird auch dem angemessenen Gebrauch der LE in konkreten kommunikativen Situationen große Bedeutung beigemessen. Dies ist darauf zurückzuführen, dass nicht jeder grammatisch und lexikalisch korrekte Satz situationsangemessen sein muss. Betonenswert ist in diesem Modell die Berücksichtigung der Wortschatztiefe, die auch im Modell der Wortkenntnis von Richards (1976) erscheint, in dem zur Wortkenntnis auch die Kenntnis der Grund- und Ableitungsformen der LE gerechnet wird. Das Modell von Richards berücksichtigt die grammatische Einbettung der Wörter, die bei jedem Sprachgebrauch beachtet werden muss, sowie die Rolle der (Kenntnis der) Wortbildung.

| Faktoren der Wortkenntnis bei ausgewählten Autoren | | | | | |
|---|---|---|---|---|---|
| Cronbach (1942) | Richards (1976) | Wallace (1982) | Nation (1990) | Tréville/ Duquette (1996) | Nation (2001) |
| Kenntnis der Bedeutung | Kenntnis des semantischen Wertes der LE | Fähigkeit des Erkennens der LE in schriftlicher und mündlicher Form | Form (Erkennen der Lautform und der graphischen Form, Fähigkeit der Beurteilung ihrer Korrektheit) | sprachliche Komponente | Form (mündlich, schriftlich, Wortbestandteile) |
| angemessener Gebrauch in Kommunikationssituationen | Kenntnis verschiedener Bedeutungen der LE | Fähigkeit, eine LE zu reproduzieren | Bedeutung (Kenntnis der Konzepte und der Assoziationen) | diskursive Komponente | Bedeutung: (Form und Bedeutung, Konzepte und Relationen, Assoziationen) |

5 Die Abkürzung bzw. das Akronym LE steht im ganzen Text für die Bezeichnung *lexikalische Einheit* in jedem Kasus und Numerus (also auch für *lexikalische Einheiten, lexikalische Einheit* usw.).

*(Fortsetzung)*

| Faktoren der Wortkenntnis bei ausgewählten Autoren | | | | | |
|---|---|---|---|---|---|
| Cronbach (1942) | Richards (1976) | Wallace (1982) | Nation (1990) | Tréville/ Duquette (1996) | Nation (2001) |
| korrekter Gebrauch | Kenntnis der Assoziationen zu einer LE | korrekter mündlicher Gebrauch der LE | Funktion (Kenntnis der Frequenz und der Angemessenheit) | referentielle Komponente | Gebrauch (grammatische Funktionen, Kollokationen, Gebrauchsbeschränkungen) |
| Bewusstsein der Mehrdeutigkeit der Bedeutung (Wortschatztiefe) | Kenntnis der Grundform einer LE und deren Ableitungen | korrekter schriftlicher Gebrauch der LE | Position (Kenntnis der gramm. Muster und oft der Kollokationen) | soziokulturelle Komponente (Kenntnis der kulturellen Geprägtheit der LE) | |
| | Kenntnis des syntaktischen Verhaltens der LE | Gebrauch in korrekten Verbindungen | | strategische Komponente (Kompensationsstrategien) | |
| | Kenntnis der kombinatorischen Komponente | | | | |

Tab. 2: Beispiele für Faktoren der Wortkenntnis bei verschiedenen Linguisten

In den ausgewählten beispielhaften Auffassungen der Wörterkenntnis fällt schon auf, dass diese über die Kenntnis der Bedeutung der LE hinausging, denn schon Cronbach (1942) hat zu den Faktoren nicht nur den sprachlich korrekten, sondern auch den angemessenen Gebrauch der beherrschten Wörter gerechnet. Auch Wallace (1982) stellt in seinem Modell der Wortkenntnis die Fähigkeit des mündlichen und schriftlichen Gebrauchs von LE in den Vordergrund. Eine innovative Auffassung der Wörterkenntnis schlagen Tréville und Duquette (1996, nach Rzewólska 2008) vor, denn sie unterscheiden sprachliche, diskursive, referentielle, sozikulturelle und strategische Komponenten der Wortkenntnis.

In den Modellen der Faktorenkenntnis interessiert mich der implizite Hinweis auf feste Wortverbindungen als inhärenter Bestandteil der Wortschatzkenntnis. Richards (1976) verweist in seinem Modell auf die kombinatorische Komponente als einen wichtigen Bestandteil der Wortkenntnis. Wallace (1982) differenziert in seinem Modell neben dem korrekten mündlichen und schriftlichen Gebrauch der LE separat die Verwendung der Wörter in korrekten Wortverbindungen aus.

Dies zeigt, dass in seinem Modell dem Faktor der Kenntnis von festen Wortverbindungen großes Gewicht beigemessen wurde.

Nation (1990: 31 f.) unterscheidet in seiner ersten Konzeption vier Ebenen der Wortkenntnis: Kenntnis der Form der LE, ihrer Bedeutung, ihrer Funktion und Position. Zur Kenntnis der Form gehört die Fähigkeit, das Wort in der Laut- und der Schriftform zu erkennen und zu beurteilen, ob es richtig ausgesprochen bzw. geschrieben wurde. Zur Ebene der Position zählt Nation (1990: 32 f.) im Hinblick auf die Rezeption die Kenntnis der grammatischen Muster (*grammatical patterns*), in denen das jeweilige Wort vorkommt. Dieses Wissen resultiert aus der Erfahrung der Sprachbenutzer:innen. Im Hinblick auf die Sprachproduktion gehört zur Wortkenntnis auf der Ebene der Position die Kenntnis der mit einem Wort oft kokkurrierenden Elemente (Kollokationen)[6]. Das dritte Element der Wortkenntnis, d. h. die Funktion, umfasst im Hinblick auf die Sprachrezeption das Wissen über die Häufigkeit des Gebrauchs der jeweiligen LE (Frequenz) und im Hinblick auf die Sprachproduktion das Wissen darüber, in welchen Kontexten und Registern das Wort gebraucht wird, ob es öfter in der gesprochenen oder geschriebenen Sprache seine Verwendung findet. Dazu gehört auch das Wissen über die stilistische Markierung des Wortes, also z. B. das Wissen darüber, ob eine LE zur Umgangssprache oder zum formellen Stil gehört. Auf der Ebene der Bedeutung umfasst das Wortwissen die Kenntnis der Semantik der LE, d. h. der Sprachbenutzer soll wissen, welches Wort zum Ausdruck eines bestimmten Konzepts angewandt werden sollte. Den inhärenten Bestandteil der Wörterkenntnis bildet die Kenntnis der Assoziationen, also »die Fähigkeit zu erkennen, welche Bedeutungsnuance für den jeweiligen Kontext am geeignetsten ist« (Nation 1990: 32, Übersetzung J. T.).

In seinem weiteren Modell differenziert Nation (2001: 27, nach Bargmann 2011: 68 f.) nur drei Ebenen aus: Form und Bedeutung der LE sowie die Fähigkeit ihres Gebrauchs, wobei sich diese Faktoren auf die Sprachrezeption und die Sprachproduktion beziehen. Zur Kenntnis der Bedeutung zählt Nation (2001) auch die Bewusstheit der Relationen der LE zu anderen LE und der Assoziationen, die mit einem Wort verbunden sind. Mich interessiert die Ebene des Gebrauchs, zu der Nation neben der Kenntnis der grammatischen Funktionen auch die der Gebrauchsbeschränkungen und die Kenntnis der Kollokationen zählt.

Beachtenswert ist das Modell der Faktoren der Wortschatzkenntnis von Tréville und Duquette (1996, nach Rzewólska 2008), das sich von den bis dahin erarbeiteten Modellen durch zwei Faktoren unterscheidet: Zum einen werden in diesem Modell verschiedene Komponenten der Wortschatzkenntnis ausdiffe-

---

6 Kollokationen in der Auffassung von Nation (1990: 32) entsprechen den Kookkurrenzen. Es handelt sich dabei um mit einem Wort oft kokkurrierende LE, die nicht mit Kollokationen im engeren Sinne (vgl. z. B. Hausmann 1984, 1985) gleichzusetzen sind.

renziert, zum anderen unterscheiden die Wissenschaftlerinnen neben der sprachlichen und referentiellen Komponente auch eine diskursive, soziokulturelle und strategische Komponente. Sie verweisen somit in ihrem Modell auf die kulturelle Geprägtheit der LE. Zu betonen ist hier auch die Ausdifferenzierung der strategischen Komponente. Tréville und Duquette (1996) machen dadurch deutlich, dass zur Wortschatzkenntnis auch die Fähigkeit gehört, Wortschatzdefizite zu kompensieren.

## 3.2 Von der Wortkenntnis zur Wortschatzkompetenz

Wie oben erwähnt, wurde *Wortschatzkompetenz* als ein Element der *Kommunikativen Kompetenz* erst im *Gemeinsamen europäischen Referenzrahmen für Sprachen* (GER 2001) explizit genannt, was im vorliegenden Beitrag für Wendepunkt 2 in der Auffassung und Beschreibung der *Wortschatzkompetenz* gehalten wird. In dem dort beschriebenen Kompetenzmodell stellt die *Wortschatzkompetenz* ein Element der *linguistischen Kompetenz* dar, die neben der *lexikalischen (Sub-)Kompetenz* noch die *semantische, grammatische, phonologische, orthographische* und *orthoepische Kompetenz* umfasst. Das Erscheinen von GER (2001) stellt somit einen sehr wichtigen Wendepunkt in der Kompetenzbeschreibung dar, obwohl die dortige Definition der *Wortschatzkompetenz* nicht beeindruckend ist. Diese wird wie folgt definiert: *Wortschatzkompetenz* »umfasst die Kenntnis des Vokabulars einer Sprache, das aus lexikalischen und grammatischen Elementen besteht, sowie die Fähigkeit, es zu verwenden« (GER 2001: 111). In dieser Definition fällt der Hinweis auf das Wortschatzwissen sowie auf die Fähigkeit dessen Gebrauchs auf, wobei die strategische bzw. reflexive Komponente in der Definition der *Wortschatzkompetenz* ausbleibt. Zwar werden in der Definition der *Wortschatzkompetenz* keine Teilkompetenzen bzw. Teilkomponenten genannt, aber in diesem Dokument werden alle Kompetenzen mittels der Angabe von verschiedenen Kann-Beschreibungen beschrieben bzw. definiert.

## 3.3 Definierung der lexikalischen Kompetenz in Form von Kann-Beschreibungen

Das Erscheinen des GER (2001) führte zu einem immer häufigeren Gebrauch der Begriffe *Wortschatzkompetenz* bzw. *lexikalische Kompetenz* und zur Formulierung vieler Definitionen des Begriffs. Jedoch wurde diese Kompetenz, möglicherweise unter dem Einfluss von GER, zuerst noch in Form von Kann-Beschreibungen definiert, was in dem vorliegenden Beitrag als Wendepunkt 3 aufgefasst wird. Es handelt sich somit um eine Übergangsphase, in der statt der expliziten Definierung des Begriffs *Wortschatzkompetenz* immer noch Gedanken darüber gemacht wurden, was zur Wörterkenntnis gehört und welche Teilfähigkeiten beim Beherrschen der LE erworben werden sollten. Eine sehr detaillierte Konzeption der *lexikalischen Kompetenz/Wortkenntnis*[7] stammt von Kieweg (2002), der 16 unterschiedliche Faktoren der Wortkenntnis in Form von verschiedenen Kann-Beschreibungen nennt (vgl. Tab. 3).

| Teilfähigkeiten beim Wörterlernen |
|---|
| Die Lernenden können ein Wort in der gesprochenen und in der geschriebenen Form erkennen und produzieren. |
| Die Lernenden kennen bestimmte Ableitungen eines Wortes, auch solche, die kontrastiv zum Deutschen nicht morphologisch erkennbar sind. |
| Die Lernenden müssen das Wort im aktiven Langzeitgedächtnisspeicher abgelegt haben, um es jederzeit abrufen zu können. |
| Die Lernenden können die Wörter den konkreten Objekten bzw. Konzepten [...] zuordnen. |
| Die Lernenden kennen wenigstens einen Teil des gesamten Bedeutungspotenzials eines Wortes. |
| Die Lernenden müssen die entsprechenden grammatikalischen bzw. morphologischen Formen kennen. |
| Die Lernenden können das Wort in gut verständlicher Weise aussprechen. |
| Die Lernenden können das Wort richtig schreiben. |
| Die Lernenden kennen die Stellung eines Wortes im Satz. |
| Die Lernenden müssen die Verträglichkeit eines Wortes mit anderen Wörtern kennen (Kollokationen). |
| Die Lernenden kennen die Beziehung der Wörter untereinander. |
| Die Lernenden müssen die mitschwingenden Bedeutungen eines Wortes kennen. |
| Die Lernenden beherrschen die Registerproblematik. |
| Die Lernenden müssen den Verwendungskontext eines Wortes kennen. |
| Die Lernenden können die figurative Bedeutung erschließen. |
| Die Lernenden müssen die Wortart kennen. |

Tab. 3: Erfassung der Faktoren lexikalischer Kompetenz nach Kieweg (2002: 8) in abgekürzter Form[8]

---

7 Der Titel des Artikels von Kieweg (2002) lautet zwar *Die lexikalische Kompetenz zwischen Wunschdenken und Realität*, aber das Unterkapitel, in dem sie beschrieben wird, heißt *Was bedeutet es ›ein Wort zu können‹?* Tabelle 3 bezieht sich auf die Frage »Was muss man nun wirklich alles über ein Wort wissen, um sagen zu können, dass man dieses auch beherrscht« (Kieweg 2002: 7).

8 Die Tabelle von Kieweg hat zwei Spalten. Hier wurde nur die Spalte »zu erbringende Leistungen« dargestellt, wobei die Spalte mit Beispielen bzw. sporadischen Erklärungen nicht präsentiert wurde.

In den von Kieweg (2002: 8) postulierten Teilfähigkeiten der Wortschatzkenntnis ist die Einbettung der LE in verschiedene Subsysteme bzw. Teilkompetenzen (z. B. Aussprache, Rechtschreibung, Grammatik) sichtbar. Die meisten Teilfähigkeiten beziehen sich jedoch auf die grammatische Einbettung der LE und verweisen auf die Notwendigkeit der Kenntnis der grammatischen und morphologischen Form, der Ableitung, der Stellung eines Wortes im Satz und der Wortart. Darüber hinaus wird in den Kann-Beschreibungen auf Beziehungen zwischen den Wörtern (Kenntnis der Verträglichkeit eines Wortes mit anderen Wörtern, z. B. der Kollokationen, sowie die der Beziehung der Wörter untereinander) verwiesen. Darin wird neben der Stilschichtenmarkierung der LE (Kenntnis der Registerproblematik, z. B. formal, umgangssprachlich, salopp) auch die Fähigkeit der Erschließung der metaphorisch gebrauchten Wörter bzw. Wortverbindungen berücksichtigt. Miteinbezogen wurde in das Konzept der *lexikalischen Kompetenz* auch die Art der Speicherung der neu kennen gelernten LE, die einen (schnellen) Abruf der nötigen LE ermöglicht. Zusammenfassend ist festzuhalten, dass in der Beschreibung der *lexikalischen Kompetenz* von Kieweg (2002) – aufgefasst als Teilfähigkeiten des Wörterlernens – die Prozesse der Sprachproduktion, der Sprachrezeption und Speicherung bzw. Behaltensprozesse mitberücksichtigt wurden.

Die Beschreibung der *lexikalischen Kompetenz* in Form der Aufzählung der Teilfähigkeiten ist auch in Beiträgen zu finden, die einige Jahre nach dem Erscheinen von GER (2001) entstanden sind, wobei in dieser Zeit schon detaillierte Definitionen der Wortschatzkompetenz formuliert wurden. Somit kann man beobachten, dass sich hier die »Wendepunkte« 3 bis 5, chronologisch gesehen, überlappen (vgl. Fußnote 4). So schlägt auch Targońska (2011: 123f.) die Auffassung der Wortschatzkompetenz in Form von Kann-Beschreibungen als Komponenten vor. Sie gliedert jedoch die Teilfähigkeiten im Hinblick auf die Sprachrezeption und Sprachproduktion, wobei sie die Verflechtung der Wortschatzkompetenz mit der Wörterbuchbenutzung(skompetenz) sowie mit kognitiven und metakognitiven Wortschatzlernstrategien betont. Im Folgenden wird kurz auf die Teilfähigkeiten eingegangen, die keine Erwähnung in Kiewegs (2002: 8) Beschreibung der beim Wörterlernen zu berücksichtigenden Teilfähigkeiten fanden. In Bezug auf die Sprachrezeption postuliert Targońska (2011: 123) die Berücksichtigung von folgenden Bedeutungserschließungsstrategien:
- der Lernende kann »die Bedeutung eines zusammengesetzten Wortes anhand bekannter Lexeme erschließen«,
- er kann »auf Grund der bekannten lexikalischen Einheiten aus dem Kontext die Bedeutung einer unbekannten LE erschließen« (ebd.).

In den oben präsentierten Kann-Beschreibungen ist auch der implizite Hinweis auf den von den Lehrkräften zu entwickelnden potenziellen Wortschatz (vgl. Alfes 1979) sichtbar.

In Bezug auf die Sprachproduktion verweist Targońska (2011: 124) nicht nur auf die grammatikalische Geprägtheit der LE (z. B. der Lernende »kann von der Grundform ein nötiges Wort ableiten, kann ein zusammengesetztes Wort bilden«) (ebd.), sondern auch auf die Einbettung der LE in der Kultur der jeweiligen Sprache (der Lernende »kennt die kulturelle Geprägtheit der LE und die Unterschiede zwischen Umfang des Wortes in der L1 und der Zielsprache«) (ebd.). In der Auffassung der *lexikalischen Kompetenz* von Targońska (2011) wird auf die Möglichkeit (oft auch die Notwendigkeit) des kreativen Umgangs mit manchmal unzureichenden Wortschatzkenntnissen sowie die Entwicklung und den Einsatz von (Kompensations-)Strategien verwiesen, wovon die von ihr postulierten folgenden Teilfähigkeiten zeugen können:

- Der Lernende »kann bei mangelnden Wortschatzbeständen die Lücken in der Lexik kompensieren (durch Umschreibungen, Paraphrasierungen, Definitionen bzw. definitionsähnliche Versuche, Einsatz von Antonymie und Synonymie)« (Targońska 2011: 124),
- Er »kann anhand des Wortbildungswissens kreativ mit dem Wortschatz umgehen, d. h. für bestimmte kommunikative Situationen für ihn neue Wörter bilden« (ebd.).

### 3.4    Entstehung von ausgebauten Definitionen der lexikalischen Kompetenz

Nach dem Erscheinen des GER (2001), der eine Zäsur für die explizite Ausdifferenzierung der *Wortschatzkompetenz* und ihre Loslösung von der grammatischen Subkompetenz darstellt, sind Definitionen der *lexikalischen Kompetenz* entstanden. Aus Platzgründen können an dieser Stelle nur einige von ihnen erwähnt werden. Aguado (2004: 247) hat Folgendes festgestellt »Zur Wortschatzkompetenz gehört neben der Fähigkeit, Wörter angemessen verstehen und verwenden zu können auch strategisches Wissen bzw. strategische Fertigkeiten, wie z. B. Erschließungstechniken«. In ihrer Deutung der Kompetenz verweist sie nicht nur auf die rezeptive und produktive Ebene der Kompetenz, d. h. auf korrektes Verstehen und angemessenen Gebrauch von LE, sondern auch auf die Notwendigkeit der Entfaltung von lexikalischen Erschließungsstrategien, die es erlauben, die Bedeutung unbekannter LE zu erschließen.

Eine detailliertere Definition der *lexikalischen Kompetenz* stammt von Ulrich (2011: 132), die folgendermaßen lautet:

Lexikalische Kompetenz oder Wortschatzkompetenz ist die Fähigkeit eines Menschen, auf eine ausreichend große Zahl mit jeweils ausreichenden Informationen versehener Lexeme im mentalen Lexikon zugreifen zu können, die für kognitives und kommunikatives Handeln Voraussetzung sind. Eine erworbene umfassende Kompetenz ermöglicht einerseits abstraktes Denken auf hohem Niveau, andererseits rasches und volles Verstehen mündlicher wie schriftlicher Ausdrücke sowie einen geschmeidigen, situationsangemessenen Ausdruck im Gespräch und beim Schreiben.

Im Mittelpunkt dieser Beschreibung der Wortschatzkompetenz steht die Fähigkeit, LE aus dem mentalen Lexikon abzurufen und diese situationsangemessen zu verwenden, d.h. mit Hilfe der Lexik sprachlich adäquat zu handeln. Hier wird sowohl der Verstehens- als auch Verwendungsaspekt berücksichtigt. Leider ist darin weder ein Hinweis auf kognitive und metakognitive lexikalische Strategien noch auf Sprachreflexion bzw. Sprachbewusstsein sichtbar. Auch der Hinweis auf Wortgruppenlexeme bzw. Wortverbindungen bleibt in den Definitionen der Wortschatzkompetenz aus.

## 3.5    Ausdifferenzierung verschiedener mit Wortschatzkenntnissen verbundener Kompetenzen

Das Erkennen der bedeutenden Rolle fester Wortverbindungen, *Chunks* bzw. formelhafter Sequenzen im Fremdsprachenerwerbsprozess führte dazu, dass *idiomatische Kompetenz* bzw. *phraseologische Kompetenz*[9] postuliert wurden, was für den Wendepunkt 5 in der Auffassung der *Wortschatzkompetenz* gehalten wird. Diese Kompetenzen, die sich offensichtlich auf das Vokabular beziehen, wurden jahrelang nicht explizit der Wortschatzkompetenz unter- bzw. zugeordnet. Obwohl die beiden Bezeichnungen im wissenschaftlichen Diskurs im Gebrauch waren (z. B. Lüger 2004; Erhardt 2014), wurden diese Kompetenzarten nicht explizit definiert. Das Verständnis der Kompetenzen wurde in Form von Beschreibungen, jedoch nicht in Form einer Definition dargelegt.

Hallsteinsdóttir (2001: 11) fasst die *phraseologische Kompetenz* als Wissen über die Phraseologie auf, das nicht nur die Kenntnis der bekanntesten Phraseologismen, sondern auch »das Wissen über phraseologiespezifische, vor allem semantische und syntaktische Regelmäßigkeiten und Abweichungen« umfasst (ebd., vgl. auch Hallsteinsdóttir 2011: 13). Es bildet die Grundlage für die Bewusstheit dessen, dass ein Teil des Wortschatzes in Form von vorgeformten bzw.

---

9  Die beiden Begriffe beziehen sich zwar auf die gleiche Kompetenzart, aber die erste Bezeichnung stammt noch aus den Zeiten, als die Gruppe der Phraseologismen enger gefasst war und als deren Kernbereich idiomatische Phraseme bildeten. Hinzuweisen ist an dieser Stelle noch darauf, dass schon vor über 40 Jahren Alfes (1979: 354) in seinem Beitrag die Begriffe *Kollokations-* und *Phraseologie-Kompetenz* gebrauchte, wobei er diese nicht erläuterte.

formelhaften Ausdrücken auftritt, die reproduzierbar sind. Phraseologische Kompetenz umfasst auch »die Erwartung, dass bestimmte Konzepte oder Sachverhalte durch Phraseologismen ausgedrückt werden können« (Hallsteinsdóttir 2001: 12). Darüber hinaus äußert sie sich in der Fähigkeit, Phraseologismen zu erkennen, zu verstehen und zu verwenden. Fremdsprachenlernende mit entwickelter phraseologischer Kompetenz sind sich der Formelhaftigkeit der Sprache bewusst. Zum Wissen, das die phraseologische Kompetenz ausmacht, gehören auch Verstehensstrategien sowie »Strategien für sowohl normgerechte als auch die kreative Verwendung von Phraseologismen« (Hallsteinsdóttir 2011: 13).

In seiner Auffassung der *idiomatischen Kompetenz* geht Erhardt (2014: 2) über die Kenntnis von Phrasemen und deren nicht-phraseologischen Entsprechungen hinaus und rechnet ihr auch das Sprachgefühl zu. Einen Bestandteil der Kompetenz macht in seinen Augen auch die Fähigkeit aus, die Bedeutung der Phraseme aus dem Kontext erschließen zu können, was die Fähigkeit zum kritisch-konstruktiven Umgang mit Wörterbüchern und Internetressourcen voraussetzt.

Sich auf die Überlegungen von Hallsteinsdóttir (2001, 2011) stützend differenziert Chrissou (2022: 136f.) in der *phraseologischen Kompetenz* eine sprachliche und eine kognitive Komponente. Zu der ersten gehört die Kenntnis der Phraseme (lexikalische, grammatische, semantische, phonologische, soziolinguistische Kompetenz), zu der zweiten das ausgeprägte Sprachbewusstsein und strategische Kompetenzen.

Neben den beiden Kompetenzarten erschien 1999 in der Forschungsliteratur der Begriff *Kollokationskompetenz*, jedoch nur in der englischen Sprache (*colloctional competence*). Diesen Begriff gebrauchte Hill (1999), wobei er in seinem Artikel, in dem er auf die Relevanz des Erwerbs von Kollokationen im Fremdsprachenunterricht aufmerksam macht, diesen noch nicht definierte. In der ersten expliziten Definition von *collocational competence* von Mansoor (2008: 1), die wie folgt lautet,

Collocational competence is a term which has been recently used to refer to the extent of the learner's knowledge of the combinatory use of lexical items (collocations). This kind of competence refers to the language user's ability to communicate naturally and efficiently by putting words into groups that collocate together in different communicative situations in order to facilitate the flow of communication.

wird Kollokationskompetenz als Wissen der (Fremdsprachen-)Lernenden über die Verbindbarkeit[10] der Lexeme verstanden und die Fähigkeit, die Wörter so

---

10  Man kann dies als Kenntnis der (grammatisch-)kombinatorischen Komponente der LE bezeichnen (vgl. Löschmann 1986; Bohn 1999).

zusammenzustellen, dass korrekte Syntagmen entstehen, die zu einer Kommunikationssituation passen.

Die erste deutschsprachige Definition der *Kollokationskompetenz* stammt von Reder (2011, Reprint 2013: 73), die diese auffasst als »die Fähigkeit des Lerners, Kollokationen als feste, aber nicht idiomatische Einheiten in Texten zu erkennen, zu verstehen und in Äußerungen zu gebrauchen«. In dieser Deutung der Kompetenzart sind Prozesse des Wahrnehmens, Verstehens und des Gebrauchs von Kollokationen berücksichtigt.

Die erste umfangreichere Deutung der Kollokationskompetenz stellt Henriksen (2013: 39f.) dar, die diese zwar noch nicht in Form einer expliziten Definition darlegt, sie aber in Form von Teilfähigkeiten beschreibt. Dazu gehören die Fähigkeiten:
- Kollokationen im Input zu bemerken bzw. zu erkennen,
- ihre Bedeutung und Funktion zu verstehen,
- Restriktionen ihres Gebrauchs zu verstehen (dazu gehört auch die Erweiterung des Wissens über ihre Verwendung),
- eine passende Kollokation zu wählen (z.B. aus einer Gruppe, die sich im mentalen Lexikon befinden),
- Flüssigkeit des Gebrauchs von Kollokationen zu entwickeln.

Die von Henriksen (2013) postulierten Elemente der Kollokationskompetenz umfassen die Fähigkeiten der Wahrnehmung, des Verstehens und des korrekten Gebrauchs von Kollokationen sowie auch die Flüssigkeit in der Verwendung von Kollokationen. In dieser Erklärung wird – im Vergleich zur Definition von Reder (2013) – noch die Kenntnis der Restriktionen des Gebrauchs von Kollokationen berücksichtigt. Festzuhalten bleibt, dass die *phraseologische* bzw. *idiomatische Kompetenz* als Teil der *Kommunikativen Kompetenz* aufgefasst, jedoch jahrelang nicht explizit unter die *Wortschatzkompetenz* subsumiert wurde.

### 3.6    Subkompetenzenorientierte Auffassung der Wortschatzkompetenz

Für den nächsten Wendepunkt im Verständnis und in der Beschreibung der *Wortschatzkompetenz* wird im Folgenden die subkompetenzenorientierte Auffassung der *Wortschatzkompetenz* von Targońska und Stork (2013: 86) gehalten. In ihrem Modell wird die Wortschatzkompetenz als »ein Bündel von Kompetenzen« gedeutet. Zu den Teilkompetenzen der *lexikalischen Kompetenz* gehören z.B. *Wortbildungskompetenz*, *phraseologische Kompetenz* und *Kollokationskompetenz*. Die Unterordnung der zwei letzten Subkompetenzen der *Wortschatzkompetenz* erlaubt die Tatsache hervorzuheben, dass »keine einzelnen Wörter eine natürliche Lerneinheit darstellen (vgl. Leonhardi 1964)« (Targońska/

Stork 2013: 87) und dass das Vokabular der jeweiligen Sprache nicht nur aus Einzelwörtern besteht, die frei zusammengestellt werden können bzw. dürfen (dies ist nur im Falle der freien Wortverbindungen möglich, aber die Sprachen bestehen oft aus reproduzierbaren bzw. formelhaften Sequenzen). Darüber hinaus werden in dieses Modell lexikalische Strategien aufgenommen, zu denen »Strategien der Bedeutungserschließung, Strategien der Planung und Evaluierung des Wortschatzlernens, Produktions- sowie Kompensationsstrategien« gehören (Targońska/Stork 2013: 89). Hervorzuheben ist, dass die Teilkompetenzen der Wortschatzkompetenz auch keine einheitlichen Größen darstellen, denn z. B. die *Kollokationskompetenz* umfasst die rezeptive, produktive und reflexive Komponente.

## 4.　Schlusswort

In diesem Beitrag wurde gezeigt, dass sich im Laufe der letzten sechs Jahrzehnte sowohl in der Sprachwissenschaft als auch in der Fremdsprachenlehr- und Lernforschung (Glottodidaktik) viele markante Änderungen bzw. Wandlungen im Verständnis sowohl des Kompetenzbegriffs als auch der Wortschatzkompetenz festhalten lassen. Einige davon verdienen die Bezeichnung Wende. Der wichtigste Wendepunkt in der Auffassung der Kompetenz, der weitere Wendepunkte mit sich brachte, war die Aufhebung der Dichotomie zwischen der Kompetenz und der Performanz. Dies führte zur Verschiebung des (Forschungs-)Interesses auf den tatsächlichen Sprachgebrauch und auf die Analyse der Verwendung von Sprache in authentischen Kommunikationssituationen. Nicht zu unterschätzen ist der Beitrag der Kognitiven Linguistik und der Psycholinguistik, die den Menschen und seine Denkprozesse ins Zentrum ihres Forschungsinteresses stellten, zum Vollzug der Wendepunkte in der Auffassung des Kompetenzbegriffs. Diesen wissenschaftlichen Disziplinen verdanken wir die Ausweitung des Kompetenzbegriffs durch die Aufnahme der strategischen Kompetenz in das Kompetenzmodell.

　Da der Fremdsprachenunterricht jahrzehntelang grammatikorientiert war, kann es nicht wundern, dass die lexikalische Kompetenz erst gegen Ende des 21. Jahrhunderts verstärkt ins Blickfeld der Glottodidaktik gerückt ist. Für den markantesten Wendepunkt in der Auffassung der lexikalischen Kompetenz halte ich ihre explizite Loslösung von der grammatischen Kompetenz, was mit der Erscheinung des GER erfolgte. Dieser hat sich jedoch erst einige Jahre nach der Einkehr der Wortschatzwende vollzogen. Wundern kann die relativ späte Postulierung und Definierung der idiomatischen, phraseologischen und Kollokationskompetenz sowie deren explizite Subsumierung unter die Wortschatzkompetenz. Es ist schwer vorauszusagen, ob alle Wendepunkte in der Auffassung der beiden in dem Beitrag besprochenen Begriffe hinter uns liegen, oder ob weitere Wendepunkte in dieser Hinsicht noch zu erwarten sind.

## Bibliographie

Aguado, Karin (2004): *Evaluation fremdsprachlicher Wortschatzkompetenz: Funktionen, Prinzipien, Charakteristika, Desiderate.* In: Fremdsprachen Lehren und Lernen, 33, S. 231–250.

Alfes, Leonhard (1979): *Analogieschlüsse und potenzielle Wortschatzkompetenz.* In: Die Neueren Sprachen, 78 (4), S. 351–364.

Bahns, Jens (1997): *Kollokationen und Wortschatzarbeit im Englischunterricht.* Tübingen: Narr.

Bargmann, Tobias (2011): *Was bedeutet eigentlich »Vokabeln beherrschen«? – Eine Einführung in das Problemfeld ›Wortschatzkompetenz‹.* In: Hahn, Natalia / Roelcke, Thorsten (Hrsg.): *Grenzen überwinden mit Deutsch. (37. Tagung des Fachverbands Deutsch als Fremdsprache an der Pädagogischen Hochschule Freiburg/Br. 2010).* Göttingen: Universitätsverlag, S. 59–75.

Bohn, Rainer (1999): *Probleme der Wortschatzarbeit.* Berlin: Langenscheidt.

Canale, Michael (1983): *From Communicative Competence to Communicative Language Pedagogy.* In: Richards, Jack C. / Schmidt, Richard W. (Hrsg): *Language and Communication.* London: Longman, S. 2–14.

Canale, Michael / Swain, Merrill (1980): *Theoretical bases of communicative approach to second language teaching and testing.* In: Applied Linguistics, 1 (1), S. 1–47.

Chrissou, Marios (2022): *Aufgaben und Übungen im Verbund zur Förderung der phraseologischen Kompetenz im DaF-Unterricht.* In: Colloquia Germanica Stetinensia, 31, S. 133–155.

Chomsky, Noam (1965): *Aspects of the theory of syntax.* Massachusetts: M.I.T. Press.

Cronbach, Lee J. (1942): *Measuring knowledge of precise word meaning.* In: Journal of Educational Research, 36, S. 528–534.

Erhardt, Claus (2014): *Idiomatische Kompetenz: Phraseme und Phraseologie im DaF-Unterricht.* In: German as a foreign language, 1, S. 1–20.

GER = Europarat (2001): *Gemeinsamer europäischer Referenzrahmen für Sprachen: lernen, lehren, beurteilen.* Berlin u. a.: Langenscheidt.

Hallsteinsdóttir, Erla (2001): *Das Verstehen idiomatischer Phraseologismen in der Fremdsprache Deutsch.* Hamburg: Dr. Kovač.

Hallsteinsdóttir, Erla (2011): *Aktuelle Forschungsfragen der deutschsprachigen Phraseodidaktik.* In: Linguistik online, 47 (3), S. 3–31.

Hausmann, Franz Josef (1984): *Wortschatzlernen ist Kollokationslernen. Zum Lehren und Lernen französischer Wortverbindungen.* In: Praxis des neusprachlichen Unterrichts, 3 (4), S. 395–406.

Hausmann, Franz Josef (1985): *Kollokationen in deutschen Wörterbüchern. Ein Beitrag zur Theorie des lexikographischen Beispiels.* In: Bergenholtz, Henning / Mugdan, Joachim (Hrsg.): *Lexikographie und Grammatik. Akten des Essener Kolloquiums zur Grammatik im Wörterbuch 28–30.06.1984*. (Lexicographica. Series Maior 3). Tübingen: Niemeyer, S. 118–129.

Henriksen, Birgit (2013): *Research on L2 learners' collocational competence and development – a progress report*. In: Bardel, Camilla / Lindquist, Christina / Laufer, Batia (Hrsg.): *L2 vocabulary acquistition, knowledge and use. New perspectives on assessment and corpus analysis*. Amsterdam: Eurosla, S. 29–56. URL: http://www.eurosla.org/mono graphs/EM02/Henriksen.pdf [Zugriff am 30.01.2023].

Hill, Jimmie (1999): *Collocational competence*. In: English Teaching professional, 11, S. 3–7.

Hu, Adelheid / Caspari, Daniela / Grünewald, Andreas / Küster, Lutz / Nold, Günter / Vollmer, Helmut J. / Zydatiß, Wolfgang (2008): *Kompetenzorientierung, Bildungsstandards und fremdsprachliches Lernen – Herausforderungen an die Fremdsprachenforschung. Positionspapier von Vorstand und Beirat der DGFF Oktober 2008*. In: Zeitschrift für Fremdsprachenforschung, 19 (2), S. 163–186.

Hymes, Dell H. (1972): *On Communicative Competence*. In: Pride, John Bernard / Holmes, Janet (Hrsg.): *Sociolinguistics*. Harmondsworth: Penguin, S. 269–293.

Kieweg, Werner (2002): *Die lexikalische Kompetenz zwischen Wunschdenken und Realität*. In: Der fremdsprachliche Unterricht. Englisch, 36/55, S. 4–10.

Legutke, Michael K. (2008): *Kommunikative Kompetenz: Von der Übungstypologie für kommunikativen Englischunterricht zur Szenariendidaktik*. In: Legutke, Michael K. (Hrsg.): *Kommunikative Kompetenz als fremdsprachendidaktische Vision*. Tübingen: Narr, S. 15–42.

Leonhardi, Arnold (1964): *Die natürliche Spracheinheit*. In: Praxis des neusprachlichen Unterrichts, 11, S. 17–22.

Löschmann, Martin (1986): *Die Arbeit an lexikalischen Kenntnissen*. In: Desselmann, Günter / Hellmich, Harald (Hrsg.): *Didaktik des Fremdsprachenunterrichts (Deutsch als Fremdsprache)*. Leipzig: Verlag Enzyklopädie, S. 141–166.

Lüger, Heinz-Helmut (2004): *Idiomatische Kompetenz – ein realistisches Lernziel? Thesen zur Phraseodidaktik*. In: Beiträge zur Fremdsprachenvermittlung, Sonderheft 7, S. 121–169.

Mansoor, Mohammad Salman (2008): *Building up Collocational Competence*. In: Journal of Faculty of Arts, Fateh University, 6, S. 1–12.

Nation, I.S.P (1990): *Teaching & Learning Vocabulary*. New York: Heinle & Heinle.

Nation, Paul (2001): *Learning Vocabulary in Another Language*. Cambridge: Cambridge University Press.

Piepho, Hans-Eberhard (1974): *Kommunikative Kompetenz als übergeordnetes Ziel im Englischunterricht*. Dornburg-Frickhofen: Frankonius.

Richards, Jack C. (1976): *The role of vocabulary teaching*. In: TESOL Quarterly, 1, S. 77–89.

Reder, Anna (2013): *Kollokationen in Theorie und Praxis*. Pécs: Universität Pécs.

Rzewólska, Agnieszka (2008): *Kompetencja leksykalna i nauczanie języków obcych*. In: Języki Obce w Szkole, 1, S. 38–44.

Targońska, Joanna (2011): *Lexikalische Kompetenz – ein Plädoyer für eine breitere Auffasung des Begriffs*. In: Glottodidactica, XXXVII, S. 117–127.

Targońska, Joanna / Stork, Antje (2013): *Vorschläge für ein neues Modell zur Beschreibung und Analyse lexikalischer Kompetenz*. In: Zeitschrift für Fremdsprachenforschung, 24 (1), S. 71–108.

Targońska, Joanna / Stork, Antje (2014): *Lexikalische Kompetenz revisited – Warum eine neue Diskussion zu einem alten Begriff benötigt wird*. In: Zielsprache Deutsch, 41 (1), S. 21–38.

Tréville, Marie-Claude / Duquette, Lise (1996): *Enseigner le vocabulaire en classe de langue*. Paris: Hachette.

Ulrich, Winfried (2011): *Das Verhältnis von allgemeiner Sprachkompetenz und Wortschatzkompetenz*. In: Pohl, Inge / Ulrich, Winfried (Hrsg.): *Wortschatzarbeit*. Baltmannsweiler: Schneider Verlag Hohengehren, S. 127–132.

van Ek, Jan (1987): *Objectives for foreign language learning. Volume II: Levels*. Strasbourg: Council of Europe Publications and Documentation Division.

Wallace, Michael J. (1982): *Teaching Vocabulary*. London: Heinemann Educational Books.

Weinert, Franz E. (2001): *Vergleichende Leistungsmessung in Schulen – eine umstrittene Selbstverständlichkeit*. In: Weinert, Franz E. (Hrsg.): *Leistungsmessungen in Schulen*. Weinheim / Basel: Beltz, S. 17–31.

Weskamp, Ralf (2007): *Neurolinguistik und Kommunikative Kompetenz*. In: Werlen, Erika / Weskamp, Ralf (Hrsg.): *Kommunikative Kompetenz und Mehrsprachigkeit. Diskussionsgrundlagen und unterrichtspraktische Aspekte*. Baltmannsweiler: Schneider Verlag Hohengehren, S. 59–78.

Helena Hradílková / Petr Pytlík (Masarykova univerzita, Brno)

# Soft Skills im Fremdsprachenunterricht – ein Übersetzungskursentwurf[1]

**Abstract**

**Soft Skills in Foreign Language Teaching a Draft for a Translation Course**

Just a cursory glance at the past and present of foreign language teaching in universities is enough to discern a fundamental turning point, which is that the traditional three-dimensional educational paradigm, within which the teacher is regarded as the »facilitator« of content, »of knowledge« and the students are regarded as »recipients of knowledge« hardly meet the contemporary requirements for university graduates. This leads to a paradigm shift based on well-founded psychological, social, emotional, and pedagogical principles and which aims, among other things, to develop concrete soft skills in the classroom. This article focuses both on the embedding of innovative teaching approaches in foreign language teaching and on innovative forms, content, and challenges for (foreign language teacher) education that could contribute to the development of soft skills relevant to teaching practice.

**Keywords:** soft skills in language teaching, problem-based learning, translation courses

**Schlüsselwörter:** Soft Skills im Fremdsprachenunterricht, problemorientiertes Lernen, Übersetzungskurse

## 1. Einleitung

Die Möglichkeiten der Entwicklung von Soft Skills in Schulen und an Universitäten sind ein aktuelles und fachübergreifendes Thema, das in letzter Zeit oft im Zusammenhang mit den Innovationen der Curricula erwähnt wird (vgl. de Villiers 2010; Pereira/Costa 2017; Caggiano et al. 2020). Der Bedarf nach den so genannten Soft-Skills-Trainings wird sowohl von Eltern und Studierenden als auch vom Staat und kommerziellen Bereich identifiziert, wobei engere Anknüpfung der Curricula an die Praxis vorgesehen wird. Infolgedessen suchen

---

1 Der Beitrag ist im Rahmen des europäischen Projektes *Soft skills standard system* (2020-1-SK01-KA226-HE-094267) entstanden.

Unterrichtende an Universitäten nach geeigneten Konzepten zur Einbettung von Soft-Skills-Trainings in den regulären Hochschulunterricht.

Insbesondere in jeweiligen Diskussionen über die oben erwähnten Innovationen der Curricula an Hochschulen wird auf die Zusammenhänge zwischen der Entwicklung von Soft Skills und der erfolgreichen Eingliederung der Absolvent:innen ins Arbeitsleben hingewiesen. In der Fachliteratur wird im Allgemeinen der enge Zusammenhang zwischen Soft Skills und dem Arbeitserfolg akzentuiert. So stellt Day (2012: 53) fest, dass Soft Skills benötigt werden, um im Beruf und in der Arbeitswelt erfolgreich zu sein, und er kommt auch zu dem Schluss, dass die Entwicklung von Soft Skills an den Hochschulen daher unbedingt unterstützt werden muss.

Nicht nur Akademiker:innen, sondern auch Studierende selbst sind sich der Relevanz von Soft Skills in ihrem künftigen Berufsleben bewusst. Majid et al. (2012: 1039ff.) fanden in ihrem Forschungsprojekt über die Bedeutung von Soft Skills für die Studierenden und ihre Zufriedenheit mit dem Niveau ihrer Fähigkeiten heraus, dass die Mehrheit von ihnen bevorzugen würde, wenn die Soft Skills in entsprechenden praxisorientierten Kursen statt in durch Universitäten angebotenen speziellen Soft-Skills-Kursen weiterentwickelt würden. Man kann davon ausgehen, dass diese Variante deshalb bevorzugt wird, weil sie den Studierenden die Möglichkeit bieten könnte, zu verstehen, wie sie diese Fähigkeiten in einer bestimmten (beruflichen) Situation anwenden können. Es ist auch möglich, dass sie sich mit professionellen Kursen überlastet fühlen und daher weniger dazu geneigt sind, an spezialisierten Soft-Skill-Entwicklungsprogrammen teilzunehmen, die durch ihre Universitäten organisiert werden (vgl. Majid et al. 2012). Es scheint deshalb aus den oben erwähnten Perspektiven als gerechtfertigt, anzunehmen, dass die Einbettung von Soft-Skills-Trainings in bestehende Kurse eine effektive und effiziente Vorgehensweise darstellt, die es ermöglicht, spezifische Inhalte attraktiv zu vermitteln und zugleich Soft Skills der Studierenden zu stärken.

Ziel des vorliegenden Beitrags ist es u. a., Unterrichtende dazu zu ermutigen, ihre eigene Verantwortung in Bezug auf die Entwicklung von Soft Skills ihrer Studierenden wahrzunehmen und diese gezielt zu entwickeln. Deshalb möchten wir einen Kursentwurf vorstellen, in dem geeignete Methoden zur Weiterentwicklung von Soft Skills im universitären Sprachunterricht, konkret im DaF-Unterricht (Deutsch als Fremdsprache), angewandt werden. Der Kursentwurf sollte als ein Beispiel für die mögliche Umsetzung von fachübergreifenden theoretischen Ansätzen in pädagogische Praxis dienen.

## 2.    Definitionen von Soft Skills

Bevor wir den Kursentwurf vorstellen, sollte noch kurz auf die Problematik der Definitionen von Soft Skills eingegangen werden. Eine allgemein geltende Definition von diesem Begriff ist nicht einfach zu finden, da sich die Wahrnehmung dessen, was eine Soft Skill ist, von Kontext zu Kontext unterscheidet. Eine Fertigkeit kann in einem bestimmten Bereich als weiche und in einem anderen als harte Kompetenz angesehen werden. Darüber hinaus ist das Verständnis dessen, was als Soft Skill angesehen werden sollte, sehr unterschiedlich. Deshalb versuchen einige Forscher:innen, eine interdisziplinäre Definition zu formulieren. In der Fachliteratur finden sich Definitionen wie folgt: eine Soft Skill ist »die Fähigkeit zur Kommunikation und Teamarbeit« (Deutscher Manager-Verband e.V. 2003: 14), »Soft Skill ist ein soziologischer Begriff für den emotionalen Intelligenzquotienten einer Person« (Moin 2012: 214, zit. nach Subedi 2018: 134), oder »es sind kommunikative Fähigkeiten zur Interaktion mit anderen Menschen« (Niemeyer 2006: 15). Schließlich stellen Haselberger et al. (2014: 67) fest, dass

> Soft Skills eine dynamische Kombination aus kognitiven und metakognitiven Fähigkeiten, zwischenmenschlichen, intellektuellen und praktischen Fähigkeiten [darstellen]. Soft Skills helfen Menschen, sich anzupassen und positiv zu verhalten, um die Herausforderungen ihres Berufs und Alltags effektiv zu bewältigen. (Übersetzung H.H. und P.P.)

Letztere Definition scheint am ehesten mit unserer Auffassung von Soft Skills übereinzustimmen, die wir im Nachfolgenden weiterentwickeln möchten.

Ergänzend zur oben erwähnten Definition verwendeten wir bei der Verfassung des vorliegenden Kursentwurfs auch moderne Klassifikationen von Soft Skills, die es ermöglichen, einige Zusammenhänge zwischen harten, weichen und professionellen Kompetenzen zu erkennen. Eine solche Perspektive geht davon aus, dass es unmöglich ist, eine interdisziplinäre Definition von Soft Skills zu finden (vgl. Schulz 2008). Deshalb wird versucht, Soft Skills anhand ihrer Kategorisierung zu definieren. Demzufolge definiert Schulz (2008: 148) drei sehr unterschiedliche Fähigkeitskategorien:
- persönliche Qualitäten,
- zwischenmenschliche Fähigkeiten,
- zusätzliche Fähigkeiten/Kenntnisse.

Er stellt fest, dass die zusätzlichen Fähigkeiten/Kenntnisse durch den Bildungsprozess erworben werden können, d.h., dass sie erlernbar sind. Weiterführend behauptet er ebenfalls, dass sie überprüfbar sind und dass sogar auf diese Weise eine zusätzliche Qualifikation oder Zertifizierung erworben werden kann. Diese Erkenntnis ist für den vorliegenden Beitrag wichtig und wird demnächst weiterentwickelt.

## 3.    Soft Skills in der Bildung

Im vorliegenden Beitrag konzentrieren wir uns auf die Praxis des Hochschulunterrichts. Basierend auf unserer Erfahrung in der Einbettung von Soft-Skills-Trainings in Kurse an universitären Bildungsinstituten TU Dresden (Deutschland), Masaryk Universität Brno (Tschechien), ABC-Academic Business Centrum (Slowakei), Fachhochschule Oberösterreich (Österreich) und Haskolin a Bifrost (Island), die an dem europäischen Projekt *Soft skills standard system* teilgenommen haben, wurde eine spezifische Kategorisierung von Soft Skills entwickelt. Die Idee erfolgt aus der Voraussetzung, dass keine Soft Skill separat entwickelt werden kann, sondern dass diese Kompetenzen immer voneinander abhängig sind. Beispielsweise wird bei der Entwicklung des kritischen Denkens gleichzeitig die Fähigkeit entwickelt, nach geeigneten Informationen zu suchen. Deshalb hat das Projektteam ausgewählte Soft Skills, die parallel entwickelt werden, in vier Gruppen eingeteilt:

| *Kognitive Soft Skills* | *Kreative Soft Skills* | *Kooperative Soft Skills* | *Kommunikative Soft Skills* |
|---|---|---|---|
| analytisches Denken | visionäres Denken | Empathie | rhetorische Fähigkeiten |
| Neugier | Proaktivität | Anpassungsfähigkeit | Wettbewerbsfähigkeit |
| Konsistenz | Geduld | organisatorische Fähigkeiten | Talent, andere zu motivieren |
| Verantwortung | Mut | Verhandlungsgeschick | Deduktivität |
| Sorgfalt | Vorstellungskraft | Lehrfähigkeiten | Verlässlichkeit |
| Präsentationsfähigkeiten | visuelles Denken | Mediationsfähigkeit | Fähigkeit, Verantwortung zu delegieren |
| kritisches Denken | positives Engagement | Fähigkeit, Kontakte zu knüpfen | Konzentrationsfähigkeit (aktives Zuhören) |

Tab. 1: 4C-Soft-Skills-Layout (nach Filo et al. 2017:13)

Diese Kategorisierung bietet eine einfachere und universellere Organisation des pädagogischen Prozesses, denn wenn wir uns auf das Training von Soft Skills konzentrieren, z. B. wenn wir im Unterricht kognitive Fähigkeiten durch Brainstorming und anschließend durch Brainwriting entwickeln möchten, sollte man nicht außer Acht lassen, dass dabei die Soft Skills in dieser Gruppe, d. h. analytisches Denken, Neugier, Konsistenz, Verantwortung, Präsentationsfähigkeiten und kritisches Denken, zusammenentwickelt werden. Im Folgenden werden die einzelnen Gruppen von Soft Skills kurz besprochen.

- *Kognitive Soft Skills:* Suchen nach geeigneten Informationen, Analysieren des aktuellen Wissens/Forschungsstands,
- *Kreative Soft Skills:* insbesondere die Fähigkeit, Probleme zu lösen, proaktiv zu sein, geeignete Vorschläge und Verfahren einzubringen und sie in einem verständlichen Text zu formulieren oder in Digital- oder Bild-Outputs nachvollziehbar zu visualisieren,
- *Kooperative Soft Skills:* Voraussetzungen nicht nur für die Zusammenarbeit in fachlich orientierten, monothematischen Teams, sondern auch die Bereitschaft zum interdisziplinären und interkulturellen Handeln,
- *Kommunikative Soft Skills:* insbesondere die Fähigkeit, richtig (d. h. verständlich und adressatenbezogen) zu kommunizieren, sachlich zu interpretieren, Entscheidungen in einem Team zu treffen, aber auch Menschen zu motivieren oder Aufgaben zu delegieren.

Anhand dieser Aufteilung können die Lehrenden die Ziele der Soft-Skills-Trainings klar formulieren und den Erfolg der jeweiligen Kurse besser evaluieren. Wir haben diese Einteilung auch in unseren Entwurf für die effektive Einbettung der Soft-Skills-Trainings in den DAF-Unterricht eingearbeitet. Zu diesem Zweck wurde die im Nachfolgenden beschriebene Methode des *Problem Based Learning* (*PBL*) gewählt.

## 4. PBL-Methode (Problem based learning)

Damit unser Unterrichtsentwurf im vollen Umfang vorgestellt werden kann, wird in diesem Abschnitt das von uns ausgewählte Konzept zur Entwicklung von Soft Skills kurz beschrieben. Die *PBL*-Methode stellt ein Leitkonzept eines die Selbstständigkeit fördernden, kognitiv aktivierenden Unterrichts dar (vgl. Reusser 2005: 159). Die Kernidee dieses Konzepts ist es, schulisches Lernen im Geiste des Problemlösens zu gestalten. Die PBL wird grundsätzlich durch die folgende Idee geprägt: Lernen ist ein Prozess der Bedeutungserstellung und nicht der Wissensvermittlung (vgl. Reusser 2001). In seinem Mittelpunkt stehen dabei Probleme, die authentisch und unstrukturiert sind und sich oft auf eine konkrete Berufstätigkeit beziehen. Ziele solcher Vorgehensweisen sind: eine umfassende und flexible Wissensbasis aufzubauen, effektive Problemlösungsfähigkeiten und selbstgesteuerte, lebenslange Lernfähigkeiten zu entwickeln, das (berufliche)

Potenzial der Studierenden zu entfalten und eine intrinsische Lernmotivation zu entwickeln.

Da Studierende innerhalb dieses Konzepts für das selbstgesteuerte Lernen und die soziale Organisation selbst verantwortlich sind, ist der Einsatz von effizienten und angemessenen Lernstrategien und Arbeitsformen von besonderer Wichtigkeit. Bei der Anwendung dieses Konzepts im Fremdsprachenunterricht werden sie vor weitere Herausforderungen gestellt. Ähnlich wie im aufgabenbasierten Fremdsprachenunterricht wird ein besonderer Nachdruck auf eine sinnvolle und authentische Kommunikation während des Lernprozesses gelegt, wobei das Sprachenlernen während des Problemlösens mittels Kommunikation (im Team) in der Zielsprache erfolgt. Das Lösen von authentischen Problemen stellt somit eine sinnvolle und authentische Kommunikation in den Mittelpunkt des Lernprozesses, wobei das Erlernen des Lösungsverfahrens unstrukturierter Probleme mit dem Sprachenlernen verbunden wird. Diesen Prozess beschreibt Jaleniauskiene (2016: 265) folgendermaßen: »Die Studierenden gehen vom reproduktiven zum kreativen und sinnvollen Sprachgebrauch über, was zweifellos zu einem sinnvollen Lernen und einer erhöhten Motivation beiträgt«.

Bei einem gut konstruierten Problem – und das ist der eigentliche Mehrwert dieses Konzepts – arbeiten die Studierenden nicht mit dem Ziel, die Sprache zu erlernen, sondern um ihre Sprachkenntnisse zusammen mit anderen Fähigkeiten und Kenntnissen bei der Problemlösung zu nutzen. Um es an einem Beispiel zu zeigen: Heutzutage sind bei der Übersetzungsarbeit Sprachkenntnisse nur ein Anteil von allen »Skills«, die Übersetzer anwenden müssen. Genauso wie in anderen Branchen rücken auch hier die EDV-Kenntnisse in den Vordergrund, die für den Erfolg in vielen Branchen unentbehrlich sind. Deshalb reicht es durchaus nicht, wenn man nur mit Übersetzungsaufgaben arbeitet, sondern es müssen solche Probleme konstruiert werden, die der wirklichen Übersetzungspraxis möglichst genau entsprechen.

Aufgrund der oben beschrieben Komplexität der Rolle der Studierenden und der zu lösenden Probleme im PBL-Konzept ist es von großer Wichtigkeit, dass die Probleme geeignet konstruiert werden. Laut Ansarian und Teoh (2018) sollte ein für einen erfolgreichen PBL-Unterricht richtig konstruiertes Problem, das den Bedürfnissen des Fremdsprachenunterrichts entspricht,

– authentisch sein,
– eine reale Situation widerspiegeln, mit der die Lernenden in der Zukunft wahrscheinlich konfrontiert werden,
– die Lernenden zur Lösungssuche motivieren,
– die »Kultur« des Landes widerspiegeln, dessen Sprache erlernt wird,
– die kognitiven Fähigkeiten der Lernenden angemessen herausfordern und
– den Einfluss der Muttersprache berücksichtigen (vgl. Ansarian/Teoh 2018: 34f.).

Aufgrund dieser Kriterien wurde unser Problem konstruiert, das auf einer Übersetzungsaufgabe von Untertiteln beruht, bei deren Lösung EDV-Kenntnisse und Management-Skills erforderlich sind und die Soft Skills der Kommunikation und Teamarbeit, des kritischen Denkens, der Kreativität u. a. entwickelt werden können.

## 5.   Organisation des problembasierten (Fremdsprachen-) Unterrichts

Spätestens seit den 1980er Jahren wird immer häufiger versucht, das PBL-Konzept in das jeweilige Ausbildungssystem auf allen Ebenen einzubetten. Barrows schlug schon 1986 vor, dieses Konzept als problembasierte Erarbeitung von Lehrinhalten über ein ganzes Quartal, Semester oder Jahr, und zwar nicht selten in bedeutsamen Anteilen des gesamten Curriculums einer Fach- oder Hochschulausbildung anzuwenden. Dabei definierte er sieben Schritte, die aufgrund der Pilotierung unseres Entwurfes um zwei weitere Schritte erweitert wurden. Wir ließen uns durch die folgende Struktur (vgl. Jalinus/Nabawi/Mardin 2017) inspirieren, in der sieben (eigentlich neun) Schritte definiert wurden:

0. *Gründliche Erklärung des Konzepts von PBL* (ergänzt von Hradílková und Pytlík)
1. Problemidentifikation und Zielpräzisierung,
2. Bestimmung des Informationsbedarfs,
3. Zusammentragen vom problemrelevanten Material,
4. Erarbeitung des für das Problemlösen dienlichen Wissens,
5. Lösungshypothesen (Entwicklung, Austausch, Begründung, Diskussion, Entscheidung für eine Lösung),
6. Validierung der Lösung,
7. Verallgemeinerung, Systematisierung und Festigung des erworbenen Wissens,
8. *Auswertungsphase – Evaluierung der PBL-Sequenz* (ergänzt von Hradílková und Pytlík).

Die Schritte folgen einer logischen Vierphasen-Struktur. Nach der Phase der Problemidentifikation und Zielpräzisierung (1) wird in der Gruppe zuerst der Informationsbedarf für die nächste Arbeitsphase bestimmt, in der es darum geht, problemrelevantes Material zusammenzutragen und neues, der Beantwortung der Problemfragen dienliches Wissen zu erarbeiten (2). Nachdem im weiteren Verlauf Lösungshypothesen entwickelt, ausgetauscht, begründet und diskutiert worden sind sowie die Entscheidung für eine Lösung getroffen und diese auch validiert worden ist (3), wird das erworbene Wissen verallgemeinert, systematisiert und gefestigt, und es werden weitere Fälle und (Anwendungs-)Aufgaben (4) gelöst.

Während der Kursplanentwurf eindeutig nach diesen vier Phasen strukturiert wird, ist die Organisation des Unterrichts selbst relativ flexibel. In unserem Fall trafen sich die Lernenden i. d. R. einmal pro Woche für anderthalb bis zwei Stunden und arbeiteten darüber hinaus selbstständig an einem konkreten Problem. Begleitet wurde die Arbeit mindestens durch einen Tutor. Selbstverständlich sind die gegenüber herkömmlichem Unterricht weit stärker selbstgesteuert arbeitenden Studierenden für die soziale Organisation des Lernens selbst verantwortlich. Daraus folgt, dass dem Einsatz effizienter und angemessener Lernstrategien und Arbeitsformen eine hohe Bedeutung zukommt.

Bei der Erstellung unseres Kursplanentwurfs haben wir uns an die oben aufgeführten Prinzipien gehalten. Im Nachfolgenden legen wir unseren Kursplanentwurf bei, der im Herbst 2021 an der Pädagogischen Fakultät der Masaryk Universität in Brno durchgeführt wurde.

| Kursplanentwurf – Masaryk Universität Brno | |
|---|---|
| **Kurs** | Übersetzungsseminar – Übersetzung in die Ausgangssprache |
| Beschreibung | Der Kurs konzentriert sich auf die **Herübersetzung** (aus dem Deutschen ins Tschechische). Nach erfolgreicher Absolvierung der Lehrveranstaltung sollen die Studierenden in der Lage sein, Untertitel aus dem Deutschen ins Tschechische unter Verwendung gängiger Übersetzungswerkzeuge und anderer Mittel, wie Korpora-Quellen, automatische Korrekturen etc., zu übersetzen. Das eigentliche Ziel des Kurses ist die Erfüllung der Projektaufgabe, d. h. **funktionsfähige Untertiteldatei zu erstellen,** die sofort innerhalb der Theateraufführung/des Films/Videos verwendet werden kann (technische Aspekte der Untertitelung). |
| Umfang (h) | Workshops (12 Unterrichtseinheiten = UE), Selbststudium (10 UE), Teamarbeit (30 UE), Sprechstunden (8 UE) |
| Credits | 2 ECTS-Punkte, Präsentation allgemeiner Outputs (Video mit Untertiteln), Evaluierung (Erfahrungen, Selbsteinschätzung) |
| Abschluss | Bewertung der Ergebnispräsentation, Selbstevaluation, Bewertung des Outputs (Untertiteldatei) |
| Voraussetzungen | Mindestens Niveau B1+ in deutscher Sprache |
| Outputs | Die Studierenden arbeiten in Gruppen und sollen lernen, wie man Informationen zu den Aspekten der Untertitelung findet (technische, sprachliche und formale Voraussetzungen für die Erstellung von Untertiteln), wie man funktionale Untertitel erstellt (linguistische Perspektive, technische Perspektive) und wie man Untertitel lektoriert. |

| | Outputs:<br>– Analyse der Arbeit von Untertitelmachern<br>– Übersetzung der Untertitel<br>– technische Lösung der Untertitel<br>– Endprodukt – Datei mit Untertiteln nach Lesekorrekturen |
|---|---|
| a) Wissen (harte Kenntnisse) | Informationen zur Erstellung von Untertiteln zur Verbesserung der Sprachkompetenz |
| b) Soft Skills | Soft Skills, die entwickelt werden sollten: bei der Team-Arbeit kooperative Soft Skills (organisatorische Fähigkeiten, Anpassungsfähigkeit, Empathie u. a.), und kommunikative Soft Skills, insbesondere in der ersten Phase kognitive Soft Skills, schließlich bei der Bearbeitung der eigentlichen Übersetzung die kreativen Soft Skills (siehe auch Tabelle oben) |
| c) Professionelle Kompetenzen | Arbeit mit Texten, Genauigkeit, Verantwortung, Planung, Zeitmanagement |
| Didaktisches Konzept und Methoden | Das didaktische Konzept basiert auf problembasiertem Lernen (PBL).<br>Lehrmethoden: Brainstorming, Diskussion, persönliche Reflexion, Peer-Assessment, Peer-Reviewing, geführte Diskussion, Sondierungsgespräche |
| Plan (1 Semester) | Im Kursplan sind 12 UE vorgesehen. Der Lehrplan des Kurses enthält 12 UE, die in vier Schlüsselphasen behandelt werden, die charakteristisch für das didaktische Konzept des problembasierten Lernens sind:<br>Projektaufgabe:<br>Operette – Untertitel<br>https://www.youtube.com/watch?v=2LF_bArPRPM<br><br>Auftrag: Die Deutsche Oper am Rhein bereitet eine Aufführung von der Operette *Die Fledermaus* vor und hat zu der Inszenierung ein Werbevideo gedreht und plant eine Vorstellung beim Opernfestival in Litomšl (Tschechien). Das Opernmanagement hat Sie damit beauftragt, zu diesem Video tschechische Untertitel (zum gesungenen Wort) zu erstellen.<br>a) analytische Phase<br>Ziel dieser Phase ist es, verschiedene Informationen zur Untertitelung zu erheben, auszuwerten und für die Untertitelung von Musikvideos zu analysieren.<br>b) Konzeptionsphase (Kontrolle)<br>Ziel dieser Phase ist es, den Projektvorschlag auf der Grundlage von Daten oder Recherchen aus der Analysephase zu erstellen. Es wird vor allem ein Zeitplan festgelegt, die Rollen werden aufgeteilt, die technischen Anforderungen (Hardware, Software und technisches Handbuch für die Erstellung von Untertiteln) werden definiert. |

c) Überprüfungsphase

Ziel dieser Phase ist es, die Aufgaben des Projekts auszuführen: Hauptaufgabe ist die Durchführung einer funktionalen Untertitelübersetzung, andere Aufgaben sind: Überprüfung der technischen Lösung.

d) Argumentationsphase

Ziel dieser Phase ist es, einen Projektbericht zu erstellen.

In jeder Phase werden spezifische Methoden gemäß den erwarteten Zielen/Ergebnissen in Bezug auf die Zielgruppe (Abonnenten der Oper, breite Öffentlichkeit) verwendet, einschließlich der Entwicklung der folgenden Soft Skills: Kommunikation, Kreativität, Kooperation, kritisches Denken.

Plan für 12 UE (Modell):

| EINHEIT | Phase |
| --- | --- |
| 1–2 | Analyse |
| 3–6 | Konzeption |
| 7–8 | Überprüfung |
| 9–10 | Argumentation |
| (11–12) | Evaluierung |

| Evaluierung | In diesem Kurs sollten die folgenden Ergebnisse evaluiert werden:<br>a) Wissensanalyse: Fakten und Informationen über die Arbeit von Tools zur Untertitelerstellung, Verbesserung der Sprachkompetenz (Pragmatik der audiovisuellen Übersetzung)<br>b) Soft Skills: kooperative Soft Skills und kommunikative Soft Skills bei der Teamarbeit, in der ersten Phase kognitive Soft Skills, schließlich bei der Bearbeitung der eigentlichen Übersetzung kreative Soft Skills.<br>c) Professionelle Kompetenzen: Genauigkeit, Verantwortung, Planung, Zeitmanagement<br>Es sind verschiedene Outputs zu evaluieren:<br>– Präsentation (Präsentation der Lösung vor Gruppenteilnehmer:innen),<br>– Teamprojekt (Übersetzung der Untertitel),<br>– Datenanalyse (Analyse der technischen und inhaltlichen Anforderungen an die Untertitelung).<br>Evaluationsansätze: gruppenübergreifende Evaluation, Peer-Assessment, Teacher-Assessment etc. |
| --- | --- |

## 6.    Auswertung, Stärken und Schwächen des Kursplanentwurfs

Der Kurs wurde im Wintersemester 2021 mit einer Gruppe von 12 Studierenden (drei Teams) durchgeführt. Im Rahmen der Auswertung des Kurses erfolgten drei Datenerhebungen. Es wurde eine abschließende Diskussion mit den Studierenden geführt, aufgenommen und transkribiert. Ein Evaluierungsfragebogen für die Studierenden wurde erstellt, verteilt und eingesammelt und schließlich wurde der Kurs aus der Perspektive des Lehrenden evaluiert.

Aus der Auswertung aus der Perspektive der Studierenden geht hervor, dass die PBL-Methode für sie völlig neu war und dass sie diese Erfahrung zwar als positiv einstufen, allerdings mehr Input zur eigentlichen Methode bräuchten. Für die Studierenden war ihre erste Erfahrung mit PBL »sehr anstrengend« und »sehr zeitaufwendig«. Auch »sollte man besser erklären, worum es genau bei PBL geht«. Zu Problemen ist es in einem der Teams gekommen, das »nicht funktioniert hat und in dem die ganze Arbeit nur eine Person gemacht hat«. Diese Situation gehört zu den Risiken der PBL-Methode. Sie kommt im Rahmen einer authentisch gestalteten PBL-Sequenz vor und bringt ebenfalls neue Erfahrungen für die Studierenden mit sich, von der sie profitieren können.

Im Allgemeinen möchten die Studierenden diese Erfahrung wiederholt machen, wobei sie voraussetzen, dass sie sich dann besser auf den ganzen Verlauf der Teamarbeit konzentrieren können. Neue Erfahrungen hat auch die Online-Zusammenarbeit (geteilter Cloud-Speicher, Onlinesoftware mit Zugangsdaten, MS-Teams-Meetings usw.) gebracht, die aufgrund der COVID-Restriktionen notwendig war. Positiv wurden insbesondere »die Authentizität der Aufgabenstellung« und »ihre Anbindung an die Praxis« wahrgenommen.

Aus der Perspektive der Lehrenden ist es gelungen, den Studierenden eine neue Methode vorzustellen, bei der sie u. a. ihre Sprachkenntnisse als Instrument zum Erreichen des Ziels, zur Erstellung des Endprodukts, verwendet haben. Angebracht war auch die Sozialform der Team-Arbeit, die mithilfe von Online-Tools verlief. Erwünscht wäre eine gründlichere Einführung in die Methode, damit die Studierenden die jeweiligen Soft Skills bewusst und somit besser entwickeln könnten.

Die entworfenen Methoden zur Auswertung der Endprodukte (gruppenübergreifende Evaluation, Peer-Assessment, Teacher-Assessment etc.) erwiesen sich als wirksam, wobei zu betonen wäre, dass diese Phase als achter Schritt der Barrows-Struktur ergänzt werden kann, denn es hat sich gezeigt, dass sie einen integralen Bestandteil des PBL-Prozesses darstellt.

## 7.    Schlussbetrachtungen

Im vorliegenden Beitrag haben wir einen Kursplanentwurf für einen erfolgreichen problembasierten Fremdsprachenunterricht vorgestellt. Dabei haben wir uns durch solche Fachrichtungen inspirieren lassen, in denen das Konzept des PBL seit vielen Jahren mit Erfolg verwendet wird (Medizin, Management, Maschinenbau, Finanzmanagement u. a.). Aufgrund der von Jaleniauskiene (2016), Ansarian und Teoh (2018) für den PBL-Unterricht im Fremdsprachenunterricht definierten Prinzipien, haben wir ein Problem für den Fremdsprachenunterricht definiert, das als Beispiel oder Inspiration für andere Fremdsprachenunterrichtende dienen kann. Die daraus erfolgte Aufgabe besteht in der Übersetzung von Untertiteln zu einem Werbevideo der Deutschen Oper am Rhein zur Vorstellung der Operette *Die Fledermaus*. Bei dieser Aufgabe werden sowohl Sprachkenntnisse als auch andere wichtige Kenntnisse (vor allem EDV-Kenntnisse) und Kompetenzen identifiziert, überprüft und weiterentwickelt. Gerade der simultane Einsatz von unterschiedlichen Kenntnissen, Fertigkeiten und Kompetenzen ermöglicht den Sprachenunterrichtenden, die aktuellen Ansprüche auf modernen Sprachunterricht zu berücksichtigen, den Erwartungen der Studierenden besser entgegenzukommen und vor allem den Unterricht möglichst praxisnah zu gestalten.

Bei der Durchführung des vorliegenden Kursentwurfes im Wintersemester 2021 ließ sich feststellen, dass die PBL-Methode für die Studierenden anstrengend und zeitaufwändig war, dass allerdings diese Erfahrung aus ihrer Perspektive als positiv einzustufen ist. Es hat sich gezeigt, dass eine gründliche Einführung in die Methode ratsam wäre, da sie einerseits den ersten Schock und die Anfangsfrustration aus »aufgezwungener Selbstständigkeit« mildern und andererseits auch zum bewussten Entwickeln von jeweiligen Soft Skills führen kann. Aus der Perspektive der Lehrenden wurden zwei grundlegende Beobachtungen gemacht: Es sollte ein besonderer Nachdruck sowohl auf die Einführungsphase (Schritt 0), als auch auf die Auswertungsphase (Schritt 8) des Barrows-Modells gelegt werden.

## Bibliographie

Ansarian, Loghman / Teoh Mei Lin (2018): *Problem-based Language Learning and Teaching: An Innovative Approach to Learn a New Language*. Springer Singapore: Imprint Springer.

Barrows, Howard (1986): *A taxonomy of problem-based learning methods*. Medical Education, 20, 481–486.

Caggiano, Valeria / Schleutker, Kai / Petrone, Loredana / González-Bernal, Jerónimo (2020): *Towards Identifying the Soft Skills Needed in Curricula: Finnish and Italian Students' Self-Evaluations Indicate Differences between Group*s. In: Sustainability, 12, S. 110. URL: https://mdpi-res.com/d_attachment/sustainability/sustainability-12-04031/article_deplo y/sustainability-12-04031.pdf?version=1589465277 [Zugriff am 13.05.2023].

Day, Flex (2012): *Our Students Need Soft Skills*. Mali: Delta College Press.

De Villiers, Rouxelle (2010): *The incorporation of soft skills into accounting curricula: preparing accounting graduates for their unpredictable futures*. In: Meditari Accountancy Research, 18 (2), S. 1–22.

Deutscher Manager-Verband e. V. (2003): *Handbuch Soft Skills – Band I: Soziale Kompetenz*. Zürich: Hochschulverlag.

Filo, Peter / Chomová, Katarína / Nekolová, Veronika / Orgonáš, Jozef / Paholková, Barbora / Prváková, Miroslava (2017): *Talentway & Problem-based Learning*. Bratislava: ABC – Academic Business Cluster.

Haselberger, David / Oberhuemer, Petra / Pérez, Eva / Cinque, Maria, / Capasso, Fabio (2012): *Mediating soft skills at higher education institutions: Guidelines for the design of learning situations supporting soft skills achievement, Version 1.0, Education and Culture DG. Lifelong Learning Programme. European Union. EU Lifelong Learning Programme; ModEs*. URL: https://docs.wixstatic.com/ugd/67267c_df6eeb2f47664754a408 5f3bdf4bc7bb.pdf [Zugriff am 22.10.2022].

Honeyman, Catherine A. (2017): *Soft Skills Development Guiding Notes for Project and Curriculum Design and Evaluation*. Washington DC: World Learning.

Jaleniauskiene, Evelina (2016): *Revitalizing Foreign Language Learning in Higher Education Using a PBL Curriculum*. In: Procedia – Social and Behavioral Sciences, 232. ScienceDirect, S. 265–275.

Jalinus, Nizwardi / Nabawi, Rahmat / Mardin, Aznil (2017): *The Seven Steps of Project Based Learning Model to Enhance Productive Competences of Vocational Students*. Proceedings of the International Conference on Technology and Vocational Teachers (ICTVT 2017). Paris: Atlantis Press, S. 251–256.

Majid, Shaheen / Liming, Zhang / Tong, Shen / Raihana, Siti (2012): *Importance of Soft Skills for Education and Career Success*. In: International Journal for Cross-Disciplinary Subjects in Education (IJCDSE), Special Issue 2 (2), S. 1036–1042.

Niemeyer, Robert (2006): *Soft Skills – Das Kienbaum Trainingsprogramm*. Hannover: Haufe Lexware.

Pereira, Orlando / Costa, Carlos Alberto A.T. (2017): *The Importance of Soft Skills in the University Academic Curriculum: The Perceptions of the Students in the New Society of Knowledge*. In: International Journal of Business and Social Research, 7 (6), S. 1–12. URL: https://thejournalofbusiness.org/index.php/site/article/view/1052/657 [Zugriff am 13.05.2023].

Penzenstadler, Birgit / Schlosser, Tobias / Haller, Gabriele / Frenzel, Gabriele (2009): *Soft Skills REquired: A Practical Approach for Empowering Soft Skills in the Engineering World*. In: Proceedings of the 2009 Collaboration and Intercultural Issues on Requirements: Communication, Understanding and Softskills (CIRCUS '09). Atlanta: IEEE Computer Society, S. 31–36. URL: https://dl.acm.org/doi/abs/10.1109/CIRCUS.2009.5 [Zugriff am 13.05.2023].

Reusser, Kurt (2001): *Unterricht zwischen Wissensvermittlung und Lernen lernen. Alte Sackgassen und neue Wege in der Bearbeitung eines pädagogischen Jahrhundertproblems*. In: Finkbeiner, Claudia / Schnaitmann, Gerhard W. (Hrsg.): *Lehren und Lernen im Kontext empirischer Forschung und Fachdidaktik*. Donauwörth: Auer, S. 106–140.

Reusser, Kurt (2005): *Problemorientiertes Lernen – Tiefenstruktur, Gestaltungsformen, Wirkung*. In: Beiträge zur Lehrerbildung, 23 (2), S. 159–182.

Schulz, Bernd (2008): *The importance of soft skills: Education beyond academic knowledge*. In: Journal of Language and Communication, 2, S. 146–154.

Subedi, Netra Bahadur (2018): *Soft Skills as Employability Skills: Fundamental Requirement for Entry-level Jobs*. In: KMC Research Journal, 2 (2), S. 133–142.

## II. Innovationen in der Arbeit an verschiedenen Subsystemen und Sprachfertigkeiten

Marta Anna Gierzyńska
(Uniwersytet Warmińsko-Mazurski w Olsztynie)

# (Coronapandemiebedingte) Wende im Fremdsprachenunterricht. Zum Einsatz digitaler Medien bei der Förderung von produktiven Sprachfertigkeiten

**Abstract**

**The Pandemic Crisis as a Turning Point in Teaching Foreign Languages Developing Productive Competences with the Use of New Media**

Due to pandemic caused by SARS-CoV-2 virus, education in schools, universities and non-institutional teaching centres had to be continued in a form of on-line classes. Such rearrangement in education forced teachers and students to start functioning with entirely new roles. The consequences of these changes left teachers with the problem of finding alternative ways of teaching and new lesson plans which were different to those known for years. For a better understanding of this issue it is necessary to take a closer look at the main interpretations devoted to the theories of teaching and learning languages. However, the main focus should be turned into highlighting the changing role of educational materials and the so-called new media in this process. The examples of exercises in this article were created with the use of the chosen web applications. The role of those activities is to verify and evaluate the possibility of using these tools in developing productive language skills.

**Keywords:** Covid-19, on-line teaching, productive competences, new media, online tools
**Schlüsselwörter:** Covid-19, Online-Unterricht, produktive Sprachfertigkeiten, neue Medien, Online-Tools

## 1.   Einleitung

In der Geschichte jeder Nation lassen sich gewisse Wendepunkte erkennen. Die Covid-19-Pandemie ist eins von diesen Geschehen, das einen bedeutenden Einfluss nicht nur auf einzelne Völker, sondern auch auf die ganze Menschheit ausgeübt hat und dadurch die Abkehr davon verursachte, was bekannt und üblich war. Nachdem das Virus im März 2020 ganz Europa lahmgelegt hatte, wurde schnell klar, dass wir es nicht nur mit einer medizinischen Krise zu tun haben. Die dynamische Entfaltung der Pandemie führte dazu, dass man nach neuen Lösungen und Konzepten suchen musste, die innerhalb eines kurzen Zeitraums in die Praxis umgesetzt werden konnten. Betroffen von den Folgen des

Lockdowns wurden unterschiedliche Bereiche unseres Lebens, darunter auch das Bildungswesen. Nach der pandemiebedingten Schließung von Schulen, Universitäten sowie auch außerinstitutionellen Lernorten musste der Unterricht online fortgesetzt werden. Diese Umstellung auf den digitalen Online-Unterricht bzw. das Online-Home-Schooling versetzte sowohl die Lehrenden als auch die Lernenden in neue Rollen, in denen sie sich in der virtuellen Lernumgebung schnell zurechtfinden mussten.

Um diesen Wandel zu verstehen, wird im folgenden Beitrag zuerst ein kurzer Überblick über die Ansätze und Theorien des Lehrens und Lernens von Fremdsprachen gegeben. Ein besonderes Augenmerk soll dabei auf die sich im Laufe der Jahrzehnte ändernde Rolle der Medien und den Stellenwert von produktiven Sprachfertigkeiten in den verschiedenen Methoden des Fremdsprachenunterrichts gelegt werden. Den theoretischen Teil runden die Überlegungen zur Definition und Bedeutung der so genannten Neuen Medien ab. In Bezug darauf wird der Versuch unternommen, ihre Anwendungsmöglichkeiten bei der Förderung von produktiven Sprachfertigkeiten zu beschreiben und auszuwerten. Letztendlich sollten die vorgeschlagenen Lösungen auf die im ersten Kapitel geschilderten Methoden der Fremdsprachendidaktik übertragen werden.

## 2. Rolle der Medien und Stellenwert von produktiven Sprachfertigkeiten in verschiedenen Methoden des Fremdsprachenunterrichts um die Jahrhundertwende

Wie Roche (2005: 12) anmerkt, hat man sich in den Anfangszeiten des Sprachunterrichts sowohl inhaltlich als auch sprachlich an den klassischen Vorbildern der Antike orientiert. Der Fokus des Unterrichts war darauf gerichtet, die Originaltexte der Klassiker zu verstehen und zu übersetzen. Die auf der Basis dieses Konzepts im 19. Jahrhundert entstandene Grammatik-Übersetzungsmethode war ein fremdsprachendidaktisches Verfahren, das noch im 20. Jahrhundert vorherrschte. Sein Ziel war die deduktive Vermittlung von grammatischen Regeln. Die fremdsprachlichen Lesetexte wurden grammatikalisch und lexikalisch analysiert und dann übersetzt, was zur Folge hatte, dass der Fremdsprachenunterricht hauptsächlich auf den schriftlichen und rezeptiven Umgang mit der fremden Sprache ausgerichtet war (vgl. Pfeiffer 2001: 80). Das Schreiben betrachtete man eher als Mittlerfertigkeit, die oft nur auf das Lösen von Umformungsübungen oder das Verfassen von Paralleltexten anhand angegebener Muster oder Vorlagen reduziert war. Diese Herangehensweise führte dazu, dass die Förderung von produktiven Fertigkeiten vernachlässigt wurde.

Der künstliche Gebrauch der Sprache sowie die passive Rolle der Lernenden beim Spracherwerbprozess wurden durch die Reformbewegung, die Ende des 19. Jahrhunderts entstand, heftig kritisiert (vgl. Ersch 2019: 23). Mit der Streitschrift »Der Sprachunterricht muss umkehren!« (1882) von Wilhelm Viëtor wandte man sich laut Harden (2006: 37) der pragmatischen Ausrichtung zu, die sich im Sinne einer kommunikativen Wende die praktische Beherrschung der gesprochenen Sprache zum Unterrichtsziel setzte. Die Vertreter dieser auch als »direkte Methode« (Szulc 1976: 42) bekannten Unterrichtsform postulierten in erster Linie die induktive Grammatikvermittlung. Außerdem verlangte man auch, auf den Gebrauch der Muttersprache und das Übersetzen während des Unterrichts zu verzichten. Mit diesem Konzept kam auch eine andere Gewichtung der produktiven Fertigkeiten. Das Mündliche gewann den Vorrang vor dem Schriftlichen. Das inadäquate oder vorzeitige Üben des Schreibens wurde sogar als Hindernis beim Erlernen des Sprechens angesehen (vgl. Neuner/Hunfeld 1993: 45–46; Komorowska 2009: 196; Machowicz 2010: 114).

Dieses Umdenken wurde aber erst in den 1940er und 1950er Jahren mit der audiolingualen und dann in den 1970er Jahren mit der audiovisuellen Methode sichtbar (vgl. Harden 2006: 38). Im Mittelpunkt des audiolingualen Ansatzes stand das Imitieren bzw. das Nachahmen der gehörten Sprache durch die Lernenden, was dem Erwerb der Muttersprache entsprechen sollte.[1] Die Aneignung von sprachlichen Strukturen erfolgte durch Imitation von Mustern, wobei der mündliche Gebrauch der Sprache bevorzugt wurde. Eine besondere Rolle wurde hier den auditiven Medien zugeschrieben, wie z. B. Tonbändern oder Kassetten, die heutzutage durch CDs oder MP-3/MP-4-Formate ersetzt wurden. Es wurden *patterns*, die als gewisse Muster galten, wiederholt und gedrillt, was dem Lernen einen mechanischen bzw. automatisierten Charakter verlieh. Bei der audiovisuellen Vorgehensweise ergänzte man diesen Prozess um das visuelle Element bzw. visuelle Mittel, wie z. B. Tafelbilder, Flashcards, Hafttafeln, Wandbilder, Bilder, Dias oder Folien für den Tageslichtprojektor, die später gegen neuere Medien wie Film oder computergebundene Präsentationen ausgetauscht wurden (vgl. Pfeiffer 2001: 75). Ziel dieser beiden Verfahren war es vor allem, eindeutige und alltägliche Situationen zu kreieren, um stereotype sprachliche Reaktionen auszulösen und auf diese Art und Weise die typischen Sprechgewohnheiten (eng. *habits*) auszubilden. Da diesen Methoden vorstrukturierte und von der Lehrkraft gesteuerte Medien zugrunde liegen, weisen die hier genutzten Mittel, so Roche (2005: 17), einen »Instruktionscharakter« auf. Folglich wurde das Sprechen- und Schreibenlernen sehr stark kontrolliert. Der Umgang mit den schriftlichen Aufgaben beruhte vor allem auf dem »Kopieren, Reproduzieren, Notieren und

---

1 Wie Szulc (1976: 42) betont, wollte man den Lernenden die Sprache »auf natürliche Art und Weise, also wie ein Kind die Muttersprache erlernt«, beibringen.

Formulieren« (Portmann 1991: 182), während das freie Schreiben erst dann eingesetzt wurde, nachdem sich die Lernenden des idiomatischen Sprachgebrauchs sowie der Regularitäten des Schriftlichen und des Vertextens bewusst geworden waren (vgl. Portmann 1991: 375).

Das Interesse der Fremdsprachdidaktik am Verfassen der schriftlichen Texte rückte erst mit der Entwicklung des Kognitivismus deutlich in den Vordergrund, der sich zum Ziel setzte, die intellektuellen und kreativen Fähigkeiten der Lernenden mit einzubeziehen und konkret zu nutzen. Die kognitivistischen Verfahren forderten und förderten in dieser Hinsicht die Autonomie der Lernenden und des Lernprozesses. Die im Unterricht genutzten Medien waren nur als Hilfsmittel zu betrachten, deren Aufgabe darin bestand, die Inhalte zweckmäßig zu vermitteln. Die Integration der bekannten und neuen Ansätze lässt uns in dieser Hinsicht von einer »vermittelnden Methode« (Pfeiffer 2001: 83) sprechen.

Den nächsten Schritt in der Geschichte der Fremdsprachendidaktik erkennt man an den konstruktivistischen Theorien, die noch stärker das Interesse von der Lehrerperspektive hin zu der Lernerperspektive verlagerten und »von selbstgenerierenden Prozessen der Konstruktion des Wissens gesteuert sind« (Roche 2005: 17). Lernen bedeutete also nicht nur Informationen aufzunehmen, sondern auch kognitive Konstruktionen neu aufzubauen und alte umzugestalten. Ein wichtiger Faktor, der diesen Prozess beeinflusste, war die Rolle der Lehrer:innen, die möglichst reichhaltige, multimodale und kommunikationsorientierte Lernumgebung anbieten mussten, um die Lerner:innen zum Eintauchen in die fremdsprachige Kultur anzuregen. Da diese Immersion im Unterricht nicht immer möglich ist, kam gerade den Medien eine herausragende Rolle zu, dank denen realitätsnahe Situationen geschaffen werden konnten, die das inzidentelle, das heißt nicht immer geplante und strukturierte Lernen, möglich machten (vgl. Roche 2005: 21).

Der wichtigste methodische Ansatz, der im Zeitraum von 1970 bis 2000 zu verzeichnen ist, geht auf die kommunikative Sprachdidaktik zurück, die »an den soziologischen Begriff der kommunikativen Kompetenz« anknüpft (Roche 2005: 24). Die fremdsprachlichen Kenntnisse sollten den Lernenden dazu dienen, ihre eigenen Bedürfnisse zu artikulieren. Auch der Lehrperson wurde eine neue Rolle zugeschrieben. Sie und ihre Schüler:innen traten somit verstärkt als Kommunikationspartner auf, während das sprachliche Handeln im Alltag, sowohl das mündliche als auch das schriftliche, auf Kosten der Sprachrichtigkeit in den Vordergrund gestellt wurde (vgl. Harden 2006: 41), um die kommunikativen Akte zu realisieren (vgl. Pfeiffer 2001: 77–78), was im Einklang mit der Sprechakttheorie von Searle (1969) steht. Obwohl sich das Postulat des freien Sprachgebrauchs von den Unterrichtsansätzen anderer Methoden nicht unterscheidet, ist die Vorgehensweise zur Erreichung dieses Ziels ganz anders und bringt eine neue Gewichtung der einzelnen Sprachfertigkeiten zum Ausdruck. Nach der kommunikativ-pragmatischen Wende gewann das Schriftliche mehr Aufmerksamkeit. Es wurde kommunikativ »als soziales Handeln aufgefasst« und pragmatisch galt es als »ein Verfahren zur Informationsvermittlung« (Machowska 2010: 116). An der Textproduktion ließen sich auch die Einflüsse der Textlinguistik erkennen, so dass das Schreiben nicht mehr als Verschriftlichung der gesprochenen Sprache betrachtet wurde, auch wenn es immer noch im Vergleich zum Sprechen unterrepräsentiert blieb. Seinen Vorrang verlor das Mündliche erst mit dem interkulturellen Ansatz, als man zu dem Schluss gekommen war, dass das Sprechen in zielsprachenfernen Ländern »nicht als die einzige produktive Fertigkeit gilt«, die erworben werden sollte (Machowska 2010: 118; vgl. auch Krischer 2002: 23). Das Training der Sprechkompetenz erlebte auch seinen Wandel, indem es nicht nur situationsorientiert war, sondern auch der themengebundenen Auseinandersetzung und kritischen Reflexion diente, wodurch man außer dem dialogischen auch das monologische Sprechen förderte (vgl. Koeppel 2013: 299). Diese neue Unterrichtsgestaltung hatte einen enormen Einfluss auf den produktiven Gebrauch der Fremdsprache sowie auf den Einsatz des Computers im Unterricht, der nicht mehr als ein Gerät zum Einüben richtiger Konstruktionen genutzt wird, sondern als eine kommunikative Plattform dient, wo die Lernenden sprachlich autonomer sind und kommunikativ bzw. interaktiv handeln können (vgl. Krajka/Białek 2021: 6).

Die folgenden Ausführungen lassen uns feststellen, dass die Förderung von produktiven Sprachfertigkeiten im Laufe der Zeit vielen Veränderungen unterlag, die sich nicht nur in der unterschiedlichen Gewichtung der beiden Kompetenzen äußern, sondern auch ihre Vermittlungsweise betreffen. Bemerkenswert ist ebenfalls, dass die zu diesem Zweck eingesetzten Methoden ganz selten in absoluter Reinkultur funktionieren. Die eine oder andere Theorie kann zwar das Schreiben- oder Sprechenüben erleichtern oder interessanter gestalten, »ersetzen kann sie es [aber] nicht« (Harden 2006: 43). In der Praxis haben wir es eben mit einem Methodenmix zu tun, bei dem verschiedene Konzepte relativ willkürlich kombiniert und ausprobiert werden, was auf einen integrierenden Wandel in der Fremdsprachendidaktik verweist (vgl. Krajka/Białek 2021: 7), der nicht nur die Förderung der produktiven Fertigkeiten betrifft. Die Wende erlebte auch die Nutzung der Medien im Fremdsprachenunterricht, die ihren rein konsumptiven Charakter verloren und den Lehrenden sowie den Lernenden das aktive Sprachhandeln ermöglichten.

## 3.    Neue Medien und ihre Umsetzung im Fremdsprachenunterricht

Wie man den oben kurz geschilderten Methoden bzw. Ansätzen entnehmen kann, ist der Fremdsprachenunterricht nicht nur von den Lernzielen und Lerninhalten, sondern auch von den zugänglichen didaktischen Werkzeugen sowie der Lernumgebung der Schüler:innen und Lehrkräfte abhängig. Zu diesen Faktoren gehören verschiedene gedruckte, menschliche sowie elektronische Medien, die diesen Prozess fördern (vgl. Roche 2005: 243).

### 3.1    Zum Begriff und Wirkung der neuen bzw. digitalen Medien

Der Schlüsselbegriff dieses Beitrags, d.h. *neue Medien* bezeichnet jegliche Art elektronischer, digitaler und interaktiver Medien, die verwendet werden, um zeitbezogen neuartige, technische Werkzeuge zu bezeichnen. Darunter versteht man sowohl didaktisierte als auch nichtdidaktisierte Lehrmedien (vgl. Rösler/ Würffel 2013: 255) sowie alle Verfahren und Mittel, »die mit Hilfe neuer oder erneuter Technologien neuartige, also in dieser Art bisher nicht gebräuchliche Formen von Informationserfassung und Informationsbearbeitung, Informationsspeicherung, Informationsübermittlung und Informationsabruf ermöglichen« (vgl. Ratze 1982: 13).

Der Aspekt der Zeit ist in diesem Zusammenhang von besonders großer Relevanz, weil auch die Bezeichnung *neu* ihren Wandel erleben musste. Angesichts der schnellen Informatisierung des Lebens sind wir seit der Verbreitung von CALL, d.h. dem *Computer-Assisted-Language-Learning,* Zeugen einer großen Entwicklung von immer neueren Medien und mit ihrer Hilfe erstellten Materialien (vgl. Retelj 2020: 172). Darunter versteht man nicht nur den Einsatz statisch orientierter und eindimensionaler Programme, die mit dem Web 1.0. auf verschiedenen Datenträgern zur Verfügung gestellt wurden, um die Lehrwerke oder Lehrbuchinhalte zu bereichern und ein vorprogrammiertes Feedback anzubieten, sondern auch den Gebrauch von Online-Anwendungen. Mit der allgemeinen Verbreitung des Internets, also mit dem Web 2.0., begann eine ganz neue Ära der Kommunikation (vgl. Rösler/Würffel 2013: 255; Retelj 2020: 173).

Aus diesem Grunde bedarf die am Anfang dieses Kapitels angeführte Definition einer Ergänzung und Aktualisierung. Nach Fernandes (2021: 70) werden die neuen Medien »als digitale Werkzeuge oder auch digitale Tools« betrachtet, die eingesetzt werden, um diverse Lehr- und Lernprozesse zu realisieren. Vujčić (2023: 168) erweitert diesen Begriff auf »alle softwarebasierten Technologien [...], die mithilfe des Internets funktionieren«, zu denen nicht nur diverse

Lernplattformen, sondern auch verschiedene »Kommunikationsplattformen und Apps sowie soziale Netzwerke« gehören. Schwan und Lewalter (2020: 691) sprechen hingegen von dem Begriff *Multimedia* und verstehen darunter »die Darbietung von Lerninhalten in einem abgestimmten Ensemble unterschiedlicher Zeichensysteme (z. B. Texte, Bilder, Animationen, Videos) und Sinneskanäle (z. B. visuell, auditiv, haptisch)«. Die den Lernenden dargebotenen Reize wirken auf das limbische System und machen den Input multisensorisch mit dem Ziel, den Lernprozess zu begünstigen, was laut Grein (2021a: 10) auf zwei weitere Begriffe wie *Multikodalität* bzw. *Mulitmedialität* verweist. Durch die Kombination von verschiedenen Medien kommt es auch zur »mehrfache[n] Kodierung von Reizen« (Grein 2021a: 11), worauf *Cognitive Theorie of Mulitmedia Learning* (vgl. Mayer 2001) sowie *Cognitive Affective Theory of Multimedia Learning* (vgl. Moreno/Mayer 2007) aufmerksam machen. Wie Grein (2021b: 36) deutlich macht, sind die beiden Konzeptionen »bei der Entwicklung von Lehrmaterialien und Unterrichtsgestaltung« enorm wichtig, weil sie innovative Handlungsräume für Lehrende erschließen sowie die Rolle von spannenden und motivierenden Lernwelten für Lernende betonen. Nicht ohne Bedeutung bleibt auch die Tatsache, dass diese Werkzeuge das Kommunizieren, das Interagieren bzw. das Kollaborieren sowie das Reflektieren ermöglichen.

## 3.2 Einsatz der Medien im Fremdsprachenunterricht nach dem SAMR-Modell

Die Nutzung der Medien im Unterricht kann in Anlehnung an das SAMR-Modell von Puentedura (2006) erklärt werden, das aus solchen Prozessen wie Substitution, Augmentation, Modifikation und Redefinition besteht.

Mit *Substitution* wird der Gebrauch von digitalen Mitteln nur als Ersatz ohne funktionale Verbesserung für den Unterricht verstanden (z. B. die Nutzung eines Videochats, um den Abwesenden die Teilnahme am Unterricht zu ermöglichen oder die Ersetzung analoger Materialien durch digitales Angebot). Als *Augmentation* wird die Möglichkeit eingestuft, auf die digitalen Lehrwerke oder andere multimediale Inhalte zurückzugreifen, wo der Einsatz der Technik mit funktionaler Verbesserung im Einklang steht und »den Handlungsraum analoger Medien« (Fernandes 2021: 71) überschreitet. Wenn die Nutzung von multimedialen Anwendungen beachtliche Neugestaltung von Aufgaben ermöglicht, wurde die Stufe der *Modifikation* erreicht. Die Ebene der *Redefinition* kann laut Grein (2021b: 44) nur mit Hilfe von verschiedenen EduApps realisiert werden, »in denen die Lernenden, oft kollaborativ in Partner- oder Gruppenarbeit, etwas ›entwickeln‹, also ein Produkt erstellen«. In diesem Zusammenhang gewinnen solche Tools an Bedeutung, die »als Werkzeuge zur Visualisierung von Inhalten sowie zur Erstellung von Aufgaben« (Fernandes 2021: 71) genutzt werden, damit sich die Mediennutzenden immer weiter von der Rolle der Konsumierenden hin zu den Produzierenden bewegen. Diese Eigenschaften erweisen sich bei der Gestaltung multimedialer Materialien als besonders relevant. Wie Grein (2021a: 13) anmerkt, motiviert es die Lernenden sehr, wenn sie in den Lernprozess einbezogen werden (*social clue principle*; vgl. Mayer 2015) und die digitalen Aufgaben selbstständig steuern können (*learner control principle*; Moreno/ Mayer 2007).

## 3.3    Zur (neuen) Rolle der Medien in der Pandemiezeit

Wie man dem oben angeführten Modell entnehmen kann, ist der Einsatz von digitalen Medien im Fremdsprachenunterricht schon seit Langem etabliert. Man musste aber wegen der Corona-Pandemie bei der Unterrichtsgestaltung alternative Szenarien entwickeln, um vor allem das Niveau der *Modifikation* und *Redefinition* zu erreichen, was die Lehrkräfte, Schüler:innen sowie Student:innen vor große Herausforderungen stellte. In dieser neuen Situation nutzte man Medien nicht nur dazu, um den Unterricht zu verbessern bzw. durch Informations- und Serviceangebote abwechslungsreicher zu gestalten oder die Gruppe zu motivieren (vgl. Bremer 2004: 40–41; Grein 2021b: 36), sondern vor allem dazu, um das Wissen zu präsentieren, zu vermitteln, anzuwenden und zu konstruieren. Der so geführte Unterricht bedeutete für die Lehrer:innen eine radikale Veränderung gewohnter Unterrichtsstile und ihrer Rolle. Auch die Lernenden hatten keine andere Wahl als, die relevanten Informationen anders zu gewinnen und dann zu ordnen, um sie produktiv zu nutzen. Außerdem mussten beide Seiten im Lehr-Lern-Prozess dazu fähig und entschlossen sein, in vernetzten digitalen Systemen zu navigieren und zu kommunizieren. Darunter sind nicht nur die Grundsätze von *Blended Learning*, also der computergestützten Form des Unterrichts zu verstehen, wo man die Präsenzphasen mit Online-Phasen kombinieren kann (vgl. Rösler/Würffel 2010: 6; Zeyer/Rösler 2021: 228), sondern auch der Einsatz von E-Learning[2], das in den meisten Fällen den Präsenzunterricht ersetzen musste, um eine Lernunterbrechung zu verhindern (vgl. Gamper/Hövelbrinks/Schlauch 2021: 16; Schlauch/Gamper 2021: 141). Im Anschluss daran avancierten Smartphones, Tablets und Laptops, die bisher eher der Unterhaltung dienten, plötzlich zu den wichtigsten Kommunikations- und Wissenstransfer-

---

2  Wie Bremer (2004: 41) bemerkt, ergibt sich der sog. virtuelle Unterricht nur aus Zwängen, wie z.B. einer geographisch verteilten Zielgruppe oder einer internationalen Kooperation über viele Länder hinweg.

Medien, dank denen der Unterricht per Videokonferenz gestaltet werden konnte.[3] Die Integration neuer Informations- und Kommunikationstechnologien ist zweifellos eine komplexe Aufgabe. Ihre Bewältigung verlangt immer »eine Ausdifferenzierung der Schulorganistation« (Schmoor 2001: 263), die auch unter normalen Bedingungen die Medienintegration als problematisch betrachtet. Besonders schwer fällt es den Lehrkräften mit langjähriger Erfahrung, sich mit der Informatisierung der Schule zu identifizieren (vgl. Bajusová/Bohušová 2018: 1).

Um die Lernstagnation in der Pandemie-Zeit zu verhindern, musste jedoch das Anwendungspotenzial vom Internet und seinen Instrumenten als unersetzliche Alternative für das Bildungssystem rasch akzeptiert werden. Dieser Weg bzw. Wandel von den einfachen Folien bis hin zur virtuellen Vorlesung markiert auch die Transformation zur digitalen Gesellschaft, die sich ihr Wissen nun anders aneignet und verteilt, was wiederum zu einer neuen Lernkultur des Unterrichts führt.

## 4. Förderung von produktiven Sprachfertigkeiten

Die Förderung von produktiven Fertigkeiten stellt aufgrund von ihrer Komplexität eine besondere Herausforderung für Lernende und ihre Lehrende dar. Um den Einsatz von digitalen Medien bei der Vermittlung von Schreiben und Sprechen darzustellen, sollte man sich zuerst einen Überblick darüber verschaffen, in welcher Beziehung die beiden Kompetenzen zueinanderstehen und wie ihre analoge Vermittlung aussieht.

### 4.1 Zum Verhältnis zwischen dem Schreiben und Sprechen

Wie Loescher (2008: 59) in Anlehnung an Wygotski (1992) anmerkt, ist Schreiben wie Sprechen mit einer Handlungsintention verbunden, die aber nach innen gewendet ist, denn »wer schreibt, spricht innerlich« und »wer innerlich spricht, verhält sich produktiv«.

Diese Relation zwischen den beiden Tätigkeiten bestätigt auch Kast (1999). Sowohl beim Schreiben, als auch beim Sprechen geht es um den Inhalt, der mit Hilfe ausgewählter Wörter und Sätze konzipiert wird. Es lässt sich auch feststellen, dass man im Unterricht oft aufgrund des dauerhaften Charakters des

---

3 In Anlehnung an die von BAMF (Bundesamt für Migration und Flüchtlinge) in der Pandemiezeit entwickelten Unterrichtsmodelle analysiert Grein (2021b: 36–37) acht virtuelle Unterrichtsszenarien, die nach folgenden Aspekten ausgewertet wurden: Selbstlernkurs mit und ohne Lehrkraft, Umsetzung mit Videochat oder einem interaktiven Lehrwerk, verschiedene Formen der Präsenzlehre sowie Skype-Unterricht.

Geschriebenen auf das Sprechen zugunsten des Schreibens verzichtet (vgl. Komorowska 2009: 206). Auf der einen Seite erfordert das Schriftliche mehr Präzision, weil die Lernenden im Vergleich zum Sprechen viel »ausführlicher, elaborierter und sprachlich differenzierter« (Koeppel 2013: 270) handeln müssen. Auf der anderen Seite werden die Sprechenden unter Druck gesetzt und müssen bei face-to-face-Gesprächen im Stande sein, die Informationen schnell zu enkodieren. Das Mündliche charakterisiert deswegen nicht selten Abbrüche, Versprecher sowie grammatische Fehler, die sich schwer vermeiden lassen. Im Gegensatz zu der geschriebenen Sprache ist die Toleranz gegenüber diesen Mängeln größer, was sich ebenfalls auf das wohlwollende Feedback auswirkt. Der Schreibprozess wird jedoch einfacher überwacht. Wie man aber den Produktionsmodellen des Sprechens (vgl. Hermann/Grabowski 1994) entnehmen kann, lässt sich im Falle des Mündlichen nur die Planungsebene kontrollieren, während die Ausführungsebenen automatisch ablaufen. Wenn ein Dialog geübt wird, verlaufen die Produktion und Rezeption gleichzeitig ab, so dass eigentlich kein Durchplanen der Realisierung möglich ist. Die Lernenden sind dazu gezwungen, spontan zu reagieren. Außerdem müssen sie sich an die Antworten ihrer Mitredner bzw. Empfänger anpassen und auf diese schnell reagieren. Beim monologischen oder themengebundenen Sprechen (z.B. Bericht, Debatte, Vortrag, Stellungnahme) kann man das verbale Verhalten einfacher kontrollieren, weil es »in der Gedankenführung einheitlicher, zusammenhängender und folgerichtiger ist« und sich während des Unterrichts in vielen Verfahren, wie z.B. »beim Kommentieren, Referieren, Erörtern, Argumentieren und Resümieren« realisieren lässt (Jakosz 2010: 48–49).

Nicht ohne Bedeutung ist auch die Rolle des Schreibens bei der Strukturierung geistiger Handlungen (vgl. Kast 1999: 21–23). Das Schriftliche kann »in unterschiedlichem Ausmaß und in unterschiedlicher Form, von bloßen Stichwörtern [...] bis zum gänzlich schriftlich verfassten Text« (Koeppel 2013: 307–308) unsere noch chaotischen Gedanken ordnen. Diese Vergegenständlichung der Ideen kann als Vorbereitung auf das Sprechen betrachtet werden.

## 4.2    Zur analogen Förderung des Schreibens und Sprechens

Obwohl im Mittelpunkt des Beitrags die Möglichkeiten der digitalen Förderung von beiden Fertigkeiten stehen, ist ihre analoge Vermittlungsweise nicht zu unterschätzen, weil die Prinzipien und Voraussetzungen der analogen Unterrichtsgestaltung in vieler Hinsicht im Online-Modus präsent sind.

Wenn man sich zunächst dem Schreiben zuwendet, stellt man fest, dass der Erwerb dieser Fähigkeit von großer Bedeutung nicht nur für die Schule oder den Beruf, sondern vor allem für den Lebensalltag ist (vgl. Porsch 2020: 69). Wie

Roche (2005: 201) angibt, umfasst das Schreiben das Verfassen von verschiedenen Gebrauchstexten wie »Notizen, Einkaufszetteln und Announcen, aber auch Seminararbeiten, Protokollen oder literarischen Gattungen«. Es ist auch unbestritten, dass das Schreiben, so Portmann-Tselikas (2013: 92), als »Arbeits- und Mnemotechnik« eine gewisse Rolle spielt und daher auf »das Ab- und Aufschreiben«, d. h. »das schriftliche Üben« oder »das Sammeln von Stichpunkten«, je nach dem Sprachniveau, reduziert werden kann, um auf diese Weise den Ablauf des Unterrichts und die Schulung anderer Fertigkeiten zu unterstützen (vgl. Komorowska 2009: 206). In dieser Hinsicht wird das Schreiben als Mittler- und Zielfertigkeit verstanden (vgl. Koeppel 2013: 269). Geschrieben wird auch, um sich den Wortschatz anzueignen oder um grammatische Strukturen zu wiederholen und nicht nur um schriftlich zu kommunizieren. Die Förderung des Schreibens wird in klare Teilfertigkeiten zerlegt und verlangt die Organisation verschiedener Arbeitsprozesse. Kast (1999: 33, 124) unterscheidet in diesem Zusammenhang folgende Etappen: Planung, Entwurf, Überarbeitung, Endversion und Präsentation[4], die mit der Zeit selbstständig von den Lernenden durchgeführt werden. Um diesen Prozess in Gang zu setzen und die Schreibfähigkeit zu fördern, sollte der Unterricht kontinuierlich mit verschiedenen und gestuften Handlungshilfen aufgebaut werden, die sich laut Porsch (2020: 73) auf drei Phasen, d. h. Schreibvorbereitung, Texterstellung und Textüberarbeitung reduzieren lassen (vgl. Skiba 2013: 143–144). Die eingesetzten Schritte sollten sich aus dem Schreibprozess ergeben und auf das Endprodukt gerichtet sein, was immer einer Rückmeldung seitens der Lehrkräfte oder der Lerngruppe bedarf, damit die Lernenden die eigenen Fehler erkennen und diese für den Lernerfolg nutzen (vgl. Komorowska 2009: 203; Porsch 2020: 69). Damit die Schüler:innen bzw. Student:innen richtig in der Fremdsprache schreiben können, sollte man sie mit linguistischen Kompetenzen (richtige orthografische und grammatische Anwendung sprachlicher Mittel) und pragmatischen Fertigkeiten (Einsatz textgrammatischer Elemente, die den inhaltlichen und sprachlichen Zusammenhang im Sinne von Kohärenz und Kohäsion garantieren) ausstatten, die im Rahmen direktiver und textlinguistischer Ansätze vorausgesetzt wurden. Daraus folgt, dass der Schreibprozess am Anfang mit einer Erarbeitung eigenen Sprachwissens in Verbindung steht sowie mit rigiden und vorgegeben Mustern oder Vokalbellisten gestaltet wird, was den Weg zum textsortenorientierten, aber auch kreativen und freien Schreiben ebnen soll.

---

4 Das Modell geht an Hayes und Flower (1980:11) zurück, die den Schreibprozess muttersprachlicher Schreiber modellierten. Das Konzept wurde dann auf den Fremdsprachenunterricht übertragen (vgl. Kast 1999: 210). Es soll auch angedeutet werden, dass die einzelnen Stufen nicht nur linear, sondern auch rekursiv realisiert werden können (vgl. Koeppel 2013: 273).

Befasst man sich mit dem Sprechen, dann sieht man ein, dass die Vermittlungsweise dieser Fertigkeit »in vieler Hinsicht den Aufgaben zum Schreiben« (Roche 2005: 204) ähnelt, weil die produzierten Textsorten als mündliche Texte zu verstehen sind, die von der Nutzung einzelner Wörter ausgehend bis zum in realen Kontexten kommunikativen Sprechhandeln führen sollten (vgl. Kurtz 2013: 83). Das Sprechen wird so wie das Schreiben schrittweise beigebracht. Der Prozess verläuft angefangen von gesteuerten und mitteilungsbezogenen Aufgaben zu vertrauten Themen bis zum freien Sprachgebrauch und kann durch die Nutzung bestimmter Schemata sowie durch die Steuerung verschiedener Reize modelliert werden. Nicht ohne Bedeutung ist in dieser Hinsicht das Anregen der Gruppe zur Sprachproduktion, sowie die Steigerung der Motivation durch Bild, Ton und Wort. Auch wenn man nicht bei jedem Sprechen gleich aufmerksam und konzentriert bleiben muss, kann man die Lernenden in diesem Prozess unterstützen, indem ihnen bestimmte grammatische Strukturen, Routineformeln, Redemittel oder Kompensationsstrategien vermittelt werden (vgl. Komorowska 2009: 196).

Die Ähnlichkeiten in der Vermittlungsweise der beiden produktiven Fertigkeiten legen den Schluss nahe, dass ihre Abgrenzung und Hierarchisierung keinen großen Sinn haben, da sie das Ganze der Kommunikationsfähigkeit ausmachen und sich gegenseitig ergänzen.

## 5.  Anwendungsmöglichkeiten ausgewählter Online-Tools bei der Förderung von produktiven Sprachfertigkeiten

Die Einsatzmöglichkeiten von digitalen Medien bleiben zunächst davon abhängig, welche Sprachkompetenzen man entwickeln will. Die Wahl von produktiven Sprachfertigkeiten resultiert aus der Tatsache, dass die große Mehrheit der Online-Aufgaben zum Üben von Wortschatz und Grammatik dient und geschlossener Art ist (vgl. Retelj 2020: 179), was verursacht, dass die Übungen auf einem automatischen vorprogrammierten Feedback basieren[5], das besonders bei den behavioristisch orientierten Drill-Aufgaben nützlich sein kann.

Aus diesem Grunde musste man im digitalen Angebot nach Lösungen offener Art für den zwangsdigitalisierten Unterricht der Pandemiezeit suchen, um die

---

5 Diese Automatisierung ist bei der Förderung von produktiven Sprachfertigkeiten nicht immer möglich. Solch eine Rückmeldung könnte nur bei den Aufgaben zur »Textrekonstruktion« oder bei den »Textreparaturaufgaben« (Bajusová/Bohušová 2018: 9) erfolgen, die in solchen Applikationen wie *Liveworksheets* (https://www.liveworksheets.com/, Zugriff am 15. 02. 2023) oder *Learningapps* (https://learningapps.org/, Zugriff am 15. 02. 2023) erstellbar sind. Diese Aufgaben sind auf das Ausfüllen, Ein- und Zuordnen oder das Festlegen der Reihenfolge gerichtet, die Grein (2021b: 45) als »reaktive Aufgaben« bezeichnet.

Entwicklung des Schreibens und des Sprechens zu fördern. Der Analyse werden die Einsatzmöglichkeiten von zehn Apps unterzogen, die sich zum Training beider Fertigkeiten auf Niveaustufen von A1 bis C1 sowohl im schulischen als auch im universitären Kontext eignen und synchron oder asynchron einzusetzen sind. Die Liste umfasst solche Tools wie: *Answergarden*, *Mindmup*, *MindMeister*, *Mentimeter*, *Padlet*, *hackMD*, *Google Docs*, *Pixton*, *Actiounbound*, *Wordwall*.

Die Anwendung dieser Applikationen erlaubt den Lehrenden distributive (die Aufgabe wird über digitale Medien zugänglich gemacht), interaktive (die Lernenden können mit dem System oder mit der Lehrperson interagieren) oder kollaborative bzw. kooperative (die Lernenden können mit anderen Lernenden zusammenarbeiten) Szenarien zu entwickeln. Da die untersuchten Apps »multifunktional« sind (vgl. Grein 2021b: 44), lassen sich ihre Anwendungsmöglichkeiten bei der Förderung des Schreibens und Sprechens keinen strikten und festen Kriterien zuordnen und werden – falls möglich – nach den gemeinsamen Eigenschaften und ähnlichen Einsatzvarianten beschrieben und bewertet.

## 5.1   *Answergarden*, *Mindmup*, *MindMeister* und *Mentimeter*

Da die eigene Sprachproduktion entsprechend vorbereitet werden muss, kann das Anfertigen von Notizen oder das Ablesen bzw. Interpretieren von Schaubildern dabei sehr hilfreich sein. Auf diese Weise wird den Lernenden ein Anlass für produktive Handlungen gegeben, die möglichst realistische Situationen ansprechen (vgl. Porsch 2020: 69–70) und das personale Sprechen und Schreiben aktivieren. Hier tritt die Rolle von Brainstorming auf.

Zum Ausführen dieses Prozesses eignen sich verschiedene online erstellbare Mindmaps, die der Lehrende zuerst durch einen Link oder Code veröffentlicht und dadurch den Lernenden zugänglich macht. Zu diesem Zweck kann man die Möglichkeiten von solchen Anwendungen wie: *Answergarden*[6], *Mindmup*[7], *MindMeister*[8] oder *Mentimeter*[9] nutzen. Die Lernenden sammeln ihre Ideen zu einem gewissen Thema in Form von einzelnen Wörtern oder einfachen Stichwörtern. Ihre Antworten werden schnell zu einer Wortwolke, die man als ein zu beschreibendes Bild betrachten kann. Dank diesem Schritt, den man auch als »Pre-Writing« (Mewald 2021: 15) bezeichnet, kann man die Informationen sortieren, bearbeiten und neue Zusammenhänge aufdecken, um dann aus diesem Material ganze Sätze zu formulieren.

---

6  https://answergarden.ch/ [Zugriff am 15.02.2023].
7  https://www.mindmup.com/ [Zugriff am 15.02.2023].
8  https://www.mindmeister.com/ [Zugriff am 15.02.2023].
9  https://www.mentimeter.com/ [Zugriff am 15.02.2023].

Die Applikation *Mentimeter* bietet auch die Möglichkeit, die Meinung der Lernenden durch Umfragen zu erheben. Wie Beder-Hubmann und Fürstenberg (2021: 11) angeben, ist das eine gute Möglichkeit, die Lerngruppe »in ihrer Lebenswirklichkeit abzuholen«[10] und die erreichten Ergebnisse für eigene Sprachproduktion zu nutzen. Die Antworten der Lernenden erscheinen auf dem Bildschirm in Form eines Diagramms bzw. einer Statistik oder einer Skala und eignen sich wiederum als ein guter visuell bedingter Impulsgeber für die eigene Sprachproduktion schriftlicher oder mündlicher Art. Die so entstandenen Schaubilder kann man auch im stationären Unterricht mit Hilfe des Beamers projizieren. Laut Ersch (2021: 21–22) können solche Abbildungen nicht nur als Sprech- oder Schreibanlass funktionieren, sondern sie »stellen [auch] einen organisierenden Rahmen« für das gerade zu bearbeitende Lernmaterial dar. Einerseits können die folgenden Aufgabentypen beim Einstieg in das Thema eingesetzt werden, um das Vorwissen der Lernenden zu aktivieren. Andererseits bieten sie eine gute Zusammenfassung der jeweiligen Unterrichtsstunde und können in jeder Sozialform realisiert werden. Ein besonderer Vorteil dieser Online-Anwendungen besteht auch in der möglichen Überwachung der Lernenden und der von ihnen erbrachten Leistung. Die Lehrenden können nämlich kontrollieren, ob oder wie viele Schüler:innen den Link nutzen und an der Aufgabe aktiv arbeiten oder gearbeitet haben.

Im Vergleich zu der analogen Zeit ist das Erstellen von den einfachen Assoziogrammen zweifellos allgemein üblich, so dass die online erstellten Wortwolken nur als Ersatz für traditionell angefertigte Mindmaps betrachtet werden könnten, um das Schreiben im Sinne der Mittlerfertigkeit zu fördern. Wenn man aber die Möglichkeit der Gestaltung von Fragebögen in Betracht zieht, deren Ergebnisse automatisch auf dem Bildschirm erscheinen, muss man einsehen, dass wir mit einer funktionalen Verbesserung zu tun haben, was der Ebene der Augmentation und Modifikation entspricht. Von großer Relevanz ist auch, dass die Lernenden bei der Lösung der Aufgaben ihre Ansichten und Ideen untereinander oder mit den Lehrkräften austauschen können, obwohl sie sich nicht an einem Ort befinden. Dadurch handeln sie auch kooperativ, was dieses Übungskonzept »umso mehr bereichert« (vgl. Dürscheid/Rödel 2022: 141) und die Redefinitonsstufe erreichen lässt. Nicht ohne Bedeutung bleibt auch die Vielzahl der visuellen Reize, die den Lernenden angeboten werden, weil sie sich positiv auf ihre Motivation auswirken.

---

10 https://www.oesz.at/OESZNEU/document2.php?Submit=&pub_ID=257 [Zugriff am 26.04. 2023].

## 5.2    *Padlet* und *hackMD*

Zur Erstellung eigener kleiner Textfelder oder Notizen kann man die Applikation *Padlet*[11] nutzen, die man als »eine browserbasierte digitale Pinwand« gebrauchen kann, an der die Einträge der Lernenden »angeordnet, verschoben und kommentiert werden können« (Grein 2021b: 45). Ähnliche Einsatzmöglichkeiten erkennt man auch an der Nutzung vom Tool *hackMD*[12]. Die Lernenden können hier kollaborativ und vernetzt an einem Dokument arbeiten. Die Arbeit an der per Link verschickten Aufgabe kann im Falle der beiden Apps als Einzel-, Paarbzw. Gruppenarbeit konzipiert werden. Das gemeinsame Schreiben im Plenum kann den Lernenden helfen, die zu bearbeitenden Inhalte Schritt für Schritt umzusetzen und die Erzeugnisse der Mitlernenden als Modelltexte zu betrachten, um sie eventuell für eigene Entwürfe zu gebrauchen. Diese Tools geben auch die Möglichkeit, Bilder oder Fotos hochzuladen, so dass man die Lernenden durch die Kombination verschiedener Reize zum kreativen Handeln animiert, was analog in dem Maße schwer möglich ist. Außerdem sind die Lehrkräfte in der Lage, den Ablauf der Arbeit andauernd zu kontrollieren und Korrekturvorschläge zu machen. Aus diesem Grund kann man das Gefühl haben, dass sich die Grenze zwischen der Erstellungs- und Überarbeitungsphase des Schreibens verwischt.

Das eventuelle Sprechen erfolgt in Anlehnung an die entstandenen Textfelder, die auch als Slide-Show präsentiert werden können. Diese online gemachten Notizen stellen eine große und wichtige Stütze für die Vorbereitungsphase der mündlichen Produktion dar. Sie animieren die Lernenden zu monologischen Äußerungen, die auch in den freien Modus wandeln können, indem man das Verfasste miteinander vergleicht und kritisch beurteilt. Die Lernenden sind auch in der Lage, auf alle Textfelder, die man archivieren kann, jederzeit zurückgreifen, um deren Inhalte schriftlich zu ergänzen oder zu kommentieren, was die Möglichkeiten der analogen Vermittlungsweise im Sinne der Augmentation, Modifikation und Redefinition überschreitet.

## 5.3    *GoogleDocs*

Da das Schreiben die Lernenden dazu befähigen sollte, die Inhalte schriftlich zu fixieren und Informationen zu vermitteln, wird sie nicht nur als Mittlerfertigkeit, sondern auch als Zielfertigkeit gefördert.

---

11  https://pl.padlet.com [Zugriff am 15.02.2023].
12  https://hackmd.io/ [Zugriff am 15.02.2023].

Die Arbeit am Verfassen eigener Texte bzw. Aufsätze kann durch die Anwendung von *GoogleDocs*[13] konzipiert werden. Die Lehrpersonen haben die Möglichkeit jederzeit einzugreifen, um die Texte zu korrigieren oder Überarbeitungsvorschläge zu machen, die sich nicht nur auf den Textinhalt, sondern auch auf die textsortenspezifischen Merkmale beziehen. Diese Korrektur geschieht in Form von Anmerkungen, die wie in einem traditionellen Office-Dokument oder einer Power-Point-Präsentation am Rande des Blattes oder der Folie erscheinen. Obwohl sich diese Applikation hauptsächlich zur Förderung des Schreibens eignet, kann sie auch bei der mündlichen Sprachproduktion nützlich sein. Gute Einsatzmöglichkeiten bieten online erstellbare Power-Point-Präsentationen, die einen guten Rahmen für mündliche Äußerungen bilden, wenn die Texte im Plenum präsentiert werden. Auch wenn nicht alle Folien vollgeschrieben werden, unterstützen sie die Flüssigkeit der monologischen Aussagen, da sie als eine visuelle Stütze dienen.

Obwohl die Nutzung von Word- oder Power-Point-Dateien etwas Übliches ist, darf man die Nutzung von *GoogleDocs* nicht als ihren einfachen Ersatz betrachten. Der Einsatz der digitalen Technik steht hier im Einklang mit funktionaler Verbesserung und ermöglicht die Neugestaltung der Aufgaben. Da man online arbeitet, kann man den Entstehungsprozess des Aufsatzes besser überwachen, weil man auch Einsicht in die unternommenen Schreibhandlungen hat. Den besonderen Vorteil bei der Anwendung dieses Tools erkennt man auch an den Feedbackmechanismen, die vor allem während der synchronen Online-Arbeit das schnellere Markieren und Erkennen der Fehler ermöglichen, so dass man die Lernenden zum mehrfachen Überarbeiten des Textes animieren kann. Wenn das Verfassen des Textes als Gruppenarbeit geplant ist, fällt es auch den Lernenden einfacher, nicht nur in der gleichen Zeit, sondern auch während sowie nach dem Unterricht das Dokument zu überarbeiten und zu modifizieren, wodurch die Redefinitionsstufe erreicht wird.

## 5.4    *Pixton*

In der Mutter- sowie Fremdsprachendidaktik unterscheidet man das kreative, personale und kommunikative Schreiben, die auch auf das Sprechen übertragen werden können. Während sich das kommunikative Handeln an einen Adressaten wendet und eine pragmatische Funktion hat, sind die kreativen und personalen Aufgaben in diesem Sinne »zweckfrei«, aber sehr »motivierend« und »bieten im Fremdsprachenunterricht variantenreiche Schreibanlässe« (Koeppel 2013: 294).

---

13  https://docs.google.com/ [Zugriff am 15.02.2023].

Diese kreativen Aufgaben lassen sich mit Hilfe von solchen EduApps entwickeln, die das Auffassen von Dialogen, aber auch von inneren Monologen ermöglichen und sich dadurch zur Förderung der beiden produktiven Fertigkeiten »als [eine] reproduzierende oder konstruktive Aufgabe« (Grein 2021b: 46; vgl. auch Kast 1999: 103) eignen. Zu diesen Apps gehört z.B. *Pixton*[14], wo man angefangen von Hintergründen und Helden bis zu den Sprechblasen sprachlich arbeiten kann, um einen ganzen Comic bzw. eine komplette Geschichte zu erstellen, die in einer bestimmten Reihenfolge geplant ist und kohärent gestaltet werden muss. Besonders inspirierend ist, dass die Lernenden hier nicht nur die Aussagen der Protagonisten entwerfen, sondern auch ganze Situationen kreieren, die es ihnen erlauben, grammatische Strukturen zu wiederholen und zu vertiefen. Diese Aufgaben können in Anlehnung an das geübte Lese- und Hörverstehen erstellt werden, wo das rezeptiv zu bearbeitende Material als Grundlage für die Sprachproduktion dient. Wenn die Übungen unabhängig vom gelesenen oder gehörten Text gestaltet werden, werden die Schüler:innen dazu animiert, das freie Sprechen zu üben. Eine Variante dieser Übung könnten auch die schriftliche Beschreibung oder das mündliche Nacherzählen der so entstandenen Bildergeschichte sein.

Zweifelsohne ist das Beschreiben von aneinandergereihten Bildern oder das Verfassen eines Comics auch in der analogen Vermittlungsweise möglich. Die Nutzung dieser App ermöglicht jedoch multikodal zu arbeiten, was auf die Lernenden motivierend wirkt und den Handlungsraum analoger Medien überschreitet. Den erstellten Comic kann man auch immer wieder bearbeiten und ergänzen, da er auf dem Konto des Nutzers gespeichert wird.

Nachteilhaft sind aber fehlende Feedbackmechanismen, weil man eventuelle Korrekturen nur mündlich vornehmen kann. Die Überwachung der Lernenden stellt auch ein größeres Problem dar, so dass man sich als Lehrkraft auf ihre Selbstständigkeit verlassen muss.

## 5.5   *Actionbound*

Da technische Ausrüstung oder familiäre Ressourcen oft nicht ausreichend sind und eine instabile Internetverbindung Disruptionen während des Unterrichts verursachen können, ist die Nutzung solcher Anwendungen angebracht, die jederzeit auch mit Hilfe eines Smartphones aufgerufen werden können. Solche Möglichkeiten bietet die Applikation *Actionbound*[15], wo die Lernenden einen Code aktivieren und dann zu einem interaktiven Spiel kommen. Einzelne von

---

14  https://www.pixton.com/ [Zugriff am 25.04.2023].
15  https://en.actionbound.com/ [Zugriff am 15.02.2023].

den Lehrenden vorbereitete Übungen, die nach dem Schwierigkeitsgrad hoch-geladen werden können, sind mit Punkten belohnte Levels, die man bewältigen muss, um in die nächste Etappe der Aufgabe zu gelangen. Die mündlichen Antworten werden an die Lehrperson in Form einer Tonaufnahme oder eines Videos und die schriftlichen als ein geschriebener Text in Form einer SMS-Nachricht oder als ein Foto der manuell angefertigten Aufgabe weitergeleitet. Die Aufgabenstellung kann dem Lehrbuch entnommen werden oder auch andere Medien wie z. B. *Youtube*[16] integrieren. Die Form ihrer möglichen Realisierung sowie die Vielfalt der gelieferten Reize wirken auf die Lernenden anregend. Wenn sie auf andere Materialien oder entsprechende Links verwiesen oder weiterge-leitet werden, erfordert ihre Arbeit mehr Selbstständigkeit, weil sie die einzelnen Etappen dieses so vorbereiteten Sprachspiels allein bewältigen müssen. Die Antworten der Lernenden werden dann an die Lehrkraft weitergeleitet und auf ihrem Konto gespeichert.

Der Vorteil solch angefertigter Übungen ist, dass man die Texte oder Aussagen (monologischer bzw. themengebundener Art) mehrmals aufnehmen, modulie-ren oder fotografieren kann, bevor man sie an die Lehrkraft abschickt, wodurch man »die individuelle Geschwindigkeit des Lernens« (Roche 2005: 204) steuert und berücksichtigt. Dadurch wird jedoch das freie Sprechen beeinträchtigt und das Korrigieren von erhaltenen Antworten oder Arbeiten ist aus technischer Sicht erschwert, da diese nur mündlich vorgenommen werden können. Nicht ohne Bedeutung bleibt auch die Tatsache, dass man dank dieser Applikation traditionelle Formen der Arbeit mit der digitalen gut verknüpfen kann, was analoge Förderung der beiden Fertigkeiten teilweise ersetzt und teilweise ergänzt bzw. modifiziert und dadurch neue Wege für den modernen Unterricht eröffnet, die auch im stationären Unterricht erfolgreich umgesetzt werden können.

## 5.6    *Wordwall*

Wenn der Unterricht synchron verläuft, können die Lernenden dem Unterricht über einen Livestream folgen, was bei der Förderung des Sprechens eine be-sondere Bedeutung hat, da man von der Lehrkraft ein sofortiges Feedback erhält (vgl. Gamper/Hövelbrinks/Schlauch 2021: 15). Das Fehlen verbaler Kommuni-kation kann bewirken, dass die Aufgaben »ausdrucksarm« (Spelsberg 2010: 37) sind und das Sprachtraining nur geringe Erfolge bringt. Wie Zeyer und Rösler (2021: 225) bemerken, führten die Beschränkungen der Pandemie »zur Mini-mierung aller Kontakte« und bedeuteten »eine kommunikative Isolation«. Nicht selten kam es auch vor, dass die Lehrpersonen vermehrt zum Frontalunterricht

---

16  https://www.youtube.com/ [Zugriff am 15. 02. 2023].

tendierten, da die Lernenden ihre Kameras ausmachten und bei der Webkonferenz als schwarze »Kachel«[17] erschienen. In Bezug auf die Lehrer-Lerner-Interaktion ist auch zu beachten, dass die Kommunikation über digitale Medien »anfälliger für Missverständnisse und Fehlinterpretationen als die face-to-face-Interaktion« (Hassan/Matta/Schwarz 2021: 172) ist und sich bei asynchroner Kommunikation zum Stressfaktor entwickeln kann.

Die in der Applikation *Wordwall*[18] erstellten Übungen kommen diesen Problemen entgegen, indem sie durch ihre Aufgabenvielfalt und die graphische Gestaltung die Lernenden ansprechen und die Realisierung des gesteuerten als auch des freien Sprechens unterstützen. Die hier angebotenen Schablonen lassen die Lehrperson *Zufällige Karten* spielen, in denen verschiedene Fragen versteckt bleiben oder aufgezeigt werden, um die Lernenden zum monologischen Sprechen zu ermutigen. Andere Varianten stellen solche Übungen wie *Öffne die Box* oder *Glücksrad* dar. In diesem Fall sollen die Schüler:innen oder Student:innen auf die von Lehrer:innen vorbereiteten Satzanfänge oder Fragesätze reagieren, indem sie diese spontan bzw. frei beantworten oder vervollständigen.

Durch die Kodierung verschiedener audiovisueller Reize, die durch Gamifizierungsmöglichkeiten ergänzt werden, überschreitet jedoch die Nutzung dieser App die Wirkung einfacher Flashcards oder Arbeitsblätter aus der analogen Zeit. Ein wichtiger Pluspunkt ist auch, dass solche Übungsformate in jeder Phase des Unterrichts vorkommen können. Die Anwendung dieser App lässt sich auch sehr gut in den stationären Unterricht integrieren, indem man die animierenden Aufgaben und Spiele im Klassenzimmer projiziert. Da sie jedoch ausschließlich von den Lehrenden gesteuert werden müssen, treten hier die Lernenden nur als Medienkonsumierende auf.

## 6.    Schlussbemerkungen

Dass neue Medien seit Langem zu einem selbstverständlichen Bestandteil des Unterrichts geworden sind, kann nicht bestritten werden. Die hier vorgeschlagenen Lösungen lassen sich als Haupt- oder Ergänzungs- bzw. Unterstützungsmaterial der jeweiligen Unterrichtsstunde auf jedem Sprachniveau adaptieren. Ihr Gebrauch zielt darauf ab, die produktiven Sprachprozesse nicht nur zu planen, sondern sie auch zu begleiten.

In Bezug auf die im ersten Kapitel besprochenen Ansätze der Fremdsprachendidaktik kann man eindeutig bestätigen, dass sich der Fremdsprachenun-

---

17  Unter Kachel versteht man das viereckige Fenster im Videokonferenzsystem, in dem bei der nicht-aktivierten Kamera der Name der angemeldeten Person sichtbar ist.
18  https://wordwall.net/de [Zugriff am 15.02.2023].

terricht – und somit auch die Förderung von produktiven Fertigkeiten – in der Zeit befindet, die man als »Post-Methoden-Ära« (Funk 2010: 942) bezeichnen könnte. Wenn man das Schreiben oder Sprechen anhand digital generierter Statistiken oder mit Hilfe vorgelegter Satzanfänge übt, dann erkennt man die gesteuerten Voraussetzungen der behavioristischen Ansätze. Betrachtet man die Wirkung bzw. den Charakter dieser Anwendungen, tritt die Rolle des audiovisuellen Verfahrens in den Vordergrund. Zieht man hingegen den Aspekt der Lernerautonomie oder Organisation von Arbeitsprozessen in Betracht, bemerkt man gewisse Analogien zu kognitiven und konstruktiven Konzepten. Ihnen folgen die Elemente des kommunikativen Ansatzes, der die Rolle des Computers für interaktive und kollaborative Zwecke betont und auf den monologischen Gebrauch der Sprache setzt, damit die Lernenden autonomer handeln können. Auch die Grenze zwischen den beiden Fertigkeiten scheint sich zu verwischen. Die während des Schreibens gemachten Aufgaben verlaufen von der Planung, über den Entwurf bis zur Präsentation und können dem Sprechen als Entlastungshilfe dienen und den Weg vom gesteuerten zum freien Sprachhandeln ebnen.

Bei der Umsetzung der hier analysierten EduApps ist auch der Aspekt des kooperativen Lernens besonders interessant. Der Schwerpunkt der so konzipierten Szenarien wird auf die so genannte Ko-Konstruktion oder Vorstrukturiertheit gelegt, so dass die zu erledigenden Aufgaben in Teilaufgaben segmentiert werden. Sie können von den Lernenden in der Einzel- oder in der Gruppenarbeit unabhängig voneinander bearbeitet werden, wobei die Leistung jedes Einzelnen zur Ausführung der gemeinsamen Aufgabe beiträgt. Auf diese Weise entsteht ein gemeinsames Produkt wie B. eine Wortwolke, ein Diagramm, ein kurzer Dialog, ein einfaches Textfeld oder ein ganzer Text. Die kooperativ orientierten Aufgaben sind nicht nur lernerzentriert, sondern ermöglichen auch eine effektive Zusammenarbeit, was besonders gut im Fall von älteren und besser motivierten Gruppen realisierbar ist. Diese Kooperation fördert außer sprachlichen Fertigkeiten auch die Entwicklung anderer Kompetenzen wie z. B. Führungsqualität, Entscheidungsfindung, Vertrauensbildung sowie Konfliktbewältigung, auch wenn man sich der in den kollaborativen Szenarien vorkommenden Risiken und Gefahren bewusst sein muss (vgl. Vujčić 2023: 163–166, 170).

Bemerkenswert ist auch, dass im Falle des Online-Unterrichts das Gesprochene dem Geschriebenen unterlegen ist, denn die mündliche Kommunikation in der pandemisch bedingten Isolation vielen Lernenden schwer fiel und nicht so einer großen Kontrolle unterlag, während die Arbeit an den schriftlich zu bearbeitenden Aufgaben auch bei einer ausgeschalteten Kamera besser von den Lehrenden überwacht werden konnte.

Von großem Vorteil ist auch, dass der Einsatz dieser Anwendungen sowohl in Anlehnung an das Lehrwerk erfolgen als auch zur Gestaltung unabhängiger

Formate im und nach dem Unterricht dienen kann. Viele der hier vorgeschlagenen Lösungen lassen sich auch in den stationär orientierten Unterricht integrieren. Nicht ohne Bedeutung ist auch ihr attraktives Layout, das die Lernenden einerseits durch die Kombination mehrerer Reize im Sinne der Multikodalität anregt und motiviert und andererseits ihre Kreativität fördert (vgl. Karbi 2021: 358). Dank solchen Eigenschaften wie Interaktivität, Multimedialität und Vernetzung, die als wesentliche Merkmale der so genannten neuen bzw. digitalen Medien betrachtet werden, konnte der Lehr- und Lernprozess unter pandemischen Bedingungen flexibler und abwechslungsreicher gestaltet werden, auch wenn die Lernenden zur vermehrten Lernautonomic und Sclbstorganisation gezwungen waren.

Unumstritten ist aber, dass der Online-Unterricht immer ein Unterricht bleibt, in dem es weiterhin Lehrmaterial sowie Lernziele gibt (vgl. Krajka/Białek 2021: 8). Auch wenn sich didaktische Voraussetzungen zur Förderung der beiden Fertigkeiten von der analogen Arbeitsweise nicht unterscheiden, musste man – um diesen Prozess zu meistern – danach streben, die Unterrichtsformen und die dazu nötigen Werkzeuge zu modifizieren oder zu redefinieren, was ohne die digitalen Anwendungen nicht möglich gewesen wäre. Der Unterricht in der Corona-Zeit, der eigentlich als Präsenzunterricht geplant war und nur aufgrund der Pandemie in den virtuellen Modus wandeln musste, ließ sich nun nicht immer 1:1 auf die Onlinestunden übertragen, was jedoch viele Lehrende versuchten. Dieser Wandel schien die schwierigste Alternative bei der Unterrichtsplanung zu sein, weil die Beschränkungen im Bereich der Lernumgebung sowie der möglichen Interaktion bzw. Kommunikation ganz anders waren (vgl. Spelsberg 2010: 36). Wie im Falle des analogen Unterrichts, ist es jedoch auch im Online-Learning von großer Bedeutung, dass das Training produktiver Fertigkeiten synchron verläuft, damit die Lehrenden der Arbeit der Gruppe folgen und sie in Form einer Rückmeldung (vgl. Półtorak 2018: 121) überwachen.

Besonders relevant ist in dieser Hinsicht die Rolle der Lehrperson mit ihren didaktischen Kompetenzen, da sie immer noch »die dominante Figur« bleibt, die »nicht einmal die besten Technologien und digitalen Mittel« (Bajusová/Bohušová 2018: 14) ersetzen können. Der Online-Unterricht hat jedoch ihre Rolle neu definiert. Wie Vujčić (2023: 166) anmerkt, entwickelte sich die Lehrperson »von einem aktiven Wissensvermittler [...]« zu einem diskreten Moderator, der den Ablauf des Unterrichts vorbereitete und dann begleitete. Seine Rolle ist bei der Förderung der produktiven Fertigkeiten besonders wichtig, denn es fehlt an solchen Programmen, die diese Sprachkompetenzen richtig trainieren können. Vielleicht werden in Zukunft die Potenziale von Web 3.0 oder sogar von Web 4.0, die »sich in die Richtung der künstlichen Intelligenz« (Retelj 2020: 173) entwickeln, diesen Anforderungen entsprechen. Außerdem muss auch ausdrücklich hervorgehoben werden, dass der Einsatz von neuen Medien, egal, ob es Online-

Unterricht ist oder nicht, sich immer an die zentralen Fragen der Fremdsprachendidaktik wenden muss und nicht, wie Retelj (2020: 182) schreibt, »nur wegen der allgemeinen Euphorie rund um das Lernen mit den Medien« erfolgt.

Abschließend bleibt festzustellen, dass der digitale Wandel, der zwar durch die Corona-Pandemie beschleunigt wurde, auch neue Impulse für die Aus- und Fortbildung von Lehrkräften bringen soll, damit sie ihren Lernenden auf diesem digitalen Feld Schritt halten.

## Bibliographie

Bajusová, Miroslava / Bohušová, Zuzana (2018): *Neue Medien im Fremdsprachenunterricht.* In: Sprache und Sprachen, 48, S. 1–18.

Beder-Hubmann, Elke / Fürstenberg, Ulla (2021): *Am Anfang war der Schreibauftrag.* In: Österreichisches Sprachen Kompetenzzentrum (Hrsg.): *Aufbau von Schreibkompetenz in den lebenden Fremdsprachen – Fokus auf die Sekundarstufe II.* Graz: Österreichisches Sprachen-Kompetenz-Zentrum, S. 11–14.

Bremer, Claudia (2004): *Neue Medien in der Hochschullehre: Von Folien bis hin zur virtuellen Vorlesung.* In: Löhrmann, Iris (Hrsg.): *Alice im www.underland – E-learning an den deutschen Hochschulen. Vision und Wirklichkeit.* Bielefeld: Bertelsmann, S. 40–53.

Dürscheid, Christa / Rödel, Michael (2022): *Schreiben im Internet – Schreiben in der Schule. Implikationen für die schulische Förderung.* In: Busse, Vera / Müller, Nora / Siekmann, Lea (Hrsg.): *Schreiben fachübergreifend fördern. Grundlagen und Anregungen für Schule, Unterricht und Lehrkräftebildung.* Hannover: Klett Kallmeyer, S. 134–150.

Ersch, Christina Maria (2019): *Alte Methode, neue Chancen? Grammatik-Übersetzungskompetenz im fachspezifischen Deutsch als Fremdsprache-Unterricht.* In: Ersch, Christina M. (Hrsg.): *Kompetenzen in DaF/DaZ.* Berlin: Frank & Timme, S. 13–41.

Ersch, Christina Maria (2021): *Interkulturelle Bildwahrnehmung im multimedialen DaF-Unterricht.* In: Ersch, Christina, Maria / Grein, Marion (Hrsg.): *Multikodalität und Digitales Lehren und Lernen.* Berlin: Frank & Timme, S. 17–35.

Fernandes, Vanessa Ferreira (2021): *Integration digitaler Tools im Fremdsprachenunterricht anhand der Lehrwerke Momente A1 und Impresiones B1 – Konzeption einer Fortbildung für Fremdsprachenlehrkräfte.* In: Ersch, Christina, Maria / Grein, Marion (Hrsg.): *Multikodalität und Digitales Lehren und Lernen.* Berlin: Frank & Timme, S. 69–87.

Funk, Herrmann (2010): *Methodische Konzepte für das Deutsch als Fremdsprache-Unterricht.* In: Krumm, Hans-Jürgen / Fandrych, Christian / Hufeisen, Britta / Riemer, Claudia (Hrsg.): *Deutsch als Fremd- und Zweitsprache. Ein internationales Handbuch.* Berlin / New York: de Gruyter / Mouton, S. 940–952.

Gamper, Janna / Hövelbrinks, Britta / Schlauch, Julia (2021): *Möglichkeiten und Unmöglichkeiten des Zweitspracherwerbs unter Pandemiebedingungen: Eine Einführung in den Band.* In: Gamper, Janna / Hövelbrinks, Britta / Schlauch, Julia (Hrsg.): *Lockdown, Homeschooling, Social Distancing: Der Zweitspracherwerb unter akut veränderten Bedingungen der COVID-19-Pandemie.* Tübingen: Narr Francke Attempo Verlag, S. 9–31.

Grein, Marion (2021a): *Hinführung zum Thema: Multikodalität und Digitales Lehren und Lernen.* In: Ersch, Christina, Maria / Grein, Marion (Hrsg.): *Multikodalität und Digitales Lehren und Lernen.* Berlin: Frank & Timme, S. 9–17.

Grein, Marion (2021b): *Die digitale Zukunft des DaF-Unterrichts.* In: Ersch, Christina, Maria / Grein, Marion (Hrsg.): *Multikodalität und Digitales Lehren und Lernen.* Berlin: Frank & Timme, S. 35–53.

Harden, Theo (2006): *Angewandte Linguistik und Fremdsprachendidaktik.* Tübingen: Narr Studienbücher.

Hassan, Ahmed Ezzat Ragab / Matta, Mary / Schwarz, Anne (2021): *@lphabetisierung unter Lockdown-Bedingungen: Kontrastive Alphabetisierung im Situationsansatz.* In: Gamper, Janna / Hövelbrinks, Britta / Schlauch, Julia (Hrsg.): *Lockdown, Homeschooling, Social Distancing: Der Zweitspracherwerb unter akut veränderten Bedingungen der COVID-19-Pandemie.* Tübingen: Narr Francke Attempo Verlag, S. 165–194.

Hayes, John / Flower, Linda (1980): *Identyfying the organization of writing processes.* In: Gregg, Lee W. / Steinberg, Erwin R. (Hrsg.): *Cognitive processes in writing.* London: Routledge, S. 3–30.

Herrmann, Theo / Grabowski, Joachim (1994): *Sprechen. Psychologie der Sprachproduktion.* Heidelberg: Spektrum Akademischer Verlag.

Jakosz, Mariusz (2010): *Förderung des themengebundenen Sprechens im DaF-Unterricht: dargestellt am Beispiel des Lehrwerks »Stufen International«.* In: Studia Germanica Gedanensia, 23, S. 47–57.

Karbi, Gamze (2021): *Könnt ihr mich gut hören? DaF-Unterricht in Zeiten der Corona-Pandemie.* In: Zeitschrift für Interkulturellen Fremdsprachenunterricht, 26 (2), S. 345–360.

Kast, Bernd (1999): *Fertigkeit Schreiben.* Berlin: Langenscheidt.

Koeppel, Rolf (2013): *Deutsch als Fremdsprache – Spracherwerblich reflektierte Unterrichtspraxis.* Ettenheim: Schneider Verlag Hohengehren.

Komorowska, Hanna (2009): *Metodyka nauczania języków obcych.* Warszawa: Fraszka Edukacyjna.

Krajka, Jarosław / Białek, Kinga (2021): *O stylach dydaktycznych w edukacji zdalnej w teorii i praktyce.* In: Języki Obce w Szkole, 1, S. 5–17.

Krischer, Barbara (2002): *Die Rolle des Schreibens im Fremdsprachenunterricht (DaF) – geschichtliche Betrachtungen und praktische Beispiele.* In: Materialien Deutsch als Fremdsprache, 63, S. 14–47.

Kurtz, Jürgen (2013): *Sprechen und Aussprache.* In: Hallet, Wolfgang / Königs, Frank G. (Hrsg.): *Handbuch Fremdsprachendidaktik.* Seelze-Velber: Friedrich Verlag, S. 83–87.

Loescher, Jens (2008): *Schreiben, Denken, Sprechen: in der Fremdsprache. Ein Neuansatz.* In: German as a foreign language, 2. Band, S. 58–87.

Machowicz, Iwona (2010): *Zum Stellenwert des Schreibens in der Geschichte des Fremdsprachenunterrichts.* In: Lublin Studies in Modern Languages and Literature, 34, S. 112–129.

Mayer, Richard E. (2001): *Multimedia Learning.* Cambridge: Cambridge University Press.

Mayer, Richard E. (2015): *Principles based on social cues in multimedia learning: Personalization, voice, image, and embodiment principles.* In: Mayer, Richard E. (Hrsg.): *The Cambridge Handbook of Multimedia Learning.* Cambridge: Cambridge University Press, S. 345–368.

Mewald, Claudia (2021): *Kollaboratives Planen von Schreibprozessen*. In: Österreichisches Sprachen-Kompetenz-Zentrum (Hrsg.): *Aufbau von Schreibkompetenz in den lebenden Fremdsprachen – Fokus auf die Sekundarstufe II*. Graz: Österreichisches Sprachen-Kompetenz-Zentrum, S. 15–18.

Moreno, Roxanna / Mayer, Richard E. (2007): *Interactive multimodal learning environments*. In: Educational Psychology Review, 19, S. 309–326.

Neuner, Gerhard / Hunfeld, Hans (1993): *Methoden des fremdsprachlichen Deutschunterrichts. Eine Einführung*. Berlin: Langenscheidt.

Pfeiffer, Wolfgang (2001): *Nauka języków obcych. Od praktyki do praktyki*. Poznań: Wagros.

Porsch, Raphaela (2020): *Fremdsprachliches Schreiben in der Schule lehren*. In: Küster, Lutz / Schramm, Karen / Viebrock, Britta (Hrsg.): *Fremdsprachen Lehren und Lernen*, 49 (1). Tübingen: Gunter Narr Verlag, S. 67–82.

Portmann, Paul R. (1991): *Schreiben und Lernen: Grundlagen der fremdsprachlichen Schreibdidaktik*. Tübingen: Niemeyer.

Portmann-Tselikas, Paul R. (2013): *Schreiben*. In: Hallet, Wolfgang / Königs, Frank G. (Hrsg.): *Handbuch Fremdsprachendidaktik*. Seelze-Velber: Friedrich Verlag, S. 92–96.

Puentedura, Ruben R. (2006): *Transformation, Technology, and Education* URL: http://hippasus.com/resources/tte/puentedura_tte.pdf [Zugriff am 15.05.2023].

Półtorak, Ewa (2018): *Nauczanie języków obcych w dobie nowych technologii: multimedialne narzędzia dydaktyczne a proces pozyskiwania/przekazywania informacji zwrotnych*. In: Gabryś-Barker, Danuta / Kalamarz, Ryszard / Stec, Maria (Hrsg.): *Materiały i media we współczesnej glottodydaktyce. Wybrane zagadnienia*. Katowice: Wydawnictwo Uniwersytetu Śląskiego, S. 119–135.

Ratzke, Dietrich (1982): *Handbuch der Neuen Medien. Information und Kommunikation, Fernsehen und Hörfunk, Presse und Audiovision heute und morgen*. Stuttgart: Deutsche Verlagsanstalt.

Retelj, Andreja (2020): *Lehrwerkbegleitende Online-Übungen für Deutschlernen – didaktischer Mehrwert oder erfolgreiche Kommunikation Marketingstrategie?* In: Informatologia, 53, S. 171–183.

Roche, Jörg (2005): *Fremdsprachenerwerb. Fremdsprachendidaktik*. Basel / Tübingen: UTB Basics A. Francke Verlag.

Rösler, Dietmar / Würffel, Nicola (2010): *Blended Learning im Fremdsprachenunterricht*. In: Fremdsprache Deutsch, 42, S. 5–11.

Rösler, Dietmar / Würfell, Nicola (2013): *Digitale Medien*. In: Ulrich, Winfried (Hrsg.): *Deutschunterricht in Theorie und Praxis. Band 10 (DTP)*. Baltmannsweiler: Schneider Verlag Hohengehren, S. 252–261.

Schlauch, Julia / Gamper, Janna (2021): *Eine korpusanalystische Studie zu Auswirkungen pandemiebedingter Schulschließungen auf den Zweitspracherwerb*. In: Gamper, Janna / Hövelbrinks, Britta / Schlauch, Julia (Hrsg.): *Lockdown, Homeschooling, Social Distancing: Der Zweitspracherwerb unter akut veränderten Bedingungen der COVID-19-Pandemie*. Tübingen: Narr Francke Attempo Verlag, S. 135–161.

Schmoor, Detlev (2001): *Neue Medien: Wie Schulen eine neue Lernkultur entwickeln können*. In: Beutler, Kurt / Bracht, Ulla / Gamm, Hans-Jochen / Himmelstein, Klaus / Keim, Wolfgang / Koneffke, Gernot / Lingelbach, Klaus-Christoph / Radde, Gerd /

Zimmer, Hasko (Hrsg.): *Jahrbuch für Pädagogik 2001*. Frankfurt am Main u. a.: Peter Lang Verlag, S. 253–273.

Schwan, Stephan / Lewalter, Doris (2020): *Multimediales Lernen in öffentlichen Bildungseinrichtungen am Beispiel von Museen und Ausstellungen*. In: Niegemann, Helmut / Weinberger, Armin (Hrsg.): *Handbuch Bildungstechnologie*. Berlin: Springer, S. 690–697.

Searle, John R. (1969): *Speechs Acts: An Essay in the Philosophy of language*. Cambridge.

Skiba, Dirk (2013): *Vom Schreiben zur Textproduktion*. In: Ulrich, Winfried (Hrsg.): *Deutschunterricht in Theorie und Praxis Band 10 (DTP)*. Baltmannsweiler: Schneider Verlag Hohengehren, S. 141–153.

Spelsberg, Karoline (2010): *Diversität und Neue Medien als didaktisches Prinzip*. In: Zeitschrift für Hochschulentwicklung, 5 (2), S. 25–45.

Szulc, Aleksander (1976): *Die Fremdsprachendidaktik. Konzeptionen-Methoden-Theorien*. Warszawa: PWN.

Wendt, Michael (1996): *Konstruktivistische Fremdsprachendidaktik. Lerner- und handlungsorientierter Fremdsprachenunterricht aus neuer Sicht*. Tübingen: Gunter Narr Verlag.

Vietör, Wilhelm (1882): *Der Sprachunterricht muss umkehren*. Heilbronn: Henninger Verlag.

Vujčić, Nikola (2023): *Kollaboratives Lernen im digitalen Hochschulkontext – Herausforderungen und Möglichkeiten unter Pandemiebedingungen*. In: Deutscher Akademischer Austauschdienst (Hrsg.): *Deutsch als Fremdsprache in der digitalen Welt. Zu aktuellen Entwicklungen in Lehre und Forschung*. Bonn: DAAD, S. 162–177.

Wygotski, Lew Semjonowitsch (1992): *Denken und Sprechen*. Frankfurt: Fischer Verlag.

Zeyer, Tamara / Rösler, Dietmar (2021): *Mit Kacheln reden: Deutschunterricht für junge Erwachsene im virtuellen Raum*. In: Gamper, Janna / Hövelbrinks, Britta / Schlauch, Julia (Hrsg.): *Lockdown, Homeschooling, Social Distancing: Der Zweitspracherwerb unter akut veränderten Bedingungen der COVID-19-Pandemie*. Tübingen: Narr Francke Attempo Verlag, S. 224–246.

## Internetquellen

https://www.oesz.at/OESZNEU/document2.php?Submit=&pub_ID=257 [Zugriff am 26.04. 2023].

https://www.liveworksheets.com/ [Zugriff am 15.02.2023].

https://learningapps.org/ [Zugriff am 15.02.2023].

https://answergarden.ch/ [Zugriff am 15.02.2023].

https://www.mindmup.com/ [Zugriff am 15.02.2023].

https://www.mindmeister.com/ [Zugriff am 15.02.2023].

https://www.mentimeter.com/ [Zugriff am 15.02.2023].

https://pl.padlet.com [Zugriff am 15.02.2023].

https://docs.google.com/ [Zugriff am 15.02.2023].

https://hackmd.io/ [Zugriff am 15.02.2023].

https://www.pixton.com/ [Zugriff am 25.04.2023].

https://wordwall.net/pl/ [Zugriff am 15.02.2023].
https://en.actionbound.com/ [Zugriff am 15.02.2023].
https://www.youtube.com/ [Zugriff am 15.02.2023].
http://hippasus.com/resources/tte/puentedura_tte.pdf [Zugriff am 15.05.2023].

Monika Kowalonek-Janczarek (Uniwersytet im. Adama Mickiewicza w Poznaniu) / Michael M. Kretzer (Ruhr-Universität Bochum & University of the Western Cape Bellville)

# Konzeptualisierung des Schreibens in deutschen, polnischen und südafrikanischen Fremdsprachen-Curricula für die gymnasiale Oberstufe

**Abstract**

Conceptualisations of Writing in German, Polish and South African Foreign Language Curricula for Secondary Schools

This study aims to explore the conceptualisations of writing in the German, Polish and South African foreign language curricula for secondary schools. Using Ivanič's model we show how writing is framed in literacy education for a foreign language in Germany, Poland and South Africa. The findings suggest in general that curriculum developers in all analysed countries tend to view writing as a set of genres. Comparisons made between German, Polish and South African curricula reveal some differences both in conceptualising writing and in the presence of particular discourses of writing. In comparison to German or Polish curricula, the South African ones are much more detailed, which can be mainly traced back to their different formal structures. Nevertheless, implications for policy and curriculum development in all analysed countries include a need for greater consideration of the complexities of writing.

**Keywords:** writing, foreign language, curriculum, Ivanič's model, secondary school
**Schlüsselwörter:** Schreiben, Fremdsprache, Curriculum, das Modell von Ivanič, Oberstufe

## 1. Einleitung

Die Schreibfähigkeit als wesentliches Merkmal des Menschen spielt eine wichtige Rolle für die jeweilige künftige gesellschaftliche und kulturelle Teilhabe. In der Fremdsprachendidaktik hat die Schreibfertigkeit verschiedene Wenden erfahren, je nach dem dominierenden methodischen Ansatz. Im Gegensatz zu der Grammatik-Übersetzungsmethode, für die die Hervorhebung des Schreibens charakteristisch war, wurde das Schreiben als Kompetenz in der audiolingualen oder kommunikativen Methode weitgehend vernachlässigt. Inzwischen hat sich jedoch das Schreiben zu einer wichtigen Schlüsselkompetenz in der modernen Gesellschaft etabliert, die insbesondere im gegenwärtigen Medienzeitalter eine gewisse Renaissance erlebt. Das geschriebene Wort ist in der digitalen Welt oft auf dem Vormarsch, und die ehemals übliche Gesprächssituation, in der sich zwei Partner direkt physisch gegenüberstehen und miteinander mündlich kommunizieren, wird immer häufiger durch verschiedene schriftliche Formen der Kommunikation, wie E-Mail oder Chat ergänzt. Die zunehmende Digitalisierung führt sicherlich nicht nur zu »tiefgreifenden Veränderungen des gesellschaftlichen Zusammenlebens«, sondern auch »zur Veränderung des schulischen Unterrichts« (Grünewald 2019: 82).

Ziel des vorliegenden Beitrags ist es, anhand der Fremdsprachen-Curricula aus Deutschland, Polen und Südafrika einerseits der Frage nachzugehen, wie das Schreiben in den jeweiligen Dokumenten definiert und konzeptualisiert wird und andererseits, in welchem Ausmaß die Fremdsprachen-Curricula mit der Entwicklung der digitalen Gesellschaft Schritt halten.

Der Artikel ist in sechs Kapitel gegliedert. Kapitel 2 zielt darauf ab, das vielschichtige Schreibmodell von Ivanič (2004, überarbeitet 2017) vorzustellen, auf dem die durchgeführte Analyse basiert. In Kapitel 3 und 4 werden die Forschungsfragen der Studie erläutert und methodische Herangehensweise beschrieben. Daran anschließend werden die Ergebnisse der Untersuchung und die Diskussion in Kapitel 5 präsentiert. Die in Kapitel 6 zusammengestellten Schlussfolgerungen runden den Beitrag ab.

## 2. Theoretisches Schreib-Modell

In der Fachliteratur wurden mehrere Schreibmodelle (z. B. Hayes/Flower 1980; Molitor-Lübbert 1996; Ortner 2000) dargestellt, aber nach unserem Wissensstand gibt es nur eine einzige spezifische Taxonomie, die sich ausschließlich mit Dokumenten, Lehrplänen und pädagogischen Materialien für den Schreibunterricht befasst. Das auf einem komplexen Verständnis des Schreibens basierende Modell wurde über mehrere Jahre hinweg von Ivanič (2004, überarbeitet 2017) geschaffen und modifiziert. Sie versteht Schreibdiskurse als »Konstellationen von Ansichten über das Schreiben, Ansichten über das Schreibenlernen, die Art und Weise, wie über das Schreiben gesprochen wird, und die Art von Lehr- und Bewertungsansätzen, die wahrscheinlich mit diesen Ansichten verbunden sind« (Ivanič 2004: 224, Übersetzung M.K.-J. und M.M.K.). Eine Übersicht über potentielle Ansichten über das Schreiben soll folgende Tabelle geben:

| Diskurs | Ansichten über das Schreiben |
|---|---|
| Skills-Diskurs | Schreiben besteht aus der Anwendung des Wissens über Laut-Symbol-Beziehungen und syntaktische Muster, um einen Text zu konstruieren. |
| Kreativitätsdiskurs | Schreiben ist das Produkt der Kreativität des Autors. |
| Prozessdiskurs | Schreiben besteht aus Kompositionsprozessen im Kopf des Autors und dessen praktischer Umsetzung. |
| Genre-Diskurs | Schreiben besteht aus einer Vielzahl von Texttypen, die vom sozialen Kontext geprägt sind. |
| Soziale-Praktiken-Diskurs | Schreiben beinhaltet eine zielgerichtete Kommunikation in sozialen Kontexten. |
| gesellschaftspolitischer Diskurs | Schreiben ist eine soziopolitisch konstruierte Praxis, hat Auswirkungen, Konsequenzen für die Identität und ist offen für Kontestation und Veränderungen. |

Tab. 1: Auffassungen des Schreibens nach Ivanič (2004: 225)

In der Überarbeitung des Modells aus dem Jahr 2017 platzierte Ivanič den Diskurs »Denken« zwischen den Diskursen »Kreativität« und »Prozess«. Dieser Diskurs stützt sich auf die umfangreiche Forschung, die die Bedeutung des Schreibens für das Denken und Lernen betont.

Trotz des zunehmenden Interesses an Inhaltsanalysen von Schreibcurricula in verschiedenen Ländern wurde dieses Modell bisher hauptsächlich in L1-Lernkontexten eingesetzt (z. B. für die Analyse des Schreibens in den für L1 konzipierten Lehrplänen in der griechischen Vorschulbildung (Tentolouris 2021)), in der deutschen Sekundarschulbildung im Jahrgang 9 (Müller/Lindefjeld/Busse 2021), in der norwegischen Bildung in den Jahrgängen 1 bis 10 (Skar/Aasen 2021) oder in der dänischen Pflichtschulerziehung in den Klassen 1 bis 9 (Elf/Troelsen 2021), so dass bisher kaum Aufmerksamkeit auf L2 oder L3 gerichtet wurde. Eine Ausnahme hierzu bilden die von Kowalonek-Janczarek und Kretzer (2022) sowie von Peltzer et al. (2022) durchgeführten Studien. In der erstgenannten Arbeit wurden Fremdsprachen-Curricula für die Jahrgänge 4 bis 8 in Polen und 4 bis 9 in Südafrika einer Analyse unterzogen. Den Schwerpunkt des zweitgenannten Artikels bildete die Untersuchung von Englisch als Fremdsprachen-Curricula für den Jahrgang 9/10 in ausgewählten deutschen Bundesländern, wie Nordrhein-Westfalen, Bayern, Bremen und Sachsen.

## 3.    Zielsetzung der Studie und Forschungsfragen

Insbesondere vergleichende Studien zwischen Curricula des Globalen Norden und des Globalen Süden sind bisher nicht existent. Mit dem vorliegenden Beitrag wird daher versucht, die existierende, signifikante Forschungslücke bzgl. der Auffassung des Schreibens zu schließen, indem die Autoren die Konzeptualisierungen des Schreibens in den Fremdsprachen-Curricula für die gymnasiale Oberstufe dreier Staaten, d. h. in Deutschland (am Beispiel zweier Bundesländer, jeweils eines aus Ost- und eines aus Westdeutschland), Polen und Südafrika untersuchen. Diese Studie versucht daher diese Forschungslücke aufzugreifen und erste Forschungsansätze zu liefern. Auch wenn sich die Bildungssysteme, die sozio-kulturellen und sozio-ökonomischen Rahmenbedingungen in den jeweiligen Ländern durchaus erheblich unterscheiden (Polen und Südafrika verfügen über ein zentralisiertes Schulsystem, für Deutschland ist dahingegen ein föderales System charakteristisch), verfolgt die gymnasiale Oberstufe bzw. die so genannte *Senior Phase* das Ziel, Kompetenzen, die zum Studium an einer Hochschule bzw. Universität berechtigen, zu vermitteln. Die Studie beabsichtigt, die folgenden drei Fragen zu beantworten:

–  Wie wird das Schreiben in den untersuchten Fremdsprachen-Curricula für die Oberstufe bzw. *Senior Phase* positioniert?

–  Inwieweit sind die von Ivanič skizzierten Diskurse des Schreibens in den analysierten Dokumenten relevant?

–  In welchem Ausmaß halten die Fremdsprachen-Curricula in den jeweiligen Ländern mit der Entwicklung der digitalen Gesellschaft Schritt?

## 4.    Untersuchungsmaterial- und Forschungsverfahren

Die Autoren haben vier Curricula unabhängig voneinander gelesen, analysiert und mithilfe der MAXQDA-Software kodiert und folgende Abkürzungen eingeführt, die jeweils in runden Klammern zu finden sind:

–  *Curriculum and Assessment Policy Statement (CAPS). Grades 10–12. English First Additional Language* (2011). Department: Basic Education. Republic of South Africa (CAPS);

–  *Fachlehrplan. Gymnasium / Berufliches Gymnasium. Englisch. Sachsen-Anhalt* (2019). *Ministerium für Bildung* (MFB ST);

–  *Kerncurriculum gymnasiale Oberstufe. Englisch. Hessisches Kultusministerium* (ohne Jahresangabe) (HKM HE);

–  *Podstawa programowa kształcenia ogólnego. Szkoła ponadpodstawowa. Język obcy nowożytny* (2018). *Ministerstwo Edukacji Narodowej (Allgemeinbilden-*

*des Kerncurriculum mit jeweiligem Kommentar. Oberschule. Moderne Fremd-*
*sprache (2018). Ministerium für Nationale Bildung. Polen) (PP).*

Da das polnische Curriculum nur auf Polnisch vorlag, wurde es von der Autorin
ins Deutsche übersetzt (um die Diskussion zwischen den beiden Autoren zu
gewährleisten). Es ist an dieser Stelle erwähnenswert, dass es in Polen derzeit
lediglich ein gemeinsames Curriculum für alle modernen Fremdsprachen gibt.
CAPS stand beiden Autoren auf Englisch zur Verfügung. In Südafrika werden die
Termini *Herkunftssprache* (*Home Language* – HL), die idealerweise die erste
Sprache (L1) der Schüler:innen sein sollte, erste zusätzliche Sprache (*First Ad-*
*ditional Language* – FAL) und zweite zusätzliche Sprache (*Second Additional*
*Language* – SAL) verwendet. Die FAL und die SAL können eine Fremdsprache
der Schüler:innen sein, aber auch eine der elf offiziellen Sprachen. Durch den
gesellschaftlichen Multilingualismus kann gerade in urbanen Kontexten dieselbe
Sprache institutionell als FAL bzw. SAL, also als Fremdsprache unterrichtet
werden, obwohl diese Sprache mitunter für einige Schüler:innen sogar die L1
darstellt.

Die Autoren analysierten die Curricula zunächst mit einer Suche nach relevanten Textpassagen, die sich auf das *Schreiben* (*Writing*) und *Digital Literacy*
beziehen. Die nächste Stufe der Analyse beinhaltete eine tiefergehende Lektüre,
die über die semantische Ebene hinausging und sich auf die kontextuellen Bedeutungen in den analysierten Texten und insbesondere auf die Konzeptualisierungen des Schreibens konzentrierte. Alle Verweise auf das Schreiben wurden
dem jeweiligen *DoW* (*Discourse of Writing*) zugeordnet. Die Inter-Rater-Relia-
bilität wurde durch das gemeinsame Diskutieren der Kodierungsunterschiede
hergestellt, bis ein Konsens erzielt wurde. Nach Einigung auf die gemeinsamen
Zuordnungen sind die gesamten Verweise auf das Schreiben gezählt worden.

## 5.    Ergebnisse und Diskussion

Die Autoren haben in den jeweiligen Dokumenten eine Vielzahl an Unterschieden in der Konzeptualisierung des Schreibens festgestellt. Auch wenn sich
die analysierten europäischen Curricula am *Gemeinsamen europäischen Refe-*
*renzrahmen für Sprachen* (GER) (2001) orientieren, der das traditionelle Modell
der vier Fertigkeiten (Hören, Sprechen, Lesen, Schreiben) durch die Kommunikationsmodi ersetzt, kommt dies am deutlichsten im polnischen Curriculum
zum Ausdruck. In den deutschen Dokumenten wird das Schreiben dahingegen
den Kompetenzbereichen zugeordnet, dabei fällt zugleich auf, dass es in den
Curricula beider Bundesländer um eine Text- und Medienkompetenz erweitert
wurde. Im südafrikanischen Curriculum konnten wir eine Zuordnung zu den

Fertigkeiten identifizieren, auch wenn diese etwas anders als in Europa konzeptualisiert wurden. Eine Übersicht über die genaue Positionierung des
Schreibens in den jeweiligen Curricula gibt Tabelle 2 wieder:

| Hessen und Sachsen-Anhalt | Polen | Südafrika |
|---|---|---|
| Kompetenzbereiche: Funktionale kommunikative Kompetenz | Kommunikationsmodi | Fertigkeiten |
| Hör- und Hörsehverstehen Leseverstehen Sprechen **Schreiben** Sprachvermittlung | Rezeption **Produktion Interaktion Mediation** | Hören und Sprechen Lesen und Betrachten **Schreiben und Präsentieren** |

Tab. 2: Auffassung des Schreibens in den analysierten Curricula (eigene Zusammenstellung)

Für die zweite Forschungsfrage »Inwieweit sind die von Ivanič skizzierten Diskurse des Schreibens in den analysierten Dokumenten präsent?«, ergibt die
durchgeführte Analyse, dass die Dominanz des Genre-Diskurses für die Curricula aller drei Staaten typisch ist.


## 5.1    Genre-Diskurs

Die Passagen, die sich auf das Genre beziehen wie die gesamten Curricula, variieren jedoch in ihrem Detailgrad. Trotz der weiten Verbreitung des Genre-
Diskurses in deutschen und polnischen Curricula enthält die Verwendung dieses
Konzepts keine Verweise auf jeden einzelnen Text, sondern stellt vielmehr eine
Reihe von Aktivitäten dar, die die Lernenden durchführen (z. B. »Der Lernende
verfasst einfache, kohärente und logische Texte«) (PP: 17) bzw. durchführen
können (»Die Lernenden können Texte zu einem breiten Spektrum von Themen
des fachlichen und persönlichen Interesses adressatengerecht und textsorten-
spezifisch verfassen«) (HKM HE: 14). Der Zweck eines bestimmten Textes wird
im polnischen Curriculum nicht klar herausgestellt. Stattdessen wird erwartet,
dass jeder Lernende verschiedene Handlungen ausführt (z. B. Menschen, Tiere,
Gegenstände, Orte und Phänomene beschreibt; Fakten aus der Vergangenheit
und Gegenwart darstellt; höfliche Formulierungen und Formen verwendet).
Daher sind der Genre-Diskurs und der Soziale-Praktiken-Diskurs, die auf der
Vorstellung beruhen, dass das Schreiben vorrangig sozialen Zwecken dient, im
polnischen Kontext bisweilen kaum bzw. nicht wirklich trennscharf voneinander
abzugrenzen. Dieser implizite Diskurs kann als eine Folge des zuvor formulierten
Konzepts betrachtet werden, um welches das gesamte Dokument herum aufgebaut ist, nämlich Rezeption, Produktion, Interaktion und Mediation. Obwohl das

polnische Curriculum eindeutig vorschreibt, dass die Lernenden eine Vielzahl von Textsorten kennen sollen (z. B. eine Notiz, eine Ankündigung, eine Einladung, einen Gruß, eine Nachricht, eine SMS, eine Postkarte, eine E-Mail, eine Geschichte, einen Blogbeitrag), besteht kein direkter Zusammenhang mit dem Zweck des Schreibens. Für die deutschen Dokumente lässt sich indes durchaus eine ähnliche Überschneidung der jeweiligen Diskurse beobachten, allerdings ohne direkte Verweise auf ein bestimmtes Textexemplar, sondern mehr auf die Textsorten (z. B. kreative, literarische oder nicht-literarische Texte). Sowohl den deutschen als auch den polnischen Dokumenten fehlen jedoch nicht nur deutliche Hinweise auf den Zweck, sondern auch auf die Struktur des Textes oder seine sprachlichen Merkmale. Dies steht im Gegensatz zum südafrikanischen Curriculum, das sich durch einen hohen Grad an Detailliertheit auszeichnet. Ein facettenreicher Blick auf einen Text als Teil des Unterrichtsprozesses manifestiert sich in der gesamten Rubrik, die dem Schreiben im südafrikanischen Curriculum gewidmet ist. Immer wenn das Genre im Mittelpunkt steht, wird jede einzelne Textsorte (z. B. Lebenslauf, Tagebuch, Einladung, SMS, Aufsatz oder Brief) sehr detailliert beschrieben. Anzumerken ist darüber hinaus die Erwartungshaltung gegenüber den Lehrkräften, dass die Schüler:innen »im Laufe des Jahres eine Reihe von Texten schreiben. Es sollte ein Gleichgewicht herrschen zwischen kurzen und langen Texten und dem Schreiben für verschiedene Zwecke: kognitiv, akademisch, kreativ, persönlich/zwischenmenschlich und arbeitsbezogen« (CAPS: 37). Diese Detailliertheit ist gegenüber vorherigen südafrikanischen Curricula ein wesentliches Merkmal der neuen CAPS-Curricula-Dokumente. Nach Beendigung der Apartheid fand eine völlige Neustrukturierung des gesamten Bildungssystems statt, welches die gesamte Lehrerausbildung, alle Schulmaterialien, die Sprachenpolitik, genauso wie eine völlige curriculare Neuausrichtung beinhaltete. Verschiedene Maßnahmen zur Einführung eines OBE-Systems (*Outcome-Based Education-Systems*), also eines sehr offenen Lehrens und Lernens, ohne detaillierte, explizite Vorgaben scheiterte auf Grund vorliegender Rahmenbedingungen (Klassengrößen, fehlende bzw. unzureichende OBE-basierende Lehrerausbildung, etc.) (siehe hierzu auch Kretzer/ Oluoch-Suleh 2022 oder Chisholm 2015), so dass schlussendlich die gegenwärtigen sehr detaillierten CAPS-Curricula für die jeweiligen Schulstufen formuliert und implementiert worden sind.

## 5.2  Skills-Diskurs

Die Analyse zeigt darüber hinaus in den Dokumenten aller analysierten Staaten die Bezugnahme auf den Skills-Diskurs, der Grammatik und Rechtschreibung in den Vordergrund stellt, wenn auch in leicht unterschiedlicher Intensität. Während das südafrikanische Curriculum eine detaillierte Liste der Sprachstrukturen anbietet, die im Zusammenhang mit Schreiben unterrichtet werden sollten, wird den Lehrkräften in Polen empfohlen, eine eher allgemeine Regel zu befolgen und grammatikalische Strukturen sorgfältig auszuwählen, so dass der Schwerpunkt auf solche gelegt wird, die das breiteste Spektrum der im Curriculum festgelegten Anforderungen ermöglichen. Die Verfasser des polnischen Dokuments weisen außerdem auf die fehlende Liste grammatikalischer Strukturen hin, was ein Hindernis zu sein scheint. Dieses Fehlen ist nicht nur deshalb offensichtlich, weil das Curriculum für alle modernen Fremdsprachen identisch ist, sondern auch, weil eine solche Liste einerseits nicht in der Lage wäre, den Bedürfnissen so vieler unterschiedlicher Kontexte gerecht zu werden, und andererseits die Kreativität der Entwickler:innen von Unterrichtsmaterialien und der Lehrer:innen einschränken würde. In den deutschen Curricula kommt der Skills-Diskurs insbesondere im sächsisch-anhaltinischen Dokument zum Ausdruck, das sich durch eine detailliertere Struktur im Vergleich zum hessischen Curriculum auszeichnet. Dort wird von den Lernenden erwartet, dass sie grammatikalische Strukturen in komplexen Zusammenhängen schriftlich anwenden, sowie »Strukturen des formal und informal spoken und written English verstehen und anwenden« oder »freie Texte unter Anwendung der Rechtschreib- und Zeichensetzungsregeln weitgehend verständlich und regelkonform schreiben« (MFB ST: 29–30).

### 5.3 Prozessdiskurs

Der Unterschied bzgl. der Auffassung des prozeduralen Schreibens in allen untersuchten Staaten offenbart einige interessante Aspekte. Während im polnischen Curriculum kein Verweis darauf identifiziert werden konnte, gibt es in den deutschen Dokumenten nur eine entsprechende Passage, die in der Form der sog. *Can-Do Statements* vorkommt und folgendermaßen formuliert wird: »Die Lernenden können Schreibprozesse selbstständig planen, umsetzen und reflektieren« (HKM HE: 25 oder MFB ST: 35). Die Verweise auf diesen Diskurs sind indessen im südafrikanischen CAPS-Curriculum besonders detailliert und decken ein breites Spektrum an Aktivitäten, die die Lernenden zu bewältigen haben, denn sie werden allmählich mit allen Etappen des Schreibprozesses vertraut gemacht. Im Dokument werden allerdings nicht nur die wichtigsten Schritte des gesamten Prozesses (Planen/Vorbereiten, Entwerfen, Überarbeiten, Redigieren und Korrekturlesen) beschrieben, sondern sie werden auch von detaillierten Aktivitäten innerhalb jedes dieser Schritte begleitet. Bei der Planung des Schreibens ist es beispielsweise wichtig, die Struktur, die sprachlichen Merkmale und das Register der ausgewählten Textsorte zu analysieren, über den Zweck und die Zielgruppe des geplanten Textes zu entscheiden oder ein Brainstorming mit

Hilfe von z. B. Mindmaps, Spinnennetzlisten, Flussdiagrammen oder Listen durchzuführen. Mit der Schwerpunktlegung auf den Prozess betont das südafrikanische Curriculum, dass sich die Schüler:innen der Komplexität des Schreibens bewusst werden und die Fähigkeit erwerben sollten, ihre Texte in den verschiedenen Phasen dieses Prozesses auf angemessene Weise zu planen und zu bearbeiten.

## 5.4    *Digital Literacy*

Hinsichtlich der Frage, in welchem Ausmaß die Curricula in den jeweiligen Staaten mit der Entwicklung der digitalen Gesellschaft Schritt halten, konnten anhand der vorgenommenen Analyse deutliche Hinweise auf die Entwicklung der *Digital Literacy* in Bezug auf das Schreiben in polnischen und sächsisch-anhaltinischen Dokumenten vorgefunden werden. Im polnischen Curriculum (PP 2018: 8) fällt dabei zusätzlich die Definition von *Digital Literacy* als Querschnittsthema aller Fächer auf, so dass dementsprechend alle Lehrkräfte *Digital Literacy* fördern sollen:

> Die Lehrkräfte aller Fächer sollten die Voraussetzungen dafür schaffen, dass die Schüler:innen die Fähigkeit erwerben, Informationen zu suchen, zu ordnen sowie verschiedene Quellen zu nutzen und ihre Arbeit unter Berücksichtigung der korrekten Gestaltung von Texten unter Verwendung von Informations- und Kommunikationstechnologien zu dokumentieren. (PP 2018: 8, Übersetzung M.K.-J.)

Auch wenn in beiden deutschen Curricula der Schwerpunkt auf den selbstständigen Umgang der Lernenden mit Hilfsmitteln, die sich bei der Produktion von Texten als unterstützend erweisen, gelegt wird, kommt der Aspekt der Digitalisierung nur im sächsisch-anhaltinischen Curriculum (2019: 36) zum Ausdruck: »Die Lernenden können Hilfsmittel, auch digitaler Art, zum vertieften sprachlichen, inhaltlichen und textuellen Verstehen, Produzieren und Präsentieren von Texten selbstständig verwenden«. Obwohl im südafrikanischen Curriculum kein direkter Hinweis auf *Digital Literacy* in Bezug auf das Schreiben zu finden ist, ist im Forschungsmaterial ein Satz identifiziert worden, der sich auf die Entwicklung der *Digital Literacy* im Allgemeinen bezieht und ihre besondere Rolle in der heutigen Gesellschaft betont: »Informationskompetenz ist eine wichtige Fähigkeit im Informationszeitalter und bildet die Grundlage für lebenslanges Lernen« (CAPS: 9).

## 6.    Schlussfolgerungen

Ziel dieser Studie war es, zu untersuchen, wie das Schreiben in den Fremdsprachen-Curricula Deutschlands (am Beispiel von Hessen und Sachsen-Anhalt),
Polens und Südafrikas positioniert ist, wobei der Schwerpunkt auf *DoWs* lag. Wir
konnten feststellen, dass sich die Dokumente sowohl in ihrer formalen Struktur
als auch in ihrem Detaillierungsgrad unterscheiden, was einen großen Einfluss
auf die jeweilige Konzeptualisierung in den verschiedenen Curricula zur Folge
hat. Das Schreiben wird in den Curricula aller drei Staaten unterschiedlich zugeordnet. In den deutschen Dokumenten handelt es sich um Kompetenzberei-
che, in den polnischen um Kommunikationsmodi, und in den südafrikanischen
um Fertigkeiten. Außerdem sind die südafrikanischen Curricula – im Gegensatz
zu den europäischen – erheblich präziser formuliert, da sie sich auf vier Ansätze
zugleich konzentrieren: textbasiert, kommunikativ, integriert und prozessori-
entiert. Grundlegender Ausgangspunkt ist, dass

> der textbasierte Ansatz und der kommunikative Ansatz beide von der kontinuierlichen
> Verwendung und Produktion von Texten abhängig sind. [….] Ziel eines textbasierten
> Ansatzes ist es, die Schüler:innen dazu zu befähigen, kompetente, selbstbewusste und
> kritische Leser:innen, Schreiber:innen, Betrachter:innen und Gestalter:innen von Tex-
> ten zu werden. (CAPS 2011: 16, Übersetzung M.K.-J.)

Dabei ist anzumerken, dass die Fremdsprachen-Curricula in Polen und in
Deutschland auf dem GER (2001) basieren, und daher auch auf einem allgemeineren Niveau gehalten werden. Außerdem zielen sie in Deutschland auf die
Umsetzung der allgemeineren Lernziele ab, die durch die übergeordneten Poli-
tikdokumente (sog. Bildungsstandards der Kultusministerkonferenz der Länder
[KMK]) festgelegt sind. Das neueste, veröffentlichte, südafrikanische Curriculum
war die Antwort der südafrikanischen Regierung auf die recht schlechten Eva-
luationsergebnisse bei verschiedenen internationalen Bewertungstests wie die
Teilnahme an der *Progress in International Reading Literacy Study* (PIRLS)
(Spaull 2013). Frühere Curricula, die auf kompetenzorientierter Bildung (OBE)
basierten, wurden teilweise oder sogar hauptsächlich dafür verantwortlich gemacht, da offenbar viele Lehrkräfte, wie eingangs dargestellt, bzgl. der Anwendung dieser vorherigen so genannten C2005 oder *National Curriculum Statement*
(NCS) Schwierigkeiten hatten. Auch eine Präzisierung durch Modifikationen
und Revision durch den so genannten RNCS (*Revised National Curriculum
Statement*) führte nicht zu wesentlichen Verbesserungen. Die Gründe des
»Scheiterns« dieser vorherigen Curricula sind sehr vielschichtig und beruhen
sowohl auf sozio-ökonomischen und sozio-kulturellen Gegebenheiten als auch
auf mangelhafter Planung bzgl. der genauen Implementierung durch das südafrikanische Bildungsministerium. Inwiefern CAPS zu einer nachhaltigen Ver-

besserung der »literacy«-Kompetenzen beiträgt oder welchen Einfluss die generelle eurozentristische bzw. »westliche« Gestaltung derartiger internationaler Evaluationsstudien hat, kann an dieser Stelle leider nicht detailliert erläutert werden.

Allen Dokumenten ist darüber hinaus die Dominanz des Genre-Diskurses gemeinsam, was in Übereinstimmung mit Forschungsergebnissen aus anderen Staaten wie z. B. Norwegen oder Usbekistan steht. Während im südafrikanischen Curriculum der Prozess-Diskurs im Vergleich zu polnischen oder deutschen Dokumenten deutlich präsenter ist, gibt es in europäischen Curricula mehr Überschneidungen mit anderen Diskursen. Unsere Untersuchung der Schreibkonzeptualisierungen im Lichte von Ivaničs Modell ermöglicht ein besseres Verständnis dafür, wie Lehrkräfte entweder flexible und offene oder stärker detaillierte und unterstützende, bisweilen dadurch sogar eingeschränkte curriculare Möglichkeiten zur Förderung des Schreibens erhalten. Es lässt sich außerdem feststellen, dass im polnischen, sächsisch-anhaltinischen und südafrikanischen Curriculum die Entwicklung der *Digital Literacy* als wichtiges Lernziel explizit hervorgehoben wird. Auch wenn in keinem der Dokumente eine umfassende Konzeptualisierung des Schreibens vorliegt, schaffen sie mit ihren komplexen Auffassungen vom Schreiben zweifellos unterschiedliche Räume für die Entwicklung der Fremdsprachenkompetenz, genauso wie die der *Digital Literacy*.

## Bibliographie

Chisholm, Linda (2015): *Curriculum Transition in Germany and South Africa: 1990–2010.* In: Comparative Education, 51 (3), S. 401–418.

Elf, Nikolaj / Troelsen, Solveig (2021): *Between Joyride and High-Stakes Examination: Writing Development in Denmark.* In: Jeffery, Jill V. / Parr, Judy M. (Hrsg.): *International Perspectives on Writing Curricula and Development: A Cross-Case Comparison.* London / New York: Routledge, S. 169–191.

GER = Europarat (2001): *Gemeinsamer europäischer Referenzrahmen für Sprachen: lernen, lehren, beurteilen.* (2001): Berlin / München / Wien / Zürich / New York: Langenscheidt.

Grünewald, Andreas (2019): *Digitaler Wandel – Warum überhaupt noch Fremdsprachen in der Schule lernen.* In: Burwitz-Melzer, Eva / Riemer, Claudia / Schmelter, Lars (Hrsg.): *Das Lehren und Lernen von Fremd- und Zweitsprachen im digitalen Wandel. Arbeitspapiere der 39. Frühjahrskonferenz zur Erforschung des Fremdsprachenunterrichts.* Tübingen: Gunter Narr Verlag, S. 80–89.

Hayes, John R. / Flower, Linda (1980): *Identifying the Organization of Writing Processes.* In: Gregg, Lee W. / Steinberg, Erwin R. (Hrsg.): *Cognitive Processes in Writing: An Interdisciplinary Approach.* Hillsdale, NJ: Lawrence Erlbaum, S. 3–30.

Ivanič, Roz (2004): *Discourses of Writing and Learning to Write.* In: Language and Education, 18 (3), S. 220–245.

Ivanič, Roz (2017): *Round Table on Discourses of Writing, and Writer Identity.* Paper presented at the LITUM Symposium, Umeå, Sweden.

Kowalonek-Janczarek, Monika / Kretzer, Michael M. (2022): *Conceptualisations of writing in Polish and South African Language Curricula for Grades 4–8 and 4–9.* In: Kwartalnik Neofilologiczny, LXIX (4), S. 531–546.

Kretzer, Michael M. / Oluoch-Suleh, Everlyn (2022): *(Hidden) Potentials for African Languages in Curriculum Reforms: Examples from Kenya and South Africa.* In: SN Social Sciences, 2 (8), S. 154.

Molitor-Lübbert, Sylvie (1996): *Schreiben als mentaler und sprachlicher Prozeß.* In: Günther, Hartmut / Ludwig, Otto (Hrsg.): *Schrift und Schriftlichkeit. Writing and Its Use. Ein interdisziplinäres Handbuch internationaler Forschung. An Interdisciplinary Handbook of International Research.* Band 2. Berlin / New York: De Gruyter Mouton, S. 1005–1027.

Müller, Nora / Lindefjeld, Katja A. / Busse, Vera (2021): *Underlying Beliefs about Writing and Teaching Writing in Germany: An Analysis of Policy Documents for German in Year 9 at Secondary School.* In: Jeffery, Jill V. / Parr, Judy M. (Hrsg.): *International Perspectives on Writing Curricula and Development: A Cross-Case Comparison.* London / New York: Routledge, S. 123–146.

Ortner, Hanspeter (2000): *Schreiben und Denken.* Berlin / Boston: Max Niemeyer Verlag.

Peltzer, Katrin / Siekmann, Lea / Parr, Judy / Busse, Vera (2022): *What Beliefs about Writing Guide EFL Curricula? An Analysis of Relevant Policy Documents for Teaching English at German Secondary Schools.* In: Zeitschrift für Erziehungswissenschaft, 25, S. 1363–1387.

Skar, Gustaf B. / Aasen, Arne J. (2021): *School Writing in Norway: Fifteen Years with Writing as Key Competence.* In: Jeffery, Jill V. / Parr, Judy M. (Hrsg.): *International Perspectives on Writing Curricula and Development: A Cross-Case Comparison.* London / New York: Routledge, S. 192–216.

Spaull, Nicholas (2013): *Poverty & Privilege: Primary School Inequality in South Africa.* In: International Journal of Educational Development, 33 (5), S. 436–447.

Tentolouris, Filippos (2021): *Conceptualisations of Writing in the Curricula and the Teachers' Guides of Greek Preschool Education: a Critical Discourse Analysis.* In: Curriculum Journal, 32 (2), S. 269–289.

## Internetquellen

CAPS (2011): *Curriculum and Assessment Policy Statement (CAPS). Grades 10–12. English First Additional Language. Department: Basic Education. Republic of South Africa.* URL: https://www.education.gov.za/Portals/0/CD/National%20Curriculum%20Statem ents%20and%20Vocational/CAPS%20FET%20_%20FAL%20_%20ENGLISH%20GR% 2010-12%20_%20WEB_65DC.pdf?ver=2015-01-27-155227-827 [Zugriff am 5. 12. 2022].

HKM HE (ohne Jahresangabe): *Hessisches Kultusministerium des Landes Hessen. Kerncurriculum gymnasiale Oberstufe. Englisch. Hessisches Kulturministerium.* URL: https:// www.kmk.org/fileadmin/Dateien/veroeffentlichungen_beschluesse/2010/2010_04_29- Kerncurriculum-Englisch.pdf [Zugriff am 5. 12. 2022].

MFB ST (2019): *Ministerium für Bildung des Landes Sachsen-Anhalt. Fachlehrplan. Gymnasium / Berufliches Gymnasium. Englisch. Sachsen-Anhalt.* URL: https://lisa.sachsenan halt.de/fileadmin/Bibliothek/Politik_und_Verwaltung/MK/LISA/Unterricht/Lehrplaene/ Gym/Anpassung_2022/FLP_Englisch_Gym_010822_swd.pdf [Zugriff am 5.12.2022].

PP (2018): *Podstawa programowa kształcenia ogólnego. Szkoła ponadpodstawowa. Język obcy nowożytny. Ministerstwo Edukacji Narodowej.* (Allgemeinbildendes Kerncurriculum mit jeweiligem Kommentar. Oberschule. Moderne Fremdsprache. Ministerium für Nationale Bildung. Polen). URL: https://www.ore.edu.pl/2018/03/podstawa-progra mowa-ksztalcenia-ogolnego-dla-liceum-technikum-i-branzowej-szkoly-ii-stopnia/ [Zugriff am 5.12.2022].

## III. Wandel in der Sprachbildung

Mariusz Jakosz (Uniwersytet Śląski, Katowice)

# Wende in der Auffassung der Rolle von Humor im Fremdsprachenunterricht – am Beispiel ausgewählter Richtlinien zum Fremdsprachenlehren und -lernen[1]

Abstract

A Breakthrough in Understanding the Role of Humour in Foreign Language Teaching within the Context of Selected Guidelines for Teaching and Learning Foreign Languages
The article discusses the role of humour and its value in foreign language teaching. At the beginning, an attempt was made to present the advantages and disadvantages of using humour in foreign language classes. Next, an analysis of selected documents relating to teaching and learning foreign languages was conducted. The aim of the analysis was to determine whether and – if so – to what extent humour is adequately included in such documents as a teaching aid.

Keywords: humour, teaching, curriculum, foreign language classes, *Common European Framework of Reference for Languages, core curriculum*
Schlüsselwörter: Humor, Didaktik, Lehrplan, Fremdsprachenunterricht, *Gemeinsamer europäischer Referenzrahmen für Sprachen, Podstawa programowa*

## 1.   Einleitung

Die rasche Entwicklung der modernen Welt bringt unterschiedliche Veränderungen mit sich, die heutzutage in fast jedem Lebensbereich zu beobachten sind. Es gibt solche Erscheinungen, die im Laufe der Zeit immer noch an Bedeutung gewinnen und weiterhin das Forschungsobjekt darstellen (vgl. u. a. Löschmann 2015: 9; Wowro/Jakosz 2022: 13). Dazu kann man Humor zählen, mit dem sich die Vertreter:innen vieler Wissenschaftsdisziplinen (wie z. B. Psychologie, Philosophie, Anthropologie, Soziologie und Medizin) beschäftigen. Dies findet seine Widerspiegelung ebenfalls in der Bildungssphäre, was einen wesentlichen Einfluss auf die Rolle der Lehrenden im 21. Jahrhundert hat.

---

1 The research activities co-financed by the funds granted under the Research Excellence Initiative of the University of Silesia in Katowice.

Da die Bereitschaft der jungen Generation zum Lernen und zur Verbesserung ihrer sprachlichen Fähigkeiten erheblich sinkt, sollten die Lehrkräfte dazu bereit sein, obligatorische Lehrinhalte mit Hilfe von alternativen Bildungsmethoden zu vermitteln (vgl. u. a. Retelj 2015; Mihułka 2020; Jakosz 2020). Als ein neuartiges didaktisches Mittel wird u. a. Humor angesehen, dessen Einsatz im Fremdsprachenunterricht seit Jahrzehnten den Gegenstand der internationalen Debatte bildet (vgl. Löschmann 2015: 22–24). In deren Zentrum steht weiterhin die Frage, ob die Integration humoristischer Inhalte mit den in den Lehrplänen vorhandenen Voraussetzungen wahrnehmbare bzw. messbare Lernfortschritte bringen kann. In diesem Zusammenhang scheint folgende Frage von Relevanz zu sein: Wie sollte man den Fremdsprachenunterricht humoristisch gestalten, damit Humor die Konzentration der Lernenden auf das grundlegende Unterrichtsthema fördert und gleichzeitig als eine Bereicherung der traditionellen Methoden um einen weiteren motivierenden Aspekt dient.

Im vorliegenden Beitrag werden die Rolle von Humor und sein methodischer Wert im Fremdsprachenunterricht untersucht. Zuerst sollen die möglichen Vor- und Nachteile von Humor thematisiert und dann die Leitlinien für dessen Verwendung im schulischen Umfeld im Hinblick auf lernmotivierendes Potenzial diskutiert werden. Anschließend wird analysiert, ob der Einsatz von Humor als didaktisches Mittel in den Richtlinien zum Fremdsprachenlehren und -lernen ausreichende Aufmerksamkeit findet.

## 2.    Vorteile des Humoreinsatzes im Fremdsprachenunterricht

Die Befürworter:innen von humoristischen Lernkonzeptionen stützen ihre methodologischen Voraussetzungen auf die Maxime »lachend lernen« (z. B. Gaudo/Kaiser 2020), laut der das Lernen als ein fröhliches, sorgenfreies Abenteuer wahrgenommen wird (vgl. Kucharczyk 2005: 23). Gemäß diesem Standpunkt ruft Humor ausschließlich positive Emotionen hervor, die nicht nur eine Grundlage für eine angenehme, freundliche und die Motivation stark beeinflussende Atmosphäre in der Klasse bilden, sondern auch die intellektuelle Entwicklung der Schüler:innen wesentlich beeinflussen (vgl. Wowro 2009: 270–271; Hargaßner 2018: 146; Kalkan/Erçoklu 2020: 18–19; Pawłowska-Balcerska 2022: 137). Die Anwendung von Humor in der Fremdsprachendidaktik regt zum Erkennen der Welt an und erleichtert in hohem Maße den Erwerb von schwierigen theoretischen Inhalten (vgl. Grzybowski 2015: 361–362). Die Wahrnehmung von komischen Aspekten ermöglicht die Verbindung der komplexen Phänomene mit den auf den ersten Blick inkongruenten Behauptungen, sowie die Übertreibung von Eigenschaften eines Gegenstandes und der menschlichen Verhaltensweise.

Von zentraler Bedeutung ist, dass das Schaffen einer anregenden Lernatmosphäre nicht nur zu besseren Lernergebnissen führen kann, sondern auch die Entwicklung von unterschiedlichen Fähigkeiten – u. a. der Kritikfähigkeit, der Kreativität und des Wahrnehmungsvermögens – ermöglicht. Humor wird insbesondere bei den Aufgaben sehr geschätzt, die aufgrund ihres Schwierigkeitsgrades über das Wissen und die Fähigkeiten der Lernenden hinausgehen. Seine Erkenntnisstärke kommt in neuen, bisher nicht bekannten, Neugier und Freude weckenden Lernmethoden zum Ausdruck. Im Falle eines Lernmisserfolges mildert Humor dagegen die Verbitterung und spornt zu neuen, diesmal erfolgreichen Versuchen und Aktivitäten an. Eine solche humoristische Unterrichtsgestaltung trägt auch zur Entwicklung einer neuen Weltanschauung bei, in der alles als möglich aufgefasst wird, weil die aus dem methodischen Standpunkt schwierigsten Inhalte entweder klar erläutert werden oder dank dem angemessenen komischen Vorgehen der Lehrkraft solchen Eindruck hinterlassen.

Darüber hinaus können humorvolle Assoziationen eine stereotype Denkweise der Lernenden beseitigen, denn ihre positive, durch Humor bewirkte Einstellung hat die Überwindung von Klischees und Stereotypen zur Folge und lässt die möglichen, u. a. nationalen, Untugenden augenzwinkernd behandeln:

> Humor erlaubt, die Ausgangskultur und die fremde Kultur miteinander in Beziehung zu setzen, erhöht die kulturelle Sensibilität, weitet verschiedene Strategien für den Kontakt mit Angehörigen der Zielkultur aus, veranschaulicht kulturelle Stereotype und stereotype Beziehungen der Zielkultur und erhöht somit die Fähigkeit, diese zu überwinden. (Hargaßner 2020: 138)

Außerdem trägt Humor zur Verbesserung von vorhandenen Beziehungen unter den Lernenden selbst und zwischen den Lernenden und der Lehrkraft bei (vgl. Grzybowski 2015: 396–400; Pawłowska-Balcerska 2022: 138).

Aus den bisherigen Ausführungen lässt sich schließen, dass der Wert von Humor für mehrere Sphären der Persönlichkeit maßgebend ist. An dieser Stelle erscheint es als begründet, die von Ziv (1980, nach Grzybowski 2015: 356–359) durchgeführten Untersuchungen zu thematisieren, die die Vorteile der humoristischen Unterrichtsgestaltung aus der Perspektive der Lernenden betreffen. Humor wird von ihnen mit folgenden Erscheinungen assoziiert:

- Reduktion der Distanz zwischen der Lehrkraft und den Lernenden: Dank ihrem Sinn für Humor wird die Lehrkraft als Mitglied der Schülergemeinschaft des Lachens betrachtet. Das Wesen liegt aber in der taktvollen (keinesfalls sarkastischen oder gegen die Schüler:innen gerichteten) Anwendung der komischen Inhalte. Dies wirkt sich positiv sowohl auf die Leistungen als auch auf das Verhalten der Lernenden aus.
- Unkonventionelle Rolle der Lehrkraft: Die Lehrkraft geht über das traditionelle stereotype Bild ihres Berufs hinaus, weil sie sich neben diesen konven-

tionellen auch der alternativen Lehrmethoden (u. a. spielerischer Übungsformen) bedient. Solch ein methodisches Vorgehen übt einen großen Einfluss auf die Kommunikation mit den Lernenden sowie auf die Disziplin in der Gruppe aus.

- Förderung der Konzentration und des effektiven Lernens: Die humoristische Unterrichtsgestaltung fördert das Lernklima, wodurch sich die Lernenden entspannt fühlen, was zur erhöhten Aufmerksamkeit führen kann (vgl. auch Kalkan/Erçoklu 2020: 19).
- Humor als Zeichen der Zuneigung der Lehrkraft: Humor und Lachen werden besonders von Kindern als Ausdruck der Sympathie der Lehrkraft wahrgenommen. Die Tatsache, dass die Lehrkräfte mit ihnen eine vertrauensvolle Beziehung bilden können, wird von ihnen sehr geschätzt. Mit dem zunehmenden Alter legen sie jedoch immer geringeren Wert auf die mit der affektiven Sphäre verbundenen Aspekte.

Auf die Vorteile von Humor im Fremdsprachenunterricht verweisen auch die Lehrenden selbst. Aus den Ergebnissen der Untersuchungen von Matusewicz (1976: 215) geht hervor, dass fast 86 % der Lehrkräfte die auf Humor basierende didaktische Methode in ihrer Lehrpraxis verwenden[2], wobei sie eher intuitiv vorgehen. Dieser spielt für die Lehrenden auch aus einem anderen Grund eine wesentliche Rolle: Humor beugt dem so genannten Burnout-Syndrom vor, von dem viele Lehrkräfte betroffen sind. Unter dieser Bezeichnung werden die ständige Müdigkeit und Kreativitätslosigkeit verstanden, die die Effektivität der Lehrkraft sowie ihre erzieherischen Leistungen in hohem Maße senken können. Die Verwendung von humoristischen Inhalten bildet eine einzigartige Art der Therapie, die bessere Ergebnisse in der didaktischen Praxis und in der erzieherischen Sphäre zu erreichen hilft. Dank diesem methodischen Verfahren bekommt die Lehrkraft ein »menschliches Gesicht« und wird als eine empathische und freundliche und – was am wichtigsten ist – vertrauenswürdige Person wahrgenommen. Bemerkenswert ist zudem die Tatsache, dass die Bewertung der Lehrkraft durch die Lernenden keinesfalls hinsichtlich ihrer Ausbildung stattfindet, sondern vor allem ihre Persönlichkeit betrifft. Der Sinn für Humor stellt hier eine wichtige Lernstrategie dar, die den ganzen Lernprozess effektiver gestalten lässt und die Überwindung von Angst sowie von anderen Schwierigkeiten erleichtert. So kann festgehalten werden, dass Humor ein relevanter Bestandteil des didaktischen Prozesses und gleichzeitig ein bedeutsamer Motivationsfaktor

---

2 Die häufigsten Beweggründe der befragten Lehrenden für den Einsatz von komischen Inhalten im Fremdsprachenunterricht sind: Auslachen der sich nicht richtig benehmenden Lernenden (22,7 %), Ausladung der Spannungen in der Gruppe (22,5 %), ohne bewusstes didaktisches Ziel – Übermaß an Freizeit (13,7 %) und Vorbeugung von Konflikten (12,5 %) (vgl. Grzybowski 2015: 344).

ist, weil der aus seiner Verwendung resultierende Gewinn eindeutig positiv und erwünscht ist (vgl. Wowro 2009: 271–272).

## 3.    Nachteile des Humoreinsatzes im Fremdsprachenunterricht

Der Einsatz von humoristischen Elementen in der Schulpraxis hat nicht nur ihre Befürworter:innen, sondern auch ihre Gegner:innen. Diese beziehen sich auf ein deutsches Sprichwort »Mit der Schule beginnt der Ernst des Lebens« und vertreten den Standpunkt, dass Bildung und Humor als sich gegenseitig ausschließende Erscheinungen gelten, die stark voneinander getrennt werden sollten. Gemäß dieser Auffassung stellen z. B. Spiele – trotz ihrer motivierenden Wirkung – eine unernste und folglich auch für die Schulrealität unangemessene Form der Arbeit dar, die keinesfalls im Fremdsprachenunterricht eingesetzt werden kann (vgl. Koluch 2003: 45–46). Dieser Schluss untermauert die These, dass Humor in Anbetracht des überfüllten Lehrplanes, der eine überlegte und geregelte Unterrichtgestaltung voraussetzt, und des großen Zeitaufwandes für die Vorbereitung des um die humoristischen Inhalte bereicherten Fremdsprachenunterrichts nur als ein unerwünschtes und wertloses Phänomen betrachtet wird.

Ein relevanter Nachteil sind ebenfalls die überfüllten Klassen, in denen sogar die auf den traditionellen Methoden konzipierte Unterrichtsgestaltung als große Herausforderung für die Lehrkraft betrachtet wird.

Die Gegner:innen der Einbeziehung von Humor in den Unterricht bringen auch die Einstellung der Lehrenden selbst zum Ausdruck, die Humor im Fremdsprachenunterricht nebenbei einsetzen (u. a. als eine Art der Belohnung, zur Entspannung oder in der Freizeit), was in der Lehrpraxis überhaupt nicht stattfinden darf.

Zu weiteren Nachteilen, die für den Verzicht auf die humoristischen Aspekte im Fremdsprachenunterricht sprechen, gehören Benutzung der Muttersprache während der Spiele, Unterlassung der Fehlerkorrektur durch die Lehrkraft sowie großer Zeit- und Arbeitsaufwand für die Vorbereitung und Didaktisierung der humoristischen Inhalte (vgl. Wowro 2009: 271).

Zusammenfassend lässt sich sagen, dass die Nachteile von Humor im Unterricht im Vergleich zu den Eingangsüberlegungen eher nachrangig zu sein scheinen. Selbstverständlich ist die Tatsache, dass die Vorbereitungen der Lehrkraft für die effiziente Unterrichtsführung mit diesem Beruf stark verbunden sind, unabhängig davon, ob sie die Verwendung der humoristischen Inhalte überhaupt voraussetzen oder nicht. Die sonstigen Thesen der Skeptiker:innen sind auch umstritten, weil die Anzahl der Lernenden über die Qualität des Lernprozesses nicht entscheiden kann (oder mindestens nicht entscheiden

sollte). Die Rolle der Lehrkraft besteht nämlich darin, mit Hilfe aller vorhandenen Methoden einen Lernerfolg zu erzielen. Wenn Humor einen so komplexen
und bedeutsamen Einfluss auf die Entwicklung der jungen Generationen aus-
üben kann, sollte er nicht aus dem Unterrichtsprozess sowie aus der Lehreraus-,
Lehrerweiter- und Lehrerfortbildung ausgeschlossen werden, sondern als eine
zusätzliche Hilfe, d. h. als ein weiterer zu berücksichtigender Faktor des
Fremdsprachenunterrichts neben den konventionellen Unterrichtsmethoden
unterschieden und berücksichtigt werden.

## 4.  Einsatzmöglichkeiten von humorvollen Inhalten im Fremdsprachenunterricht

Im Folgenden werden die Möglichkeiten der Verwendung von Humor in der
Unterrichtspraxis besprochen. Wie Piętkowa (2000: 335–336) ausführt, ist das
Spektrum des Einsatzes von Humor im didaktischen Prozess sehr breit. Humor
kann u. a. mit Hilfe von Anekdoten, lustigen Geschichten und Szenen, wider-
sinnigen Vergleichen oder komischen Sprüchen eingeführt werden (vgl. dazu
auch Wistermayer 2019: 3). Die zu analysierenden Texte sollten den Lernenden
vor allem Spaß am Hören, Lesen bzw. am Lernen bieten. Als empfehlenswert
erweisen sich auch die Heranführung von lustigen Formulierungen oder Beispielen, die sich in Lehrwerken befinden, und die Verwendung von solchen
Kommunikationsformen, die witzig sind und somit das Engagement der Schü-
ler:innen wesentlich beeinflussen.

Von Belang sind im Lernprozess zusätzlich lustige Gedächtnisformeln –
mnemotechnische Formeln – wie beispielsweise der Satz: »Nicht ohne Seife
waschen«, dessen Anfangsbuchstaben den Himmelsrichtungen im Deutschen
entsprechen. Diese einmaligen, unerwarteten und interessanten Ausdrücke –
auch »Eselsbrücken« genannt – verhelfen dazu, sich den Stoff besser merken zu
können und ihn zu vertiefen.

Auch Spiele, die einen humoristischen Wert haben, können eine entscheidende Funktion im Unterricht erfüllen. Sie führen zu einer angstfreien Unter-
richtsatmosphäre, verbessern das Lernklima und tragen zum Abbau von Lern-
und Sprechhemmungen bei. Hervorzuheben ist auch, dass die mit Spielen verbunden positiven Emotionen und Erlebnisse das episodische Gedächtnis aktivieren, was den Lernenden erleichtert, das Gelernte abzurufen (vgl. Targońska
2013: 304–305; Tomza 2017: 14; Wistermayer 2019: 7–8).

Unterschiedliche Multimedia ermöglichen zudem eine abwechslungsreiche
Einführung von Humor in Schulen (vgl. Pawłowska-Balcerska 2022: 139). Die
Schüler:innen werden heutzutage mit verschiedensten Impulsen aus der Multi-

mediawelt konfrontiert, wobei ihre Existenz im Klassenzimmer nicht mehr wegzudenken ist. Deshalb sollten auch diese von Lehrkräften im Unterricht eingesetzt werden. Die Lernenden können beispielsweise eigene Kabarettaufführungen aufnehmen oder sich humoristische Verfilmungen bzw. Sendungen ansehen, die das Unterrichtsthema betreffen (vgl. Piętkowa 2000: 335–336). Dem didaktischen Humor lassen sich auch Mimik, Gestik oder sogar Artikulation zuschreiben, die meistens einen spontanen Charakter haben und nicht selten von Lehrkräften eingesetzt werden.

Zu den am häufigsten eingeführten Humorformen gehören jedoch Bilder. Der Bildhumor kann auf unterschiedliche Art und Weise vermittelt werden: als eine Karikatur, ein Comic, ein Foto oder ein Piktogramm (vgl. Wistermayer 2019: 3). Solche Formen generieren komische Situationen und können auch als ein motivierendes Element gelten, das sprachliche Kreativität entwickelt und das Äußern von eigenen Meinungen unterstützt (vgl. Wowro 2009: 273).

Eine andere sehr verbreitete Humorform bilden Witze. Ihre Interpretation erfordert einerseits eine intellektuelle Anstrengung. Andererseits führen sie zur Entspannung und ermöglichen Wortspiele, denn die Lexeme verlieren durch eine wortwörtliche Übersetzung ihren ursprünglichen Sinn, was das Lachen hervorrufen kann (vgl. Targońska 2013: 311–312; Tomza 2017: 14; Pawłowska-Balcerska 2022: 139). Solche Sprach- und Wortwitze leben nämlich

> von der Spannung zwischen Gemeintem und Verstandenem […], von der Spannung, die dadurch entsteht, dass die verwendeten Ausdrücke für die Kommunikationspartner unterschiedliche Bedeutung haben oder auf unterschiedlicher Einschätzung der kommunikativen Absichten der Partner beruhen. (Wallrabenstein 1979: 22)

Witze sensibilisieren demnach die Lernenden für Zweideutigkeit und Unklarheit in der täglichen Kommunikation und unterstützen die Entwicklung rezeptiver und produktiver Fertigkeiten (vgl. Wowro 2009: 275; Pawłowska-Balcerska 2022: 139). Die Empfehlungen zum Einsatz der Witze im Bereich des so genannten funktionalen Handelns enthalten z. B. belgische Lehrpläne für den Primarunterricht (vgl. Grzybowski 2015: 400). Die Lernenden eignen sich die Sprache durch ihre praktische Verwendung in verschiedenen alltäglichen Situationen (Entwicklung der kommunikativen Kompetenz) an sowie ihr aktives Hören wird geschult. In zahlreichen Schulbibliotheken gibt es auch Witzsammlungen, die sowohl den Lehrenden als auch den Lernenden zur Verfügung stehen. Darüber hinaus fängt jeder belgische Unterricht mit dem gemeinsamen Witzerzählen an, was auch in den von den Lernenden verfassten Notizen eine Spur hinterlässt (Verschriftlichung der bereits erzählten Witze). Das Ziel dieser didaktischen Vorgehensweise bildet nicht das Lernen von neuen Witzen selbst, sondern die Gestaltung der so genannten Gemeinschaft des Lachens und die Entstehung der sie begleitenden gemeinsamen Freude aller Beteiligten (vgl. Grzybowski 2015: 400).

Einen wichtigen Bestandteil des Unterrichts stellen auch Lieder und Reime dar, die kulturelles Bewusstsein stärken und sogar zur eigenen künstlerischen Tätigkeit ermuntern können (vgl. Klippel 2000: 46, 196–197; Wowro 2009: 274):

> Dieses verinnerlichte Reservoir ist ein Besitz, der nicht nur in der Grundschule Früchte trägt, sondern auch später die Freude am Klang, an den *images*, an der Dramatik in Erzählungen und Balladen sowie an den *lyrics* der populären Musik unterstützt. Bei manchen Schülern erwächst daraus sogar das Interesse am eigenen Fabulieren, Dramatisieren und Erzählen in der Zielsprache. (Piepho 2002: 30)

Lustige Lieder und (Abzähl-)Reime lösen positive Emotionen aus und steigern so die (integrale) Motivation der Lernenden, die fremde Sprache verstehen zu können. Besonders empfehlenswert sind Lieder und Reime, die einen spielerischen Charakter haben und mit Bewegungen zu verbinden sind, »da sich in ihnen Sprache und Bewegung koppeln, wodurch das Erinnerungsvermögen der Kinder nachhaltig unterstützt wird« (Klippel 2000: 196):

> Die Vorteile der Verwendung von Liedern und Reimen, die durch pantomimisch illustrierende Bewegungen begleitet werden sollten, liegen in der Schaffung von Gemeinsamkeit. Die Lerner können ihre ersten Versuche in der neuen Sprache zusammen mit den anderen Lernern unternehmen, sich in der Gemeinschaft aufgehoben fühlen und sich so Sicherheit erarbeiten. Rhythmus, Melodie und Prosodie unterstützen die erforderliche Gedächtnisleistung ebenso wie Reime. (Sarter 2006: 35)

Abschließend ist zu berücksichtigen, dass Humor im didaktischen Prozess im richtigen Maße eingeführt werden sollte. Dies geht auf die Tatsache zurück, dass sich die an die konventionellen und prototypen Verhaltensmuster gewöhnten Kommunikationsteilnehmer:innen angesichts des auftretenden Humors verwirrt fühlen können. Möglich ist auch, dass das intellektuelle Spiel nicht richtig wahrgenommen oder humoristische Form von den Schüler:innen didaktisch als Einwilligung zur Albernheit empfunden wird. Humor als indirekter Sprechakt veranschaulicht eine »umgekehrte« Wirklichkeit, was die Notwendigkeit voraussetzt, dass eine bestimmte kommunikative Kompetenz bei den Rezipient:innen aktiviert werden muss, die zur Entschlüsselung der kommunikativen Absicht führen wird. In dieser Hinsicht scheint solche Auswahl der Texte von besonderer Bedeutung zu sein, die das Interesse und die Aufmerksamkeit der Lernenden wecken. Außerdem ist es auch wichtig, metatextuelle Signale im Rahmen der didaktischen Kommunikation einzusetzen, die den Aussageton verändern bzw. diese Veränderung ankündigen (vgl. Piętkowa 2000: 334–335). Zu beachten ist allerdings, dass übertriebene Eingliederung des Komischen in die Unterrichtsstunden dazu führen kann, dass die Lehrkraft durch die Umgebung negativ wahrgenommen wird. Im schlimmsten Falle kann sogar ihre Autorität geschwächt werden (vgl. Wowro 2009: 272; Tomza 2017: 13).

## 5. Zum Stellenwert von Humor im institutionellen Rahmen

Im Mittelpunkt weitergehender Überlegungen steht die Darstellung und Besprechung der grundlegenden Richtlinien zum Fremdsprachenlehren und -lernen, in denen die für die bestimmten Bildungsniveaus obligatorischen Lehrinhalte enthalten sind und die den Erwerb von konkreten, sie begleitenden Fähigkeiten und Fertigkeiten annehmen. Zu untersuchen ist, ob und gegebenenfalls wie humoristische Inhalte gemäß diesen Dokumenten, die im Laufe der Jahre erarbeitet wurden, in den Fremdsprachenunterricht Eingang finden.

Zunächst wird das Dokument *Kontaktschwelle Deutsch als Fremdsprache* analysiert, das noch in den 1980er Jahren für den Fremdsprachenunterricht in der Erwachsenenbildung konzipiert wurde (vgl. Baldegger et al. 1985: 17). Ein Einblick in dieses Dokument des Europarates lässt erkennen, dass darin dem omnipräsenten Humor keine Bedeutung beigemessen wird. Das ist umso erstaunlicher, als die Autoren dafür plädieren, dass der Fremdsprachenunterricht in erster Linie die (erwachsenen) Lernenden auf mögliche Situationen und auf die damit verbundenen Rollen vorbereiten sollte, mit denen sie im fremdsprachigen Land konfrontiert werden können (vgl. Baldegger et al. 1985: 17). Die Beherrschung von aufgelisteten Sprachkomponenten und -strukturen wird für das Erreichen eines *Threshold Level of Language Proficiency* vorausgesetzt.

Im nächsten Schritt wird der *Gemeinsame europäische Referenzrahmen für Sprachen* (GER) (2001) besprochen, der einen Wendepunkt in der parallelen Entwicklung von zielsprachlichen Lehrplänen, Bildungssystemen, sowie in der Gestaltung von verschiedenen Prüfungsarten in allen europäischen Ländern darstellt. Diese gewinnen eine gemeinsame Bildungsbasis und können darum die nachhaltige Ausbildung unterstützen.

Humor wird im Referenzrahmen als kulturelles Phänomen bezeichnet. Unter den soziokulturellen Wissensaspekten, die von Sprachbenutzer:innen im Laufe des Sprachenlernens zu erwerben sind, befinden sich »Werte, Überzeugungen und Einstellungen in Bezug auf Faktoren wie [...] Humor« (GER 2001: 104–105). In Bezug auf die Niveaus der Sprachbeherrschung kann angemerkt werden, dass Humor erst auf der Ebene der kompetenten Sprachverwendung (C1 und C2) genannt wird. Im Bereich der mündlichen Interaktion auf dem C1-Niveau wird von dem/der Sprachenlernenden Folgendes verlangt: Er/Sie »[k]ann die Sprache wirksam und flexibel für soziale Zwecke gebrauchen, auch für den Ausdruck von Emotionen, Anspielungen oder zum Scherzen« (GER 2001: 80). Dasselbe betrifft die Ebene der soziolinguistischen Angemessenheit. Auch erst ab Stufe C1 sind die

Sprachbenutzenden in der Lage, mit Humor in der jeweiligen Situation kompetent umzugehen. Dies verdeutlicht die folgende Kann-Beschreibung: Der/Die Lernende »[k]ann die Sprache zu geselligen Zwecken flexibel und effektiv einsetzen und dabei Emotionen ausdrücken, Anspielungen und Scherze machen« (GER 2001: 121).

Die expliziten Hinweise auf die Ausdrucksformen von Humor sind bei der Beschreibung der pragmatischen Kompetenzen der Sprachenlernenden zu finden. Demzufolge sollten sie u. a. dazu befähigt werden, Ironie und Parodie zu identifizieren (vgl. GER 2001: 25). Im Bereich der Diskurskompetenz, die zur pragmatischen Kompetenz gehört, wird zudem postuliert, dass die Lernenden die Fähigkeit erwerben sollten, Diskurs zu strukturieren und hinsichtlich der Textgestaltung zu steuern. Dazu gehört die »Kenntnis der Gestaltungskonventionen der Sprachgemeinschaft z. B. im Hinblick darauf, […] wie Geschichten, Anekdoten, Witze usw. erzählt werden« (vgl. GER 2001: 123). Im 2018 erschienenen Begleitband des *Gemeinsamen europäischen Referenzrahmens für Sprachen*[3], der einige Neuerungen in den bisherigen Kann-Beschreibungen mit sich brachte, tritt diese allgemeine Formulierung »Scherze machen« auch auf Niveau C1 auf, sie wird aber folgendermaßen präzisiert: Der/Die Fremdsprachenlernende »[k]ann Humor, Ironie und implizite kulturelle Anspielungen verstehen und Nuancen in der Bedeutung oder in Meinungen aufgreifen« (GER 2020: 161). Außerdem wird hier auf Niveau C2 für den Umgang mit Bedeutungsnuancen in einer Aussage sowie mit Ironie und Sarkasmus plädiert (vgl. GER 2020: 114–122).

In Bezug auf die im GER (2001) vorhandenen Beispiele für humorvolle Strategien lässt sich feststellen, dass Humor als eine Art der spielerischen Sprachverwendung aufgefasst wird, die oft eine wichtige Funktion beim Sprachenlernen und beim Spracherwerb erfüllt. Humor, der im Rahmen der kommunikativen Aufgaben in der Zielsprache erscheint, kann in Form von verschiedenen spielerischen Aktivitäten zum Ausdruck kommen:

---

3 Die ursprüngliche Fassung des *Gemeinsamen europäischen Referenzrahmens für Sprachen* (2001) wird im Begleitband um die Ebene der Online-Interaktion, der Mediation sowie der Gebärdensprache erweitert.

Sprachspiele in der Gruppe:
- mündlich (Geschichte mit Fehlern; wie? wann? wo? usw.)
- schriftlich (Kettengeschichten, Buchstabenspiele wie *Scrabble*)
- audiovisuell (Bilderlotto, *Memory* usw.)
- Brett-, Karten- und Fragespiele (*Trivial Pursuit* usw.)
- Scharaden, Pantomime usw.

Einzelaktivitäten:
- Rätsel (Kreuzworträtsel, Rebus, Anagramme usw.)
- Sprachspiele in den Medien (TV und Radio: *Glücksrad* usw.)

Sprachwitz (Wortspiele usw.), zum Beispiel:
- in der Werbung *Käse aus dem Berner Oberland: Käse vom Fuße der Jungfrau! – Das Leben ist zu kurz für eine lange Leitung!* (Handy-Werbung)
- Zeitungstitel, z. B. *Feuer und Flamme für Rot!*
- Graffiti, z. B. *Als Gott den Mann erschuf, übte sie nur.*

Tab. 1: Anweisungen zur spielerischen Sprachverwendung (GER 2001: 61)

Kritisch anzumerken ist hier, dass die oben genannten humorvollen Genres (als Formen der spielerischen Sprachverwendung) in der Liste möglicher Textsorten im Referenzrahmen keinen Platz finden. Non- und paraverbale Elemente fehlen ebenfalls. Obwohl beispielhafte Einsatzmöglichkeiten der humoristischen Inhalte mit keinem Kommentar zu ihrer methodischen Integration mit anderen Lehrinhalten versehen sind, stellen sie eine bedeutsame Hilfe bei der Themenauswahl dar, deren didaktische Realisierung auf Humor gestützt werden kann. Es sei an dieser Stelle nachdrücklich darauf zu verweisen, dass Humor im Bereich bestimmter Themen (u. a. bei Werbungen) ebenfalls als eine attraktive und die Motivation der Lernenden steigernde Ergänzung des grundlegenden Unterrichtsstoffes dient, was gleichzeitig zu besseren Lernleistungen führen kann.

Zuletzt werden die Lehrinhalte untersucht, die im polnischen Rahmenlehrplan *Podstawa programowa* enthalten sind. Gemeint ist hier die Fassung vom 14. Februar 2017, die sich an die Lernenden in den polnischen Grundschulen richtet, und die Fassung vom 30. Januar 2018, die den Inhalt des Fremdsprachenunterrichts in polnischen allgemeinbildenden Lyzeen und sonstigen Oberschulen (in Deutschland: Klassenstufen 9–12) festlegt. Aus der Durchsicht beider Dokumente ergibt sich deutlich, dass in *Podstawa programowa* der Verwendung von humoristischen Inhalten im Fremdsprachenunterricht kaum Aufmerksamkeit geschenkt wird. Es wird nur einmal angemerkt, dass die humoristische Kompetenz der Lernenden auf das Erkennen der stilistischen Mittel (u. a. Ironie, Idiome, Homonyme) ausgerichtet werden sollte. Hieraus dürfte bereits deutlich geworden sein, dass sich *Podstawa programowa* nur auf die passive Wahrnehmung von Humor beschränkt. Trotz vieler unbestrittener Vorteile für den Fremdsprachenunterricht wurden die humoristischen Inhalte im polnischen Rahmenlehrplan leider kaum beachtet. Solch eine Tatsache kann auch deshalb verwundern, weil die Entstehung des neuen polnischen Rahmenlehrplans die Aktualisierung der Lerninhalte und der traditionellen Lehrmethoden zum Ziel hatte. Es stellt sich jedoch heraus, dass einige Aspekte, ungeachtet der zahlreichen bedeutenden Veränderungen in der Bildungssphäre, immer noch unberücksichtigt bleiben.

## 6.   Fazit

Aus den gemachten Beobachtungen lässt sich schließen, dass die positiven Wirkungen von Humor für seinen uneingeschränkten Einsatz im Fremdsprachenunterricht sprechen:»Humor und Freude in der Schule, also in Unterricht und Erziehung, sind nicht wegzudenken, wenn Erziehung als Hilfestellung zur positiven Bewältigung des Lebens verstanden wird« (Seibert/Wittmann/Zöpfl 1994: 9). Humor sorgt nämlich für physische und psychische Gesundheit, bewältigt Stress sowie fördert kreative Prozesse, Aufmerksamkeits-, Lern- und Erinnerungsleistungen.

Obwohl Humor in unterschiedlichen Unterrichtsphasen, auf verschiedenen Niveaus der Sprachbeherrschung, bei der Arbeit an den sprachlichen Subsystemen und Fertigkeiten zur Anwendung kommen kann, wird er im Fremdsprachenunterricht trotz aller Vorteile unterschätzt. Dies bestätigt die durchgeführte Analyse der ausgewählten Richtlinien zum Fremdsprachenlehren und -lernen, in denen humoristische Aspekte im Lehrprozess meistens nicht explizit als allgemeines Phänomen zwischenmenschlicher Kommunikation angesehen werden und eher eine marginale Rolle spielen. Zu beachten ist, dass der Fremdsprachenunterricht zu oft auf systematisch angeleitete Lernprozesse ausgerichtet ist und dabei vergessen wird, dass sich Humor als eine wesentliche didaktische Hilfe erweist, die vielseitige Entwicklung der Lernenden ermöglicht. Aus diesem Grund sollte Humor ungeachtet seiner Spontaneität und Unkontrollierbarkeit nicht stiefmütterlich behandelt und in den Curricula und Lehrplänen für den Fremdsprachenunterricht verankert werden.

## Bibliographie

Primärliteratur

Baldegger, Markus / Müller, Martin / Schneider, Günther (Hrsg.) (1985): *Kontaktschwelle Deutsch als Fremdsprache*. Berlin u.a.: Langenscheidt.
GER = Europarat (2001): *Gemeinsamer europäischer Referenzrahmen für Sprachen: lernen, lehren, beurteilen*. Berlin u.a.: Langenscheidt.

GER = Europarat (2020): *Gemeinsamer europäischer Referenzrahmen für Sprachen: lehren, lernen, beurteilen. Begleitband* (Übersetzung von Jürgen Quetz und Rudi Camerer). Stuttgart: Ernst Klett Sprachen.

Podstawa programowa (2017) = *Rozporządzenie Ministra Edukacji Narodowej z dnia 14 lutego 2017 r. w sprawie podstawy programowej wychowania przedszkolnego oraz podstawy programowej kształcenia ogólnego dla szkoły podstawowej, w tym dla uczniów z niepełnosprawnością intelektualną w stopniu umiarkowanym lub znacznym, kształcenia ogólnego dla branżowej szkoły I stopnia, kształcenia ogólnego dla szkoły specjalnej przysposabiającej do pracy oraz kształcenia ogólnego dla szkoły policealnej.* Online: http://prawo.sejm.gov.pl/isap.nsf/download.xsp/WDU20170000356/O/D20170356.pdf [Zugriff am 22.06.2023].

Podstawa programowa (2018) = *Rozporządzenie Ministra Edukacji Narodowej z dnia 30 stycznia 2018 r. w sprawie podstawy programowej kształcenia ogólnego dla liceum ogólnokształcącego, technikum oraz branżowej szkoły II stopnia.* Online: http://prawo.sejm.gov.pl/isap.nsf/download.xsp/WDU20180000467/O/D20180467.pdf [Zugriff am 22.06.2023].

## Sekundärliteratur

Gaudo, Felix / Kaiser, Marion (2020): *Lachend lernen. Humortechniken für den Unterricht.* 2. Auflage. Weinheim: Beltz.

Grzybowski, Przemysław Paweł (2015): *Śmiech w edukacji. Od szkolnej wspólnoty śmiechu po edukację międzykulturową.* Kraków: Oficyna Wydawnicza Impuls.

Hargaßner, Julia (2018): *Perspektiven der Witzforschung im Kontext des Russischunterrichts.* In: Bergmann, Anka / Caspers, Olga / Stadler, Wolfgang (Hrsg.): *Didaktik der slawischen Sprachen – Beiträge zum 1. Arbeitskreis in Berlin (12.-14. 9. 2016).* Innsbruck: University Press, S. 137–158.

Hargaßner, Julia (2020): *Humor als Ausdruck gesellschaftlicher und demokratischer Normen und Werte: Humor im demokratiebildenden Fremdsprachenunterricht.* In: Ammerer, Heinrich / Geelhaar, Margot / Palmstorfer, Rainer (Hrsg.): *Demokratie lernen in der Schule. Politische Bildung als Aufgabe für alle Schulfächer.* Münster / New York: Waxmann, S. 131–145.

Jakosz, Mariusz (2020): *Stellenwert des Deutschlernens in Polen – empirische Befunde zur Motivation zum Fremdsprachenlernen.* In: Prace Językoznawcze, XXII/1, S. 61–85.

Jakosz, Mariusz / Wowro, Iwona (2022): *Humor trotz(t) allem! Zu Dimensionen der Humorforschung.* In: Jakosz, Mariusz / Wowro, Iwona (Hrsg.): *Mit Humor ist nicht immer zu spaßen. An der Grenze von Spaß und Ernst.* Göttingen: Brill / V&R unipress, S. 7–20.

Kalkan, Kazım Hasan / Erçoklu, Çınla (2020): *Humor im DaF-Unterricht und humoristische Elemente im Lehrwerk Studio d.* In: Zeitschrift für Forschungen zur deutschen Sprache und Kultur, 2, S. 17–28.

Klippel, Friederike (2000): *Englisch in der Grundschule.* Berlin: Cornelsen Scriptor.

Koluch, Remigiusz (2003): *Gry w nauce języka obcego – zalety i wady.* In: Języki Obce w Szkole, 1, S. 43–46.

Kucharczyk, Radosław (2005): *Śmiech to zdrowie… ale i nauka. Wykorzystanie elementów humorystycznych na lekcji języka obcego*. In: Języki Obce w Szkole, 4, S. 22–26.

Löschmann, Martin (2015): *Humor muss sein – auch im Fremdsprachenunterricht*. In: Löschmann, Martin (Hrsg.): *Humor im Fremdsprachenunterricht*. Frankfurt am Main u. a.: Peter Lang, S. 9–58.

Matusewicz, Czesław (1976): *Humor, dowcip, wychowanie. Analiza psychospołeczna*. Warszawa: Nasza Księgarnia.

Mihułka, Krystyna (2020): *Zum Stellenwert des Deutschen in Polen*. In: Glottodidactica, XLVII/1, S. 53–71.

Pawłowska-Balcerska, Agnieszka (2022): *Interkulturelle Witze im Fremdsprachenunterricht: ein heikles, zu vermeidendes Thema oder eine interessante Gelegenheit über nationale Stereotype zu reflektieren?* In: Glottodidactica, XLIX/2, S. 137–156.

Piepho, Hans-Eberhard (2002): *Stories' ways*. In: Bleyhl, Werner (Hrsg.): *Fremdsprachen in der Grundschule. Geschichten erzählen im Anfangsunterricht. Storytelling*. Hannover: Schroedel, S. 20–34.

Piętkowa, Romualda (2000): *Humor w dyskursie dydaktycznym*. In: Gajda, Stanisław / Brzozowska, Dorota (Hrsg.): *Świat humoru*. Opole: Uniwersytet Opolski / Instytut Filologii Polskiej, S. 331–338.

Retelj, Andreja (2015): *Interessenförderung im DaF-Unterricht durch Methodenvielfalt? – eine empirische Untersuchung*. In: Brünner Hefte zu Deutsch als Fremdsprache, 8 (2), S. 116–134.

Sarter, Heidemarie (2006): *Einführung in die Fremdsprachendidaktik*. Darmstadt: Wissenschaftliche Buchgesellschaft.

Seibert, Norbert / Wittmann, Helmut / Zöpfl, Helmut (1994): *Humor und Freude in der Schule*. Augsburg: Auer.

Targońska, Joanna (2013): *Wortbildungskenntnisse zur Förderung des spielerischen und kreativen Umgangs mit fremdsprachlichen Lexikbeständen im DaF-Unterricht*. In: Colloquia Germanica Stetinensia, 22, S. 301–318.

Tomza, Marlena (2017): *Humor muss sein, auch im Fremdsprachenunterricht*. In: Hallo Deutschlehrer! Czasopismo Polskiego Stowarzyszenia Nauczycieli Języka Niemieckiego. Zeitschrift des Polnischen Deutschlehrerverbandes, 38, S. 13–15.

Wallrabbenstein, Wulf (1979): *Wörter wörtlich nehmen*. In: Praxis Deutsch, 38, S. 21–24.

Wistermayer, Lisa (2019): *Humor und Unterrichtsqualität – Widerspruch oder unzertrennlich? Zur Auswirkung von Humor auf die Unterrichtsqualität im Primarschulbereich*. In: R&E-SOURCE, 12, S. 1–9. Online: https://journal.ph-noe.ac.at/index.php/reso urce/article/view/695 [Zugriff am 20.06.2023].

Wowro, Iwona (2009): *Rola treści humorystycznych w procesie glottodydaktycznym. Analiza wybranych podręczników do języka niemieckiego*. In: Neofilolog, 33, S. 269–280.

Virginija Jūratė Pukevičiūtė / Dalius Jarmalavičius
(Vilniaus universitetas)

# Bilinguales Lehren und Lernen im Wandel: Bedeutung der Lehr- und Lernmittel aus Sicht der Schüler:innen von höheren Klassen

**Abstract**

**Bilingual Teaching and Learning in Changing: the Importance of Teaching and Learning Materials from the Viewpoint of Higher Grade Students**

The processes of globalisation in the world and ideas for the implementation of (world-wide) multilingualism promote the expansion of the boundaries of foreign language learning, so that languages are learned not only in language classes, but also integrated with other learning subjects. This turn in foreign language policy and the using of the innovative learning methods still raise many questions for Lithuanian researches and pedagogues. This article analyses some aspects of Integrated Content and Language Learning (CLIL) in Lithuania and presents the results of a study, taking into account students' viewpoints on the using of teaching and learning materials and forms in bilingual education. According to the research findings, learners tend to use innovative technologies. Moreover, it is also important for students not only to acquire subject knowledge in CLIL lessons, but also to improve all language skills.

**Keywords:** CLIL, bilingual education, teaching and learning materials, students' viewpoints, correlations

**Schlüsselwörter:** CLIL, bilingualer Unterricht, Lehr- und Lernmittel, Ansichten der Schüler:innen, Korrelationen

## 1.    Einleitung

In diesem Beitrag versuchen die Autoren einen Einblick in die Ansichten der Schüler:innen Litauens über die Lehr- und Lernmittel im bilingualen Unterricht zu geben. Daraus ergeben sich drei Aspekte, die in der heutigen Bildung von besonderer Bedeutung sind und im Fokus dieser Studie stehen: Mehrsprachigkeit, interdisziplinäre Integration sowie Lehr- und Lernmittel.

Es liegt auf der Hand, dass das Leben im multikulturellen und mehrsprachigen Europa und die Fähigkeit, sich wirksam in die Arbeitswelt zu integrieren, angemessene Fremdsprachenkenntnisse erfordern. Die EU-Kommission, der Europarat und das Ministerium für Bildung, Wissenschaft und Sport Litauens

(Eurydice 2006; *Inventar zur Politik des Sprachunterrichts* (*Kalbų mokymo politikos aprašas*) 2006; *Leitlinien für das integrierte Fach- und Fremdsprachenlernen* (*IDUKM gairės*) 2013; *Das Konzept der guten Schule* (*Geros mokyklos koncepcija*) 2015; *Leitlinien für die Erneuerung der allgemeinen Lernprogramme* (*Bendrųjų programų atnaujinimo gairės*) 2019) haben die Rolle von Sprachkenntnissen auf europäischer Ebene anerkannt. Der Erwerb und die Vertiefung von Sprachkompetenz werden als lebenslanger Prozess angesehen, und das Jahr 2001 ist zum Europäischen Jahr der Sprachen erklärt worden, um die Wichtigkeit und Notwendigkeit der Mehrsprachigkeit hervorzuheben. Diese Tatsache hat ebenso gezeigt, dass integriertes Inhalts- und Sprachenlernen für die Schaffung einer mehrsprachigen Gesellschaft von grundlegender Bedeutung ist.

Die Idee der integrierten Bildung ist in Litauen nicht neu und wird seit Jahren diskutiert (vgl. Jakavonytė-Staškuvienė 2017: 116; Kvieskienė/Vyšniauskaitė 2017: 11). Sie wird auch durch strategische Dokumente der litauischen Bildungspolitik unterstützt. *Das Konzept der guten Schule* (*Geros mokyklos koncepcija* 2015) fördert insbesondere die Entwicklung kreativer Schulgemeinschaften und die *Leitlinien für die Erneuerung der allgemeinen Lernprogramme* (*Bendrųjų programų atnaujinimo gairės* 2019) legen den Schwerpunkt auf Integrität, d.h. auf die Stärkung einer Verbindung zwischen den Inhalten verschiedener Fächer, um den Schüler:innen zu helfen, eine ganzheitliche Weltsicht zu entwickeln. Nach Bacon (2018: 5) ist die reale Welt, die ein Kind kennen zu lernen und zu verstehen versucht, nicht in Disziplinen oder Fächer unterteilt. Daher hebt das Konzept der fächerübergreifenden Integration nach Drake et al. (2015: 23) den breiteren Kontext eines Faches hervor und hilft den Lernenden die Probleme anzugehen, die oft über die Grenzen eines einzelnen Faches hinausgehen.

Die Entwicklung einer kreativen, selbstkritischen, autonomen und wettbewerbsfähigen Persönlichkeit wird zu einer der wichtigsten Herausforderungen in der heutigen Bildungspraxis überhaupt. Für die Bildung einer solchen Persönlichkeit ist es notwendig, den Lernprozess entsprechend zu modellieren. In den letzteren Jahren haben Forscher:innen und Pädagog:innen (vgl. Targamadzė et al. 2010: 42; Mačianskienė et al. 2012: 120; Kalvaitis 2014: 147; Leisen 2015a: 39–44; Kuhn/Ropohl/Groß 2017: 21–22) die Bedeutung moderner Lehrmethoden und Lernwerkzeuge im Unterrichtsprozess betont, deren wirksamer Einsatz die Schaffung eines attraktiven Lehr- und Lernumfelds ermöglicht und eine hochwertige Zusammenarbeit zwischen Lehrkräften und Schüler:innen stärkt.

## 2.     Arten von Lehr- und Lernmitteln und ihre integrale Funktion

Lehr- und Lernmittel werden als integraler Bestandteil des Lerninhalts betrachtet, der dazu beiträgt, den Lernenden den Lernstoff effektiver zu vermitteln (vgl. Müller-Bittner 2008: 50, 297; Vilkonienė 2009: 209; Kalavitis 2014: 147; Leisen 2015a: 39–40; Kalavitis 2018: 7). Es gibt eine Vielzahl unterschiedlicher Unterrichtsmaterialien, von denen das Lehrwerk eines der wichtigsten ist. Neben ihm wird auch die Bedeutung anderer – zusätzlicher – Lehrmittel im Bildungsprozess hervorgehoben, zu denen gedruckte oder digitale Materialien zur Ergänzung des Lehrbuchs (Arbeitsblätter, Lehrerhandreichungen, Übungsbücher und computergestützte Lehrprogramme), verschiedene visuelle Hilfsmittel und Gegenstände gehören. Laut Kalavaitis (2014: 148) können die Lehrkräfte auch frei entscheiden, welche Lehr- und Lernmittel sie während des Unterrichts einsetzen. Wichtig ist es nur, dass der Einsatz dieser Materialien eine angemessene Qualität des Unterrichts gewährleistet.

Bei der Untersuchung von Lehr- und Lernmitteln im bilingualen Unterricht zeichnen sich bestimmte Tendenzen ab. Wie die Forscher:innen (vgl. Finkbeiner/ Fehling 2002: 17; Le Pape Racine 2006: 19; Müller-Bittner 2008: 72, 291; Mačianskienė et al. 2012: 5; May/Jokiaho/Rößler 2014: 228), die den CLIL-Ansatz analysiert haben, betonen, ist eines der Hauptprobleme dieses Ansatzes das Fehlen speziell entwickelter Lehrmaterialien. Sie weisen darauf hin, dass die Unterrichtsmaterialien in der Regel von den Lehrkräften selbst entwickelt oder von pädagogischen Zentren bzw. Fortbildungsinstituten konzipiert werden. Auch die Verlage, für die das Publizieren der Lehrwerke aufgrund ihres spezifischen und begrenzten Leserkreises nicht kosteneffizient ist, zeigen wenig Interesse an diesen didaktischen Instrumenten. Den Lehrer:innen bleibt nichts anderes übrig, als die in anderen Ländern veröffentlichten Lehrbücher zu verwenden und die darin enthaltenen Materialien und Aufgaben an den Unterricht anzupassen. Das ist eine besonders aktuelle Herausforderung für solche Länder, in denen Lehrende keine große Erfahrung im bilingualen Unterricht haben.

Folglich stehen die Lehrenden, die integrierte Fach- und Sprachstunden oder -module organisieren, vor Schwierigkeiten, da bei der Auswahl oder Entwicklung von Lehr- und Lernmitteln die Didaktik mehrerer Fächer mitberücksichtigt werden muss. Auf diese Aspekte wird im nächsten Abschnitt eingegangen.

## 3.     Merkmale der Didaktik des CLIL-Unterrichts

Ein fach- und sprachintegrierter Unterricht unterscheidet sich von anderen Unterrichtsarten durch seine Komplexität und seinen Umfang. Man verfolgt eine Vielzahl von Zielen und modifiziert die traditionellen Lehr- und Lernmethoden nicht nur in einem Fach, sondern auch in einer Fremdsprache, d. h. man sucht nach neuen integrierten Formen und Methoden, die für beide Fächer geeignet sind. In der wissenschaftlichen Literatur (vgl. Lenz 2008: 29; Mehisto et al. 2009: 12; Coyle/Hood/Marsh 2010: 4; Wolff 2011: 76; Mehisto 2012: 17; Schlemminger 2013: 382; Leisen 2015b: 229) wird der doppelte Zweck des CLIL-Ansatzes hervorgehoben: erstens, den Schüler:innen das notwendige Fachwissen zu vermitteln, und zweitens, ihre sprachlichen Fähigkeiten in einer anderen Sprache als ihrer Muttersprache zu fördern. Außerdem steht im Fokus des bilingualen Unterrichts der Erwerb der interkulturellen kommunikativen Kompetenz, weil das CLIL-Konzept auf vier Schlüsselprinzipien basieren sollte, die Coyle (2005) mit den vier »C« beschreibt, d. h. *Content, Communication, Cognition, Culture/Citizenship* (d. h. Inhalt, Kommunikation, Kognition, Kultur).

Laut Leisen (2015b: 229) nutzt der CLIL-Unterricht Erkenntnisse aus drei didaktischen Forschungsgebieten: (1) Fachdidaktik, d. h. Lehren und Lernen des Faches, (2) Sprachlerndidaktik im Fach, d. h. Lehren und Lernen des Sprachlernens im Fach und (3) Fremdsprachendidaktik, d. h. Lehren und Lernen einer Fremdsprache. Die Fremdsprache wird in so einer Perspektive zu einem Werkzeug, das es ermöglicht, das Sachfachwissen und die Sachfachkompetenzen zu erwerben.

Zusammenfassend kann betont werden, dass das Erlernen des Inhalts eines Faches im bilingualen Unterricht reale Kontexte und kommunikative Situationen schafft, die eine ganz andere Art von Fremdsprachenkompetenz erfordern. Deswegen müssen die Lehrkräfte bei der Organisation des bilingualen Unterrichts solche Lehr- und Lernmittel verwenden, die den Grundsätzen der drei oben erwähnten Didaktiken entsprechen.

## 4.    Forschungsdesign

Die vorliegende Studie konzentriert sich auf die Analyse der Ansichten von den Schüler:innen höherer Klassen über die Bedeutung der Lehr- und Lernmittel im bilingualen Unterricht. Das Thema ist für Litauen sehr aktuell, denn das inhalts- und sprachintegrierte Lernen (CLIL) als eine innovative Lehr- und Lernform unterliegt ständigen Veränderungsprozessen, an die die Unterrichtmaterialien angepasst werden müssen, um qualitativ hochwertiges Lehren und Lernen zu gewährleisten. Außerdem ist es nicht gelungen, wissenschaftliche Arbeiten zu finden, in denen das angegebene Thema in Litauen analysiert wurde. Deshalb nehmen sich die Autoren der vorliegenden Studie vor, die folgenden Forschungsfragen zu beantworten:

- Wie bewerten die Befragten die Lehr- und Lernmittel sowie Lernformen beim CLIL-Einsatz?
- Wie korrelieren die Forschungsvariablen gegenseitig?

Das Ziel der durchgeführten Analyse war, die Ansichten von litauischen Lernenden über die nötigen Lehr- und Lernmittel im bilingualen Unterricht zu erfassen. Bei der Erreichung dieses Ziels wurden die folgenden Forschungsschritte unternommen:
- Analyse der Ansichten von den Schüler:innen über die Lehr- und Lernmittel sowie Lernformen;
- Ermittlung der Zusammenhänge zwischen den Forschungsvariablen.

Beim Erschließen der von den Proband:innen geäußerten Meinungen wurden die folgenden Methoden angewendet:
- vergleichende Analyse der Bildungsdokumente und der wissenschaftlichen Literatur, ihre Interpretation, Formulierung von Schlussfolgerungen,
- schriftliche Befragung mittels Fragebogen mit geschlossenen Antwortkategorien (erstellt von Autoren des Beitrags). Mit Hilfe dieser Befragung, die in den Jahren 2018–2019 in verschiedenen litauischen Schulen durchgeführt wurde, versuchte man die Ansichten von den Schüler:innen über die Lehr- und Lernmittel sowie Lernformen in einem bilingualen Unterricht zu erforschen und zu analysieren. Zur Erhebung von Forschungsdaten wurde ein Fragebogen mit der Likert-Skala, d.h. mit fünf vorgegebenen Antwortkategorien (5 = stimme voll zu, 4 = stimme eher zu, 3 = stimme teilweise zu, 2 = stimme eher nicht zu, 1 = stimme überhaupt nicht zu) erstellt. Der Fragebogen besteht aus 23 geschlossenen Fragen/Aussagen, die in drei Gruppen eingeteilt werden,
- Methoden der statistischen Analyse: Häufigkeiten (gültige Prozente) der deskriptiven Statistik; der Spearman-Korrelationskoeffizient $\rho$ (rho) zwischen zwei Variablen zur Bestimmung statistisch signifikanter Korrelationen zwischen ihnen und ihrer Stärke; der $p$-Wert überprüft, ob sich der Korrelationskoeffizient signifikant von Null unterscheidet. Der Wert von Cronbachs Alpha ($\alpha = ,929$) zeigt die Reliabilität des Umfrageinstruments.

Die Forschungsdaten wurden mit IBM SPSS 20 (Statistisches Paket für Sozialwissenschaften) verarbeitet. Die Befragtengruppe bestand aus 448 Schüler:innen der höheren Klassen (insgesamt 252 weibliche und 196 männliche Personen). Bei der Auswertung der Daten aus der schriftlichen Befragung, an der die Lernenden der 9. Klasse (42.6 %) und 10. Klasse (57.4 %) aus 29 Mittelschulen und Gymnasien Litauens teilgenommen haben, bediente man sich einer Cluster-Stichprobenmethode.

## 5.   Besprechung der Forschungsdaten

Zu Beginn der Präsentation der Studienergebnisse halten es die Autoren der
Studie für wichtig, herauszufinden, welche Lehr- und Lernmittel von den Lehrkräften in den verschiedenen Fächern aus der Sicht der Schüler:innen eingesetzt
werden (siehe Tabelle 1).

| Parameter | stimme überhaupt nicht zu (%) | stimme eher nicht zu (%) | stimme teilweise zu (%) | stimme eher zu (%) | stimme voll zu (%) |
|---|---|---|---|---|---|
| Lehrbücher, Nachschlagewerke | 0,4 | 0,7 | 6,1 | 22,2 | 70,6 |
| Online-Materialien | 2,9 | 88,6 | 17,9 | 23,3 | 47,3 |
| Computerprogramme | 3,5 | 13,1 | 17,5 | 20,4 | 45,5 |
| Bilder, Landkarten, Poster | 5,3 | 12,8 | 24,9 | 32,3 | 24,7 |
| Videomaterialien | 5 | 13,0 | 23,1 | 35,4 | 23,5 |
| Grafiken, Tabellen | 6,7 | 17,9 | 30,9 | 25,2 | 19,3 |
| Audiomaterialien | 11,2 | 24,7 | 28,9 | 20,4 | 14,8 |

Tab. 1: Die von den Lehrenden meistens eingesetzten Lehr- und Lernmittel im Fachunterricht aus der Sicht der Fremdsprachenlernenden

Wie aus Tabelle 1 hervorgeht, ist das Lehrbuch das am häufigsten eingesetzte
Unterrichtsmaterial: dieser Aussage stimmen die Schüler:innen meistens voll zu
(70,6 %) oder eher zu (22,2 %). Außerdem erwähnen die Lernenden zusätzlich,
dass Online-Materialien recht häufig im Unterricht genutzt werden: die Befragten geben an, dass sie mit Hilfe dieser Lehr- und Lernmittel regelmäßig
(47,3 %) und häufig (23,3 %) lernen. Ähnlich sieht es bei den Computerpro-
grammen aus: die Proband:innen bemerken, dass diese Technologien ständig
(45,5 %) oder oft (20,4 %) von den Lehrkräften verwendet werden. Darüber
hinaus stellt mehr als ein Drittel (35,4 %) der Interviewten fest, dass die Leh-
rer:innen häufig Videomaterialien (35,4 %) sowie Karten, Diagramme und Poster
(32,3 %) benutzen.

Die Forschungsdaten in Tabelle 2 veranschaulichen, wie die Parameter, die die
Meinung der Befragten über die meistens im Fachunterricht von den Lehrenden
eingesetzten Lehr- und Lernmittel ausdrücken, miteinander zusammenhängen.
In der Tabelle sind die statistisch signifikanten Korrelationen präsentiert.

| Nr. | | 1 | 2 | 3 | 4 | 5 | 6 | 7 |
|---|---|---|---|---|---|---|---|---|
| 1 | Lehrbücher, Nachschlagewerke | 1 | | | | | | |
| 2 | Bilder, Landkarten, Poster | ,314** | 1 | | | | | |
| 3 | Grafiken, Tabellen | ,149** | ,576** | 1 | | | | |
| 4 | Videomaterialien | ,139** | ,353** | ,361** | 1 | | | |
| 5 | Audiomaterialien | | ,314** | ,362** | ,621** | 1 | | |
| 6 | Computerprogramme | | | | ,306** | ,240** | 1 | |
| 7 | Online-Materialien | | | | ,276** | ,180** | ,838** | 1 |

Tab. 2: Korrelationsmatrix der Variablen[1]

Die statistische Analyse zeigt, dass die Lehrpersonen, die das Lehrbuchmaterial im Unterricht am meisten verwenden, auch etwas häufiger Karten, Poster und Bilder einsetzen ($\rho$ = .314, p = .000). Computerprogramme und Online-Materialien weisen eine sehr starke statistisch signifikante Beziehung auf ($\rho$ = .838, p = .000). Dasselbe gilt auch für den Einsatz von Video- und Audiomaterialien ($\rho$ = .621, p= .000), mit dem Unterschied, dass die beiden Parameter auch mäßig starke Korrelationen mit anderen Parametern zeigen. So tendieren die Lehrer:innen, die Videos im Unterricht einsetzen, auch zum häufigeren Gebrauch von Postern, Karten, Bildern ($\rho$ = .353, p = .000) oder Grafiken und Tabellen ($\rho$ = .362, p = .000). Darüber hinaus zeigen die letzteren visuellen Lernwerkzeuge einen starken gegenseitigen Zusammenhang ($\rho$ = .576, p = .000), d. h. die Lehrkräfte, die Poster, Karten, Bildern beim Lehren benutzen, neigen auch häufiger zum Einsatz der Grafiken und Tabellen. Außerdem ist es ersichtlich, dass diese letztere Variable eine mäßig starke Korrelation mit der Variable Videomaterial aufweist ($\rho$ = .361, p = .000).

Verallgemeinernd kann man sagen, dass die Lehrkräfte beim Unterrichten verschiedener Fächer meistens Lehrbücher verwenden. Laut der Forschungsdaten weist dieser hochgeschätzte Parameter fast keine statistisch signifikanten Korrelationen auf, aber die weniger hoch bewerteten visuellen und akustischen Hilfsmittel zeigen mäßig starke bis starke Korrelationen. Es ist auch anzumerken, dass die Lehrenden häufig neue Informationstechnologien (wie z.B. ver-

---

1  **Die Korrelation ist auf dem 0,01 Niveau (2-seitig) signifikant.

schiedene Computerprogramme oder Online-Materialien) im Unterricht einsetzen, die ebenfalls sehr stark miteinander korrelieren.

Als nächstes war es wichtig herauszufinden, welche sprachlichen Fähigkeiten
aus der Sicht von Schüler:innen in einem CLIL-Unterricht gefördert/verbessert
werden könnten (siehe Tabelle 3).

| Parameter | stimme überhaupt nicht zu (%) | stimme eher nicht zu (%) | stimme teilweise zu (%) | stimme eher zu (%) | stimme voll zu (%) |
|---|---|---|---|---|---|
| Aussprache | 1,7 | 0,9 | 6,7 | 21,1 | 69,6 |
| Fachwortschatz | 1,5 | 0,9 | 88,4 | 22,6 | 66,6 |
| Hörverstehen | 2 | 3,6 | 9,2 | 23,8 | 61,4 |
| Leseverstehen | 3,2 | 1,3 | 10,1 | 25,8 | 59,6 |
| Schreiben | 32,3 | 3,1 | 15,7 | 27,8 | 51,1 |
| Grammatiklernen | 22,7 | 4,9 | 18,4 | 26,0 | 48,0 |
| Nur Sprechen | 7 | 6,7 | 26,0 | 31,4 | 28,9 |

Tab. 3: Die sprachlichen Fähigkeiten/Subsysteme, die aus der Sicht von Schüler:innen in
einem bilingualen Unterricht zu fördern sind

Wie Tabelle 3 verdeutlicht, wurde der Förderung bzw. Schulung einer korrekten
Aussprache der größte Wert beigemessen (69,6 %). Die Umfrageteilnehmenden
halten es auch für wichtig, im bilingualen Unterricht Fachwortschatz in einer
Fremdsprache zu lernen und 66,6 % der Befragten halten dies sogar für sehr
wichtig. Es gibt kaum größere Unterschiede in den Ansichten der Lernenden
über die Bedeutung der Förderung bzw. Verbesserung der Hör- und Lesekompetenz (mit entsprechend 61,4 % und 59,6 % der Befragten) und mehr als die
Hälfte der Proband:innen (51,1 %) betont die Wichtigkeit, die Schreibfähigkeiten
im CLIL-Unterricht zu verbessern. Die Schüler:innen halten das Erlernen der
Grammatik im zweisprachigen Unterricht für weniger wichtig, weil nur beinahe
die Hälfte der Lernenden (48 %) der Förderung dieser sprachlichen Aktivität voll
zustimmen.

Wie Tabelle 3 veranschaulicht, bestätigen die Lernenden zum Teil, dass es
hilfreich ist, im bilingualen Unterricht nur das Sprechen (28,9 %) zu trainieren.
Offensichtlich ist es ihnen klar, dass die mündliche Kommunikation, nicht
ausreicht, um Fachtexte zu verstehen.

Die Ergebnisse zeigen, dass alle Sprachaktivitäten im bilingualen Unterricht
wichtig sind, der Bedarf an korrekter Aussprache dennoch dominiert und die
höchsten Werte erzielt. Dies ist bedenklich, denn eine wichtige Aufgabe des
bilingualen Unterrichts besteht nach Ansicht von CLIL-Experten (vgl. Coyle/
Hood/Marsh 2010: 4; Vollmer 2010: 54; Leisen 2015b: 226) darin, den Inhalt des
Fachs zu vermitteln und ihn zu verstehen.

Die Forschungsdaten in Tabelle 4 erläutern, wie die Parameter, die die Meinung der Schüler:innen über die relevanten Sprachaktivitäten in einem bilingualen Unterricht ausdrücken, miteinander zusammenhängen.

| | 1 | 2 | 3 | 4 | 5 | 6 | 7 |
|---|---|---|---|---|---|---|---|
| Aussprache | 1 | | | | | | |
| Fachwortschatz | ,460** | 1 | | | | | |
| Grammatiklernen | ,417** | ,513** | 1 | | | | |
| Schreiben | ,450** | ,486** | ,630** | 1 | | | |
| Leseverstehen | ,451** | ,511** | ,467** | ,592** | 1 | | |
| Hörverstehen | ,370** | ,502** | ,419** | ,506** | ,648** | 1 | |
| Nur Sprechen | ,195** | ,136** | ,118** | ,161** | ,246** | ,304** | 1 |

Tab. 4: Die Korrelationsmatrix der Variablen[2]

Tabelle 4 zufolge ist offensichtlich, dass nahezu alle Parameter einen mäßigen bis starken Zusammenhang miteinander aufweisen. Bei der Analyse der Forschungsdaten stellte sich jedoch heraus, dass der Parameter ›Verbesserung der Lesekompetenz‹ am auffälligsten ist: Die Lernenden, die diese Fähigkeit hoch einschätzen, halten auch die Verbesserung des Hörverstehens ($\rho = .648$, $p = .000$) und des Schreibens ($\rho = .592$, $p = .000$) für wichtig. Sie tendieren ansonsten zum Lernen des Fachwortschatzes ($\rho = .511$, $p = .000$) oder zur häufigeren Konzentration auf die Grammatik ($\rho = .467$, $p = .000$).

Den Meinungen der Umfrageteilnehmenden zufolge (siehe Tabelle 3) gehört das Erlernen der Grammatik nicht unbedingt zu den Sprachkenntnissen, die in einem bilingualen Unterricht verbessert werden sollten, aber dieser Parameter bestätigt eine mäßig starke oder starke Beziehung zu anderen Parametern: diejenigen Befragten, die der Meinung sind, dass Grammatik im bilingualen Unterricht wichtig ist, erwähnen auch öfter die Wichtigkeit der Verbesserung ihrer Schreibfähigkeiten ($\rho = .630$, $p = .000$) und Lesefertigkeiten ($\rho = .467$, $p = .000$), sowie halten es für notwendig, die Vokabeln in einer Fremdsprache zu lernen ($\rho = .513$, $p = .000$). Es sollte jedoch hinzugefügt werden, dass der von den Lernenden besonders hoch geschätzte Parameter ›Verbesserung der Aussprache‹ signifikante, aber weniger starke Korrelationen mit anderen Parametern aufwies.

Weiterhin war es wichtig festzuhalten, welche Unterrichtsmaterialien die Befragten in einem bilingualen Unterricht für wichtig halten (siehe Tabelle 5).

---

2 **Die Korrelation ist auf dem 0,01 Niveau (2-seitig) signifikant.

| Parameter | stimme überhaupt nicht zu (%) | stimme eher nicht zu (%) | stimme teilweise zu (%) | stimme eher zu (%) | stimme voll zu (%) |
|---|---|---|---|---|---|
| Computerprogramme | 3,8 | 3,1 | 19,7 | 30,7 | 42,7 |
| Online-Materialien | 4,7 | 44,6 | 17,0 | 31,8 | 41,9 |
| Audiomaterialien | 4,5 | 3,6 | 20,6 | 31,2 | 40,1 |
| Videomaterialien | 3,8 | 4,0 | 22,0 | 31,6 | 38,6 |
| Nur visuelle Mittel | 8,3 | 11,4 | 31,8 | 30,6 | 17,9 |
| Nur Lehrbücher, Wörterbücher | 10,5 | 9,0 | 37,7 | 26,0 | 16,8 |
| Authentische Texte | 8,5 | 13,9 | 39,2 | 24,7 | 13,7 |
| Bilder, Landkarten, Poster | 10,3 | 20,4 | 34,5 | 22,2 | 12,6 |
| Grafiken, Tabellen | 16,8 | 25,1 | 30,5 | 18,6 | 9,0 |

Tab. 5: Die für den bilingualen Unterricht wichtigen Lehr- und Lernmittel aus Sicht der Schüler:innen

Tabelle 5 zeigt die Meinungen der Proband:innen über die Bedeutung der *neuen Technologien* sowie der Video- und Audiomaterialien für das integrierte Lernen, wobei an dieser Stelle auch betont werden sollte, dass die Einschätzung dieser Parameter die höchsten Werte aufweist. Den Forschungsdaten zufolge sind die Schüler:innen mit dem Einsatz des Computers im bilingualen Unterricht immer (42,7 %) oder oft (30,7 %) einverstanden, während ein gleicher Anteil der Befragten auch der Anwendung solcher Lernwerkzeuge wie Online-Materialien voll (41,9 %) oder eher (31,8 %) zustimmt. Die Bedeutung des Einsatzes vom Audiomaterial in einem bilingualen Unterricht liegt nicht weit dahinter: zwei Fünftel der Lernenden (40,1 %) gaben diesem Lernwerkzeug die höchsten Bewertungen. Darüber hinaus wurde auch die Relevanz der visuellen Lehr- und Lernmittel von den Probanden ähnlich hoch bewertet, weil fast zwei Fünftel der Lernenden (38,6 %) sie als sehr wichtig und 31,6 % als wichtig für den bilingualen Unterricht betrachteten.

Wie Tabelle 5 verdeutlicht, stimmen fast zwei Fünftel der Befragten (39,2 %) nur teilweise zu, dass die Verwendung authentischer Texte im bilingualen Unterricht von großer Bedeutung ist, weil sie sich vielleicht dessen bewusst sind, dass solches Lernmaterial schwer verstanden werden könnte. Fast ebenso viele Umfrageteilnehmer:innen (37,7 %) würden in einem gewissen Maße auch akzeptieren, dass nur ein Lehrbuch oder ein Wörterbuch beim integrierten Fach- und Sprachlernen verwendet wird. Die Datenanalyse ergab demnächst, dass es Schüler:innen gibt, die häufiger zum Teil damit einverstanden sind, dass solche Lernwerkzeuge wie Bilder, Landkarten, Poster (34,5 %), nur visuelle Mittel

(31,8 %) oder Grafiken und Tabellen (30,5 %) beim Lernen im CLIL-Unterricht bedeutsam sind.

Den Daten in Tabelle 5 zufolge schätzen die Schüler:innen den Einsatz von visuellen Lehr- und Lernmitteln wie Bilder, Karten, Poster oder Grafiken und Tabellen im integrierten Unterricht nicht besonders hoch. Darüber hinaus bekommen diese zwei Parameter(-gruppen) auch die meisten negativen Bewertungen. Wie die Tabelle veranschaulicht, stimmen die Befragten überhaupt nicht (16,8 %) oder eher nicht (25,1 %) zu, dass Tabellen und Grafiken ein wichtiges Lernwerkzeug beim integrierten Sprach-und-Fach-Lernen sind. Eine ähnliche Verteilung der Prioritäten ergibt sich auch bei der Verwendung von Bildern, Karten und Postern: Ausgehend von den Erhebungsdaten sind diese Lerntools aus der Sicht der Befragten im CLIL-Unterricht eher nicht (20,4 %) oder überhaupt nicht (10,3 %) relevant.

Diese Tendenz war etwas überraschend, da es Studien (vgl. Martial/Ladenthin 2002: 107; Schönfeldt 2005: 296; Müller-Bittner 2008: 55; Wildhage/Otten 2009: 38; Mačianskienė et al. 2012: 125; Leisen 2015a: 39; Quartapelle/Wolff 2016: 192) gibt, die die Bedeutung und den Nutzen dieser visuellen Lehr- und Lernmittel in einem bilingualen Unterricht belegen. Möglicherweise schenken die Lehrkräfte diesem Unterrichtsmaterial nicht genügend Aufmerksamkeit, aber dafür gibt es in Tabelle 1 keine Hinweise. Es ist auch möglich, dass sich die Lernenden auf die Anwendung neuer Technologien konzentrieren.

Weiterhin war es wichtig herauszufinden, wie die Parameter, die die Ansichten der Schüler:innen über die relevanten Unterrichtsmaterialien in einem bilingualen Unterricht zeigen, miteinander zusammenhängen (siehe Tabelle 6).

| Nr. | | 1 | 2 | 3 | 4 | 5 | 6 | 7 | 8 | 9 |
|---|---|---|---|---|---|---|---|---|---|---|
| 1 | Nur Lehrbücher, Wörterbücher | 1 | | | | | | | | |
| 2 | Nur visuelle Mittel | ,536** | 1 | | | | | | | |
| 3 | Authentische Texte | ,356** | ,351** | 1 | | | | | | |
| 4 | Bilder, Landkarten, Poster | ,179** | ,226** | ,227** | 1 | | | | | |
| 5 | Grafiken, Tabellen | ,212** | ,196** | ,292** | ,722** | 1 | | | | |
| 6 | Videomaterialien | ,141** | ,386** | ,166** | ,322** | ,247** | 1 | | | |
| 7 | Audiomaterialien | | ,274** | ,257** | ,224** | ,212** | ,782** | 1 | | |

*(Fortsetzung)*

| Nr. | | 1 | 2 | 3 | 4 | 5 | 6 | 7 | 8 | 9 |
|---|---|---|---|---|---|---|---|---|---|---|
| 8 | Compu-terpro-gramme | | ,240** | ,154** | ,230** | ,151** | ,602** | ,568** | 1 | |
| 9 | Online-Materialien | | ,232** | ,174** | ,202** | ,151** | ,538** | ,566** | ,821** | 1 |

Tab. 6: Korrelationsmatrix der Variablen[3]

Wie aus Tabelle 6 ersichtlich ist, weisen fast alle Parameter die statistisch signifikanten Korrelationen auf, deren Stärke von schwach bis sehr stark schwankt. Die Analyse der Daten ergab, dass die neuen Informationstechnologien für die Befragten am attraktivsten sind, sodass die Schüler:innen den Einsatz des Computers im bilingualen Unterricht am meisten schätzen und Online-Materialien sehr häufig als ein wichtiges Medium betrachten ($\rho$ = .821, p = .000). Der Parameter des Einsatzes der Computerprogramme korreliert auch stark mit dem Einsatz der Video- ($\rho$ = .602, p = .000) und Audiomaterialien ($\rho$ = .568, p = .000). Darüber hinaus zeigte sich auch eine starke Korrelation zwischen den Parametern Videomaterialien und Höraufgaben ($\rho$ = .782, p = .000), d. h. die Lernenden, die es wichtig fanden, sich im integrierten Fach- und Sprachunterricht mit Videomaterialien zu beschäftigen, hielten es auch für notwendig, Höraufgaben zu machen.

Es wurde schon erwähnt (siehe die Datenbeschreibung in Tabelle 5), dass die Probanden die Verwendung von visuellen Lehr- und Lernmitteln wie Karten, Bilder, Poster sowie Grafiken und Tabellen im integrierten Unterricht nicht besonders hoch bewerten, aber diese Parameter demonstrieren sehr starke statistisch signifikante Korrelationen ($\rho$ = .722, p = .000). Die Tabelle 6 zeigt auch, dass die Befragten, die eine häufigere Verwendung eines Lehrbuchs im bilingualen Unterricht schätzen, auch eher dazu tendieren, nur visuelle Lernmittel zu bevorzugen ($\rho$ = .536, p = .000).

Zusammenfassend lässt sich feststellen, dass die wichtigsten Lehr- und Lernmittel im bilingualen Unterricht aus der Sicht von Umfrageteilnehmenden die neuen Technologien (z. B. Computerprogramme und Online-Materialien) sind. Für das Erlernen von Sprachen könnten Video- und Audiomaterialien ebenso hilfreich sein, und diese beiden hochrangigen Parameter weisen auch starke Korrelationen auf. Es liegt auf der Hand, dass die Schüler:innen die Bedeutung des Lesens authentischer Texte in einer Fremdsprache anzweifeln, und die gleiche Tendenz gilt für die überwiegende Verwendung von Lehrbuchmaterialien. Darüber hinaus zeigte die Untersuchung, dass die Befragten Zweifel an

---

3  **Die Korrelation ist auf dem 0,01 Niveau (2-seitig) signifikant.

der Bedeutung des Einsatzes visueller Lehr- und Lernmittel wie Karten, Bilder, Poster, Grafiken und Tabellen im integrierten Fach- und Sprachunterricht hatten.

## 6. Fazit

Wirtschaftliche und soziokulturelle Prozesse sowie die Globalisierung eröffnen und erfordern neue Möglichkeiten zur Entwicklung der Mehrsprachigkeit, wobei der integrierte Fach- und Sprachunterricht zu einer der wirksamsten Methoden wird, die hilft, diese Grundidee zu verwirklichen. Da sich diese Art des Lehrens und Lernens in Litauen noch in der Entwicklungsphase befindet, stoßen Lehrkräfte auf gewisse Schwierigkeiten, wenn sie versuchen, diese innovative Methode im Unterricht anzuwenden. Eines dieser Probleme ist der Mangel an Lehr- und Lernmitteln, der nicht nur von Forscher:innen und Pädagog:innen in Litauen, sondern auch in anderen Ländern hervorgehoben wurde. Da der integrierte Fach- und Sprachunterricht die Didaktik mehrerer Fächer kombiniert, muss diese Besonderheit bei der Erstellung von Materialien berücksichtigt werden, um sicherzustellen, dass die Qualität des Unterrichts nicht beeinträchtigt wird und die angestrebten Lernziele somit erreicht werden.

Um herauszufinden, welche Ansichten die Probanden über die Lehr- und Lernmaterialien haben, die beim bilingualen Lernen benötigt werden, wollten die Autoren der vorgelegten Studie feststellen, welche Lehr- und Lernmittel von den Lehrer:innen in verschiedenen Fächern bevorzugt werden. Die Umfrage ergab, dass die Lehrkräfte am häufigsten das Lehrbuch benutzen, wobei die Lernenden auch den Einsatz innovativer Technologien wie Computerprogramme oder verschiedener Online-Materialien im Unterricht recht häufig erwähnten. Es ist zu bemerken, dass der hochrangige Parameter ›Lehrbuchmaterialien‹ keine statistisch signifikanten Korrelationen mit anderen Parametern aufwies. Dies lässt sich vermutlich damit erklären, dass das Lehrbuch ein häufig benutztes und übliches Unterrichtsmaterial für Lernende ist, das aber keinen oder einen schwachen Einfluss auf die Verwendung anderer Lehr- und Lernmittel hat. Darüber hinaus waren die Parameter ›innovative Technologien‹ durch ihre signifikanten Korrelationen auffällig, was darauf hindeutet, dass die Lehrkräfte dazu neigen, sich im Unterricht nicht auf eine einzige Technologie zu beschränken, sondern eine Vielzahl von ihnen einzusetzen.

Was die Aspekte angeht, die für das integrierte Fach- und Sprachlernen wichtig sind, erwähnten die Befragten vor allem die Bedeutung der korrekten Aussprache, während sie das Erlernen der Grammatik weniger hoch einschätzten. Nach dem CLIL-Ansatz sind diese beiden Parameter für das bilinguale Lernen relativ wenig relevant, darum scheint die Überschätzung der korrekten Aussprache fragwürdig zu sein. Die Umfragedaten offenbaren, dass sich die

Befragten der Bedeutung aller anderen sprachlichen Aktivitäten bewusst sind, und sie möchten im CLIL-Unterricht ihre Lese-, Hör- und Schreibfähigkeiten verbessern und Fachbegriffe in einer Fremdsprache lernen. Darüber hinaus weisen alle diese Parameter starke oder mäßig starke Korrelationen auf. Es sollte angemerkt werden, dass die Proband:innen solche Aktivitäten wie nur das Üben des Sprechens oder nur das Lernen des Fachwortschatzes nicht als sehr wichtig betrachten, weil sie möglicherweise vermuten, dass diese allein für eine effektive Kommunikation über die Fachthemen unzureichend sind.

Die Analyse der Ansichten der Schüler:innen über die Lehr- und Lernmittel ergab, dass die Lernenden den Einsatz innovativer Technologien bevorzugen. Was die Bedeutung von Video- und Audiomaterialien angeht, gab es kaum größere Unterschiede aus der Sicht der Befragten. Die Forschungsdaten zeigen deutlich, dass diese Parameter, die von den Lernenden sehr geschätzt werden, sehr starke oder starke statistisch signifikante Korrelationen aufweisen. Offensichtlich nehmen die Befragten der Studie an, dass die angewendeten Lehr- und Lernmittel sowie Methoden, die beim Sprachenlernen wichtig sind, auch im CLIL-Unterricht bedeutsam sein könnten.

Etwas überraschend waren die Ergebnisse zum Einsatz von visuellen Mitteln, wie Bilder, Karten, Poster sowie Grafiken und Diagramme, die als Lehr- und Lernmittel von Umfrageteilnehmer:innen als mäßig wichtig angesehen wurden, obwohl eine Reihe von Studien die positiven Auswirkungen der visuellen Materialien auf die Leistungen und die Motivation der Befragten gezeigt hat. Dies könnte vielleicht darauf zurückgeführt werden, dass diese Lehr- und Lernmittel nicht so oft beim Lernen von verschiedenen Fächern verwendet werden.

Die Tendenzen in der durchgeführten Studie legen nahe, dass weitere Forschungen erforderlich sind, um ein umfassenderes Bild vom CLIL-Einsatz zu erhalten. Deswegen wäre es nützlich, die Schüler:innen Litauens, die am integrierten Fach- und Sprachunterricht teilnehmen oder Erfahrungen damit haben, zu befragen und ihre Ansichten über die Lehr- und Lernmittel weiter zu erforschen.

## Bibliographie

Bacon, Karin (2018): *Curriculum Integration*. Marino Institute of Education. URL: https://ncca.ie/media/3499/seminar-two_bacon-paper.pdf [Zugriff am 16.11.2022].

*Bendrųjų programų atnaujinimo gairės* (2019). URL: https://www.nsa.smm.lt/wp-conten t/uploads/2020/01/bendruju-programu-atnaujinimo-gaires_internetine-versija.pdf [Zugriff am 16.11.2022].

Coyle, Do (2005): *CLIL: Planning Tools for Teachers*. Nottingham: University of Nottingham.

Coyle, Do / Hood, Philip / Marsh, David (2010): *Clil–Content and language integrated learning*. Cambridge: Cambridge University Press.

Drake, Susan M. / Savage, Michael J. / Reid Joanne L. / Bernard, Michelle L. / Beres, Jacqueline (2015): *An exploration of the policies and practice of transdisciplinarity in the IBPYP Programme*. URL: https://ibo.org/globalassets/new-structure/research/pdfs/an -exploration-of-the-policy-and-practice-of-transdisciplinarity-in-the-pyp-final-repor t.pdf [Zugriff am 16.11.2022].

EURYDICE (2006): *Content and Language Integrated Learning (CLIL) at School in Europe*. Brüssel: Eurydice European Uni.

Finkbeiner, Claudia / Fehling, Sylvia (2002): *Bilingualer Unterricht: Aktueller Stand und Implementierungsmöglichkeiten im Studium*. In: Finkbeiner, Claudia (Hrsg.): *Bilin gualer Unterricht*. Hanover: Schroedel Verlag, S. 9–23.

*Geros mokyklos koncepcija* (2015). URL: https://e-seimas.lrs.lt/portal/legalAct/lt/TA D/46675970a82611e59010bea026bdb259?jfwid=32wf90sn [Zugriff am 16.11.2022].

IDUKM 2013 = *IDUKM (Dalyko ir užsienio kalbos integruoto mokymosi) gairės* (2013). URL: https://www.smm.lt/uploads/documents/veikla/1/IDKM%20gair%C4%9 7s.pdf [Zugriff am 16.11.2022].

*Integruotas dalyko ir užsienio kalbos mokymas* (2006). Vilnius: Švietimo ir mokslo ministerija.

Jakavonytė-Staškuvienė, Daiva (2017): *The policy of integrated languages didactics in Lithuania*. In: Problemy wczesnej edukacji, 37 (2), S. 111–122.

*Kalbų mokymo politikos aprašas* (2006). Vilnius: Švietimo aprūpinimo centras.

Kalvaitis, Albinas (2014): *Vadovėlį papildančių mokymo priemonių naudojimo tendencijos Lietuvos bendrojo ugdymo mokyklų pamokose*. In: Acta Paedagogica Vilnensia, 32, S. 147–160.

Kalvaitis, Albinas (2018): *Mokymo ir mokymosi priemonių naudojimo pamokose praktika ir pokyčiai Lietuvos bendrojo ugdymo mokyklose*. URL: https://www.nsa.smm.lt/wp-con tent/uploads/2020/07/Mokymo-ir-mokymosi-priemoniu-naudojimas-pamokose.pdf [Zugriff am 16.11.2022].

Kvieskienė, Giedrė / Vyšniauskaitė, Marija (2017): *Integruoto turinio plėtra: socialinio ugdymo(si) diskursas*. In: Socialinis ugdymas, 46 (2), S. 6–23.

Kuhn, Jochen / Ropohl, Mathias / Groß, Jorge (2017): *Fachdidaktische Mehrwerte durch Einführung digitaler Werkzeuge*. In: Meßinger-Koppelt, Jenny / Schanze, Sascha / Groß, Jorge (Hrsg.): *Lernprozesse mit digitalen Werkzeugen unterstützen: Perspektiven aus der Didaktik naturwissenschaftlicher Fächer*. Hamburg: Joachim Herz Stiftung Verlag, S. 11–32.

Le Pape Racine, Christine (2006): *Der stetige Aufstieg der Immersion in den Schulen Europas*. In: Babylonia, 2, S. 17–20.

Leisen, Josef (2015a): *Lehrmaterialien im CLIL-Unterricht*. In: Zeitschrift für Interkulturellen Fremdsprachenunterricht, 20 (2), S. 38–44.

Leisen, Josef (2015b): *Zur Integration von Sachfach und Sprache im CLIL-Unterricht*. In: Rüschoff, Bernd / Sudhoff, Julian / Wolff, Dieter (Hrsg.): *CLIL Revisited: Eine kritische Analyse des gegenwärtigen Standes des bilingualen Sachfachunterrichts*. Frankfurt am Main: Peter Lang, S. 225–244.

Lenz, Peter (2008): *Integrierte Sprachendidaktik - spezifische Lernziele - vielfältige Beurteilungsmöglichkeiten*. In: Babylonia, 16 (1), S. 29–34.

Mačianskienė, Nemira / Bijeikienė, Vilma / Budvytytė-Gudienė, Aina / Jankauskaitė, Aušra / Pundziuvienė, Daiva / Vaitekūnaitė, Angelė / Voronova, Larisa / Zutkienė, Lina (2012): *Integruoto dalyko ir užsienio kalbos (anglų, vokiečių ir prancūzų) mokymo didaktinių kompetencijų ugdymas.* Kaunas: Užsienio kalbų institutas.

Martial, Ingbert v. / Ladenthin, Volker (2002): *Medien im Unterricht. Grundlagen und Praxis der Mediendidaktik.* Hohengehren: Schneider.

May, Birgit / Jokiaho, Annika / Rößler, Susanne (2014): *Entwicklung interaktiver Unterrichtsmaterialien für den bilingualen Unterricht. Vorstellung des multilateralen Projekts ›Intact‹.* In: Spary, Christiane (Hrsg.): *E-Learning: Bildung 2.0? Anforderungen auf dem elektronischen Weg der individualisierten Lernumgebung. TRANSFER: Band 9.* Berlin: RabenStück Verlag, S. 228–245.

Mehisto, Peeter (2012): *Criteria for producing CLIL learning material.* In: Encuentro, 21, S. 15–33.

Mehisto, Peeter / Marsh, David / Frigols, Martín / María, Jesús (2009): *Uncovering CLIL.* Oxford: Macmillan Education.

Müller-Bittner, Anke (2008): *Rezeption und Verwendung geographischer Lehr- und Lernmaterialien im bilingualen Sachfachunterricht – Interviewstudie mit Lehrkräften des deutsch-französischen Erdkundeunterrichts in Nordrhein-Westfalen und Rheinland-Pfalz.* Eine unveröffentlichte Doktorarbeit, Universität Bochum, DOI: 10.23689/fidgeo-448.

Quartapelle, Franca / Wolff, Dieter (2016): *Facharbeit oder sprachorientierter Fachunterricht?* In: Garotti, Federica Ricci / Zanin, Renata (Hrsg.): *Aufgaben-, handlungs- und inhaltsorientiertes Lernen (CLIL).* Bd. 9, Bozen-Bolzano University Press, S. 179–193.

Schlemminger, Gerald (2013): *Ein Sachfach in einer Fremdsprache unterrichten – Versuch einer Verortung.* In: Info DaF, 4, S. 377–387.

Schönfeldt, Claudia (2005): *Die Rolle der Visualisierung im bilingualen deutsch-englischen Erdkundeunterricht.* Eine unveröffentlichte Doktorarbeit, Universität Braunschweig. URL: https://leopard.tu-braunschweig.de/servlets/MCRFileNodeServlet/dbbs_derivate_00000005/Document.pdf [Zugriff am 16.11.2022].

Targamadzė, Vilija / Nauckūnaitė, Zita / Stonkuvienė, Irena / Česnavičienė, Jūratė / Šimelionienė, Aida / Venclovienė, Jurgita (2010): *12–14 metų mokinių mokymo(si) didaktinės problemos ir jų sprendimo galimybės.* Vilnius: LR Švietimo ir mokslo ministerija.

Vilkonienė, Margarita (2009): *Papildytos realybės technologija grįstos mokymo(si) priemonės vertinimas: edukacinis veiksmingumas tradicinių priemonių kontekste.* In: Jaunųjų mokslininkų darbai, 1 (22), S. 207–216.

Vollmer, J. Helmut (2010): *Bilingualer Sachfachunterricht als Inhalts- und als Sprachlernen.* In: Bach, Gerhard / Niemeier, Susanne (Hrsg.): *Bilingualer Unterricht. Grundlagen, Methoden, Praxis, Perspektiven.* 5., überarbeitete und erweiterte Auflage. Frankfurt a. M.: Peter Lang Verlag, S. 47–70.

Wildhage, Manfred / Otten, Edgar (2009): *Praxis des bilingualen Unterrichts.* Berlin: Cornelsen Verlag.

Wolff, Dieter (2011): *Der bilinguale Sachfachunterricht (CLIL): Was dafür spricht, ihn als innovatives didaktisches Konzept zu bezeichnen.* In: ForumSprache, 6, S. 75–83. URL: http://www.hueber.de/sixcms/media.php/36/978-3-19-596100-4_ForumSprache_62011_Kontroversen_Artikel05.pdf [Zugriff am 16.11.2022].

## Anhang: Fragebogen

Welche Lehr- und Lernmittel werden im Unterricht von den Lehrkräften verschiedener Fächer, die Sie in der Schule lernen, eingesetzt?

| | stimme überhaupt nicht zu | stimme eher nicht zu | stimme teilweise zu | stimme eher zu | stimme voll zu |
|---|---|---|---|---|---|
| Die Lehrperson setzt Lehrbücher, Nachschlagewerke im Unterricht ein. | | | | | |
| Im Klassenzimmer benutzen wir Bilder, Landkarten, Poster. | | | | | |
| Beim Unterrichten verwendet der Lehrer/ Lehrerin Grafiken, Tabellen. | | | | | |
| Wir schauen Lernvideos im Unterricht. | | | | | |
| Wir hören Audiotexte im Unterricht. | | | | | |
| Beim Lernen verwenden wir verschiedene Computerprogramme. | | | | | |
| Wir nutzen zusätzliche digitale Lehr- und Lernmaterialien. | | | | | |

Welche sprachlichen Fähigkeiten würden Sie gerne in einem CLIL-Unterricht fördern/verbessern?

| Es wäre wichtig, in einem CLIL-Unterricht ... | stimme überhaupt nicht zu | stimme eher nicht zu | stimme teilweise zu | stimme eher zu | stimme voll zu |
|---|---|---|---|---|---|
| Aufgaben zum Üben der Aussprache zu machen. | | | | | |
| Fachbegriffe in einer Fremdsprache zu lernen, den Fachwortschatz zu erweitern. | | | | | |
| Grammatikübungen zu machen, Grammatikregeln zu festigen und zu wiederholen. | | | | | |

*(Fortsetzung)*

| Es wäre wichtig, in einem CLIL-Unterricht ... | stimme überhaupt nicht zu | stimme eher nicht zu | stimme teilweise zu | stimme eher zu | stimme voll zu |
|---|---|---|---|---|---|
| verschiedene schriftliche Aufgaben zu machen, Texte in einer Fremdsprache zu schreiben. | | | | | |
| sich mit den Aufgaben zum Leseverstehen zu befassen. | | | | | |
| Aufgaben zum Hörverstehen zu machen. | | | | | |
| sich meistens nur mit dem Üben des Sprechens zu befassen. | | | | | |

Welche Lehr- und Lernmittel würden Sie als wichtig für einen bilingualen Unterricht ansehen?

| Es wäre für mich wichtig/nützlich, ... | stimme überhaupt nicht zu | stimme eher nicht zu | stimme teilweise zu | stimme eher zu | stimme voll zu |
|---|---|---|---|---|---|
| nur Lehrbücher, Wörterbücher zu verwenden, weil es meistens genug ist. | | | | | |
| nur zusätzliche visuelle Mittel zu benutzen, weil es meistens genug ist. | | | | | |
| sich mit den authentischen Texten zu befassen. | | | | | |
| Bilder, Landkarten, Poster beim Lernen zu benutzen. | | | | | |
| Grafiken, Tabellen zu verwenden. | | - | | | |
| sich Videofilme anzuschauen und Aufgaben zu machen. | | | | | |
| Audiotexte zu bestimmten Themen zu hören. | | | | | |

*(Fortsetzung)*

| Es wäre für mich wichtig/nützlich, … | stimme überhaupt nicht zu | stimme eher nicht zu | stimme teilweise zu | stimme eher zu | stimme voll zu |
|---|---|---|---|---|---|
| Verschiedene Computerprogramme, spielerische Lern-Plattformen zu verwenden. | | | | | |
| Online-Plattformen, Chats, Lern-Apps, verschiedene digitale Lehr- und Lernmaterialien einzusetzen. | | | | | |

Barbara Widawska (Uniwersytet Pomorski w Słupsku)

# Reflexives geschichtskulturelles Lernen und Sprachbildung im philologischen Studium in Zeiten des digitalen Wandels

**Abstract**

**Reflective Historical-Cultural and Language Education in Philological Studies in Times of Digital Changes**

Content and Language Integrated Learning (CLIL) is becoming an increasingly important educational requirement. This issue is also raised in this article, which presents a pilot project focused on the acquisition of historical and cultural knowledge in a foreign language by students of the 2nd year of German Philology. The assumption that it is possible to contribute to a more effective acquisition of a foreign language and simultaneously sharpen a critical view of the subject content, if it is made the subject of reflection, is confirmed by the findings of the project. Therefore, it is suggested that the development of reflective competence should find its place in the modification of the educational program in philological studies.

**Keywords:** historical-cultural education, foreign language study, reflection, historical consciousness, culturally reflexive learning

**Schlüsselwörter:** geschichtskulturelles Lernen, Philologie-Studium, Reflexion, Geschichtsbewusstsein, kulturreflexives Lernen

## 1. Einleitung

Die explizite Berücksichtigung des Sprachlernens im Fachunterricht gewinnt heutzutage immer mehr an Bedeutung. Lernen in einer Fremdsprache bedeutet daher, eine Sprache nicht nur als Mittel der Kommunikation, sondern auch als Instrument des Lernens einzusetzen. Vor dieser Herausforderung stehen die Germanistikstudierenden, von denen erwartet wird, dass sie an den in der Zielsprache geführten Diskursen aktiv teilnehmen und als Fachleute für Kulturtransfer ausgebildet werden. Dies ist jedoch schwer zu erreichen, da Germanistik in Polen seit einigen Jahren zu einem eher Zweit- oder sogar Drittwunschstudiengang geworden ist. Das hat zu einer rapiden Senkung der Anforderungen gegenüber Studienanfängern geführt, wodurch viele Studierende

Schwierigkeiten haben, das erforderliche Sprachniveau zu erreichen und im germanistischen Fachunterricht häufig überfordert sind. Die fremdsprachlichen Defizite der Lernenden hemmen wiederum deren Leistung nicht nur im fachlichen, sondern auch im sprachlichen Lernen.

Ausgehend von diesen Überlegungen wird im vorliegenden Beitrag ein Pilotprojekt vorgestellt, das sich auf kulturgeschichtliches und sprachliches Lernen im hochschuldidaktischen Kontext konzentriert. Die Grundlage für das Projekt bildete die Annahme, dass man im Fachunterricht zum Spracherwerb der Studierenden beitragen und zugleich ihren Blick auf die fachbezogenen Themen schärfen kann, indem man verschiedene Dimensionen der Sprache und den geschichtskulturellen Inhalt explizit zum Reflexionsgegenstand macht. Anstatt Daten und Fakten auswendig zu lernen, werden die Germanistikstudierenden dazu angeregt, Orientierungsfragen zu beantworten, neue Fragen zu generieren und kritische Reflexionen anzubringen. Dabei wird auch untersucht, welche Lernangebote die Fähigkeit zum reflexiven geschichtskulturellen Lernen in einer Fremdsprache fördern können, um so auch interkulturelle Kompetenzen der Studierenden zu stärken.

## 2.    Zusammenhänge zwischen geschichtskulturellem und sprachlichem Lernen im Germanistikstudium

Wenn man die wachsende Präsenz historischer Ereignisse im öffentlichen Raum betrachtet, bezieht man sich heute zumeist auf folgende Aspekte: Einerseits wird Geschichte zum Zwecke der Unterhaltung (Entertainment) und des Tourismus in Gebrauch genommen, andererseits dient sie der Orientierung in historischen Situationen im Hinblick auf Zukunftsfragen, z. B. in den Diskussionen um ein vereintes Europa oder das Recht der Ukrainer auf einen eigenen Staat.

Die Nähe der Fächer Geschichte und Kulturgeschichte zum Sprachlernen im Rahmen des Germanistikstudiums ergibt sich vor allem aus dem Stellenwert der geschichtskulturellen Thematik für zukünftige Deutschlehrer:innen und Kulturvermittler:innen. Die Entfaltung der Orientierungskompetenz in der Zielkultur gilt als wichtiges Ziel fremdsprachlicher Bildung, was wiederum den Aufbau der historischen Kompetenz erfordert. Das Fremdverstehen als Ziel eines interkulturellen Sprach- und Kulturunterrichts bleibt – wie Wierlacher (2003: 511) hervorhebt – »ohne historische Kenntnisse letztlich leer«. Auch Hartung (2013: 335) betont, dass Geschichte als Umgang mit geschichtlichen Ereignissen eine sprachlich organisierte Form des Wissens ist, das nur über textuelle Strukturen vermittelt werden kann. Texte, die historische Fragen behandeln, können nur im historischen Kontext interpretiert werden. Somit dienen sie als

Voraussetzung und Grundlage für eine Schulung dessen, was Pandel (2013: 222) mit dem Begriff *geschichtskulturelle Kompetenz* umschreibt. Folgt man seiner Definition, so sind die Lernenden geschichtskulturell kompetent, wenn sie die Fähigkeit haben, »sich in dem durch Geschichte geprägten Teil der Kultur zu bewegen, d. h. sich in der Vielzahl von kulturellen Situationen, Inszenierungen, Tourismus, Verarbeitungen und auch Kommerzialisierungen bewusst – geschichtsbewusst – zu bewegen« (Pandel 2013: 233). Im Prozess der Aufnahme und Verarbeitung von Informationen wird narrativer Kompetenz und Interpretationskompetenz die Schlüsselrolle im Geschichtsunterricht zugewiesen. Die narrative Kompetenz wird von Pandel (2010: 127) als die Fähigkeit »aus zeitdifferenten Ereignissen durch Sinnbildung eine kohärente Geschichte herzustellen und mit erzählter Geschichte umzugehen« definiert. Dies kann erfolgen, indem Ereignisse sinnverbindend in Form von Geschichte(n) dargestellt werden. Die Interpretationskompetenz bedeutet dagegen die Fähigkeit, »kulturellen Gebilden menschlicher Lebensäußerungen (Texte, Bilder, Gegenstände etc.)« (Pandel 2013: 223) Sinn zu entnehmen.

Somit bleiben die oben genannten Kompetenzen auch unter fremdsprachlichen Bedingungen aktuell und relevant. Hiermit kann das Kompetenzmodell für kulturhistorisches Lernen von Pandel (2010; 2013) auch für Fremdsprachendidaktiker:innen von Interesse sein, da der narrative Einsatz einer Fremdsprache im Lernprozess das kontinuierliche Wachstum der sprachlichen Kompetenz und die ständige Aktivierung der kognitiven Prozesse bei der Aktualisierung des Gelernten (eng. *deep learning*) bestimmt. Die narrative Kompetenz kann also hier als Schnittstelle zwischen fremdsprachlichem und geschichtskulturellem Lernen betrachtet werden. Aufgrund sprachlicher Defizite verlieren die Studierenden jedoch oft den Blick auf fachliche Inhalte, sodass die akute Notwendigkeit entsteht, auch im Fachunterricht einen Beitrag zur integrativen Förderung der Sprachbeherrschung zu leisten. In diesem Zusammenhang hat Leisen (2010) den Begriff *sprachsensibler Fachunterricht*[1] geprägt, der bedeutet, dass im Unterricht bewusst darauf geachtet wird, wie die Sprache als Mittel des Denkens und Kommunizierens eingesetzt wird, um fachliches und sprachliches Lernen miteinander zu verknüpfen. Die Verbindung von sprachlichen und inhaltlichen Lernprozessen ist bereits lange konzeptuell verankert und als erfolgreiches Unterrichtsmodell kann hier *bilingualer Sachfachunterricht* (eng. *CLIL*) betrachtet werden. Bilingualer Geschichtsunterricht war bisher jedoch vorrangig ein Forschungsfeld der Fremdsprachendidaktik. Mittlerweile übernimmt die Geschichtsdidaktik immer häufiger die Verantwortung für den sprachsensiblen Geschichtsunterricht (vgl. mehr dazu: Pandel 2010; Handro 2013; Hartung 2013).

---

1 Von Vollmer und Thürmann (2013: 42) wird die integrative Sprachförderung auch als *sprachbewusster Fachunterricht* bezeichnet.

Der Unterschied zwischen dem sprachsensiblen und bilingualen Geschichtsunterricht besteht darin, dass die Profilierung eines sprachsensiblen Geschichtsunterrichts nicht nur dem fremdsprachlichen, sondern vor allem dem historischen Lernen gerecht wird.

## 3.    Reflexion beim geschichtskulturellen Lernen

Der Begriff *Reflexion* wird in vielfältigen Bedeutungsfacetten verwendet und
kann je nach dem Kontext und Anwendungsbereich unterschiedliche Ausrich-
tungen haben. Daher erweist es sich als schwierig, eine allgemeingültige Definition von Reflexion zu finden. Man kann jedoch davon ausgehen, dass sich beim
Fach- und Sprachlernen die reflexiven Prozesse vor allem auf die Beobachtung
der eigenen Lernoperationen im Sinne von Schön (1983) beziehen (Wie wird
gelernt?). Das Bewusstmachen von Lehr- und Lernprozessen sollte Lernende zur
Einsicht in die eigenen Lernziele und Lernwege führen. Zweitens kann reflexives
Lernen auch als aktiver und selbstgesteuerter Prozess der Informationsverar-
beitung verstanden werden, der (zumindest am Anfang) einer ständigen Unterstützung der Lehrenden bedarf (Was wird gelernt?). Drittens kann Reflexion
als bewusstes und vertieftes Nachdenken, basierend auf dem Werk von Dewey
(1933), betrachtet werden, das zu konkreten Schlussfolgerungen führt. Hierbei
reflektieren die Lernenden über die vermittelten Lerninhalte. Von daher wird für
das vorliegende Projekt diese Ausrichtung des Begriffs *Reflexion* als Grundlage
verwendet. Bei dieser Art von Reflexion wird vor allem erwartet, dass neue
Denkmuster geformt, bekannte Sachverhalte aus einer anderen Perspektive betrachtet, sowie Recherchen nach neuem Wissen angestellt werden. Somit wird
Reflexion sowohl in der aktuellen Fremdsprachendidaktik (Myczko 2015) als
auch in der Geschichtsdidaktik (Pandel 2010) als Schlüsselphänomen angesehen.
   Das Anliegen des historischen Lernens besteht darin, »das zu lehren, was
(kaum) ein anderes Fach zu leisten imstande ist, [nämlich]: sich durch »historisches Denken« in ein reflektiertes Verhältnis zur Geschichte zu setzen oder
besser: das eigene Geschichtsbewusstsein in ein »reflektiertes« zu verwandeln«
(Krammer 2002: 1). Somit hat sich die Geschichtsdidaktik zum Ziel gesetzt, die
Entwicklung eines *reflektierten Geschichtsbewusstseins* als ihre aktuelle Grund-
kategorie zu fördern. Unter diesem Begriff versteht man nach Jeismann (1997:
42) »mehr als bloßes Wissen oder reines Interesse an der Geschichte«. Geschichtsbewusstsein »umgreift […] den Zusammenhang von Vergangenheits-
deutung, Gegenwartsverständnis und Zukunftsperspektive« (ebd.). Hierbei wird
der Reflexion eine große Relevanz zugeschrieben, da historische Kenntnisse allein für die Entstehung eines Geschichtsbewusstseins nicht ausreichen. Vielmehr
muss man sich bewusst werden, dass diese drei Zeitebenen in einem Wechsel-

verhältnis zueinander stehen und dass man seine Gegenwart nur unter Einbezug der Vergangenheit deuten muss, was sich letztlich auch auf zukünftiges Handeln auswirkt. Mit der Kategorie des Geschichtsbewusstseins ist ein weiterer Zentralbegriff der Geschichtsdidaktik eng verbunden: *historisches Lernen*. Die meisten Didaktiker:innen verstehen *historisches Lernen* als eine bewusste Förderung eines reflektierenden Geschichtsbewusstseins. Handro (2013: 323) definiert mit Verweis auf Jeismann (1978) historisches Verstehen und *historisches Lernen* als reflexiven Erkenntnis- und Diskursprozess, der drei aufeinander aufbauende Dimensionen umfasst:

- Sachanalyse, die sich im Benennen und Beschreiben historischer Ereignisse manifestiert (Sachkompetenz),
- Sachurteil, das durch Erklären, Vergleichen und Argumentieren (Interpretation im historischen Kontext) formuliert werden soll,
- Werturteil, das durch persönliche Einstellungen argumentativ begründet und diskursiv verhandelt oder revidiert werden kann.

Die Reflexionskompetenz wird hier also als Fähigkeit zur Analyse, Interpretation und Beurteilung historischer Sachverhalte verstanden.

Impulse zur kulturbezogenen Reflexion können durch den Einsatz von reflexionsfördernden Lehr- und Lernhilfen sowie Lernstrategien gegeben werden. Einige Beispiele hierfür sind:

- Visualisierende Wissensdarstellungen (Einsatz von Bildern, Filmen, Fotos, Karikaturen, Gemälden), die die Informationsaufnahme und Wissenskonstruktion unterstützen[2],
- Lehr-Lernwechsel (eng. *Learnig by teaching*, dt. *Lernen durch Lehren*), bei dem die Studierenden durch die Übernahme von Lehrerfunktionen aktiviert werden, was ihre Lern- und Verstehensprozesse fördert. Sie als »Experten« haben die Möglichkeit, erarbeitetes Wissen an andere Studierende weiter zu vermitteln. Dadurch erkennen sie die Grenzen ihres eigenen Wissens und sammeln Erfahrungen, die zur Reflexion anregen sollten,
- Themenkreise statt Chronologie, problemorientierter Blick auf die Geschichte statt entproblematisierter Faktendarbietung, Multiperspektivität, Mitteilun-

---

2 Beispielsweise kann man eine Aufgabe zur Einübung einer Karikatureninterpretation einführen: Die Studierenden erhalten als Hilfestellung Hinweise zur Methode, die in drei Schritte unterteilt ist und zugleich die Struktur des zu produzierenden Textes vorgibt. 1. Schritt: Betrachten und Beschreiben: Hier sollen sich die Lernenden Fragen stellen: »Wer oder was ist auf dem Bild abgebildet?« oder »Was geschieht auf dem Bild?«, 2. Schritt: Einordnen: In diesem Schritt sollen die Studierenden den geschichtlichen Zusammenhang der Karikatur einordnen, 3. Schritt: Interpretieren: Hier sollen sich die Studierenden Fragen stellen: »[W]er oder was wird mit der Karikatur angegriffen?« und darauf aufbauend die Karikatur interpretieren (vgl. Ebertowski et al. 2012: 210).

gen, die Neugierde, Staunen oder Zweifel bei Rezipienten wecken (vgl. Krammer 2002),

– Nutzung des Fragenstellens von Studierenden, um zu erfahren, welche Aspekte der Unterrichtsthematik noch diskussionsbedürftig sind (vgl. Levin 2005: 202).

## 4.    Sprache als Lern- und Reflexionsgegenstand im Fach Geschichte

Im philologischen Studium sollen die Studierenden nicht nur die fremde Sprache, sondern auch ein konkretes Wissen in dieser Sprache erwerben. Wenn jedoch der fremdsprachliche Text als Instrument des Lernens nutzbar gemacht werden soll, muss man sich nicht nur die Frage stellen, »wie Inhalte als Vehikel für den Spracherwerb genutzt werden können, sondern auch [...], wie Lernende dabei unterstützt werden können, die Zweitsprache zur Bewältigung der komplexen sprachlichen Anforderungen im Sachunterricht einzusetzen« (Schmölzer-Eibinger 2007: 217). In diesem Zusammenhang erweist sich oft der Mangel an Fachlehrkräften, die zugleich Sprachlehrer:innen sind, als problematisch. Trotzdem ist es sinnvoll, den Unterricht sprachbewusst zu gestalten, wie Michalak, Lemke und Goeke (2015: 11) betonen. Dazu gehört, die sprachlichen Kompetenzen der Studierenden fachspezifisch zu erweitern, auf (fach-)sprachliche Strukturen und Sprachgebrauch aufmerksam zu machen, diese explizit zu beleuchten und gezielt zu betrachten.

Eine der Möglichkeiten der gezielten sprachlichen Förderung beim kulturhistorischen Lernen ist der traditionelle Weg über systemlinguistische Sprachkategorien, also lexikalisch-semantische und morpho-syntaktische Inventare, die für das gewählte Fachgebiet charakteristisch sind.[3] Ein weiteres nützliches sprachliches Angebot im fachlichen Kontext ist das so genannte *Scaffolding*, das als integrierendes Mittel zum Einsatz kommt, um das Fach- und Sprachlernen zu unterstützen. Dabei werden die Texte so konstruiert, dass sie den Lernenden als Gerüst beim Aufbau historischen Wissens und bei der Erstellung von Kommentaren oder Meinungsäußerungen dienen und gleichzeitig die Verbesserung der Sprachflüssigkeit sowie der sprachlichen Korrektheit fördern. Die Fokussierung auf Sprache und Inhalt wird gewährleistet durch:

---

3 Aus Platzgründen wird an dieser Stelle auf eine frühere Veröffentlichung zum Thema sprachsensibles Fachlernen (Widawska 2021) verwiesen, in der detailliert auf die bildungssprachlichen Indikatoren im Fach Geschichte eingegangen wird.

- Visualisierung, die den Lernenden hilft, die für das Thema entscheidende Lexik auf der Ebene einzelner Wörter und Sätze (typisch für historische Texte) wahrzunehmen,
- Vereinfachung des Textes, die die Unterscheidung und Anwendung der im Text vorhandenen grammatikalischen Formen ermöglicht,
- Mindmap-Technik, die kreatives Denken unterstützt. Hier folgt man dem Konzept des sprachsensiblen Fachunterrichts und so werden folgende Grundprinzipien in den Unterricht integriert: Die Sprache wird an die Kommunikationssituation angepasst, integrativ mit den fachlichen Inhalten erworben und funktional genutzt.

Bei sprachbezogenen Lernprozessen kann die reflexive Auseinandersetzung mit sprachlichen Aspekten zur Entwicklung von *Sprachbewusstheit* beitragen, die hier als das Ergebnis von Sprachreflexion verstanden wird. Der Begriff wird in der Fachliteratur sehr unterschiedlich aufgefasst. Andresen und Funke (2003: 439) definieren Sprachbewusstheit als die »Verfügbarkeit einer kognitiven Orientierung im Sprachgebrauch«. Auch Myczko (2015: 47 f.) weist darauf hin, dass dieser Begriff oft im Zusammenhang mit der Sensibilisierung für sprachliche Erscheinungen steht. Daher wird dem bewussten Nachdenken bei der Förderung von Sprachbewusstheit eine so wichtige Rolle beigemessen. Die Entwicklung von Sprachbewusstheit ist auch grundlegend für das sprachreflexive Lernen. Wenn beim fachlichen Lernen auch Sprache zum Thema gemacht wird, werden die Studierenden dazu angeregt, sich darüber Gedanken zu machen, in welchen fachlichen Kontexten man die Wörter, die man bereits aus der Alltagssprache kennt, verwenden kann.

## 5. Wie verändert der digitale Wandel das Sprach- und Geschichtslernen?

Der digitale Wandel hat tiefgreifende Veränderungen mit sich gebracht. Schon allein die Tatsache, dass die Nutzung digitaler Medien ein fester Bestandteil der Lebenswelt von Jugendlichen geworden ist, wirkt sich auf das Lernen aus. Die meisten Studierenden besitzen ein Smartphone und sind mittels »Hosentascheninternet« (Pallaske 2015: 137) ständig und überall online. Offensichtlich hat sich die digital geprägte Welt auch breitenwirksam in Fachdidaktiken etablieren müssen und die interdisziplinäre Diskussion über das Lernen mit digitalen Medien hat sich in den letzten Jahren spürbar belebt.

Durch schnelle Internetverbindungen ändert sich die Interaktion zwischen Lehrenden und Lernenden: Arbeitsblätter, Handouts und Aufgaben werden digital zur Verfügung gestellt. Filme, Dokumentationen, Bilder und Artikel aus dem Netz werden diskutiert, mit Linklisten wird gearbeitet und Kursteilnehmer:innen kommunizieren elektronisch untereinander. Für die meisten Studierenden dient das Internet als Hauptinformationsquelle über geschichtskulturelle Ereignisse. Laut der empirischen Analyse von Schwabe (2015: 36) suchen viele User:innen nur im Internet nach Informationen zu einem sie interessierenden Gegenstand. Ihre Recherche führt sie in der Regel über Suchmaschinen auf unterschiedlichste Webseiten, auf denen sie oft nur sehr kurz bleiben, um »nach Antworten auf ihre Frage(n) zu jagen und – bei Erfolg – die betreffende(n) Information(en) häppchenweise zu konsumieren, außerhalb sinnstiftender Kontexte« (ebd.). Eine ausführliche Beschäftigung mit einzelnen spezifischen Webangeboten steht dabei nicht im Fokus. Auch Pallaske (2015: 140) betont, dass bei der Nutzung der Internetseiten oft keine reflektierende Auseinandersetzung mit den kulturhistorischen Themen festgestellt wurde. Trotz dieser pessimistischen Stimmen zeichnen sich für das Geschichtslernen mit digitalen Medien jedoch auch sehr relevante Potenziale ab, auf die Pallaske (2015: 135 ff.) verweist:

- Aufhebung der Grenzen zwischen Denk- und Lernräumen durch das Internet,
- Veränderung historischer Narrative in Hypertextstrukturen,
- multimediale Darstellungsformen und eine veränderte Medienauswahl,
- Möglichkeiten zur Verknüpfung von Zeit und Raum, z. B. durch Konzepte des mobilen Lernens.

Die größten Innovationspotenziale des digitalen Wandels für das Fremdsprachenlernen sieht Bechtel (2019: 25) allen voran bei den Lerngegenständen (Unterrichtsthemen) und den Lernumgebungen. Die Möglichkeit des zumeist kostenlosen Zugriffs auf ein Angebot an authentischen, multimedialen zielsprachlichen Inhalten im Internet kann sich äußerst positiv auf den Lernprozess insbesondere der Philologie-Studierenden auswirken. Bechtel (2019: 25) verweist hierzu auf zwei wichtige Punkte im Bereich des Lese- und Hörverstehens sowie der Grammatikvermittlung. Zum einen können Online-Artikel, YouTube-Videos, Postcasts oder Blogs das Sprach- und Fachwissen der Lernenden vertiefen und aktualisieren. Zum anderen werden die Lernenden durch Erklärvideos mit geeigneten Übungen und Aufgaben mit der Authentizität der Sprache konfrontiert. Die Visualisierung und Animation können dabei den Gebrauch eines grammatischen Phänomens veranschaulichen. Auch hierbei ist es wichtig zu betonen, dass sich Lernumgebungen, verstanden als Orte, an denen Lernende Zugang zur Fremdsprache erhalten, durch den Rückgriff auf das Internet in mehrfacher Hinsicht ändern. Neben der Aktualität und Authentizität des zielsprachlichen Materials bringt der Einsatz digitaler Medien mit sich auch

- die Erweiterung der Möglichkeiten für einen selbstgesteuerten Erwerb von fachlichem und sprachlichem Wissen sowie

– die Öffnung der Lernumgebung für digitale Kommunikationskanäle, die direkte Kontakte mit Muttersprachler:innen ermöglichen (vgl. Bechtel 2019: 27).

## 6.  Pilotprojekt *Sprach- und kulturreflexives Lernen* aus empirischer Sicht

Im Jahre 2022 wurde an der Pommerschen Akademie in Słupsk[4] die erste Phase eines Pilotprojekts eingeleitet, das zum Ziel hatte, das Fach- und Sprachlernen der Germanistikstudierenden durch den Einsatz von reflexiven Lernprozessen zu verbessern. Das Projekt wurde entwickelt, um die Reflexionsfähigkeit der Lehramtsstudierenden zu fördern und gleichzeitig zu untersuchen, inwiefern sie kulturhistorische Inhalte reflektiert verarbeiten können. Im Rahmen dieses Vorhabens sollten folgende Fragen beantwortet werden:
– Wie können reflexive Lernprozesse am besten in das Fach- und Sprachlernen integriert werden?
– Wie beeinflussen reflektive Lernprozesse das Verständnis kulturhistorischer Inhalte?
– Wie kann das Ziel des sprachlichen Lernens bei Germanistikstudierenden durch den Einsatz von reflektiven Lernprozessen erreicht werden?

Für die Auswahl der Forschungsgruppe in der Fallstudie war das Studienprogramm entscheidend, das den Kultur- und Geschichtskurs im dritten und vierten Semester des Grundstudiums enthält. Dieser Leistungskurs wurde von fünf Teilnehmerinnen und einem Teilnehmer belegt[5], deren sprachliche und kulturelle Sozialisation in Polen verlaufen ist. Die Studierenden verfügten zu Beginn des Kurses über Deutschkenntnisse auf B1/B2-Niveau (vgl. GER 2001).[6]

Da sich der Untersuchungsgegenstand durch eine hohe Komplexität auszeichnet, kann diese nur durch eine explorativ-interpretierende Vorgehensweise[7] beleuchtet und ergründet werden. Die zusammengestellten Daten wurden systematisch nach jedem Unterricht innerhalb von zwei Monaten erhoben und sie richteten sich hauptsächlich auf: Unterrichtsgespräche sowie Kursprodukte: Hausarbeiten und PowerPoint-Präsentationen der Studierenden. In der zweiten Projektphase wurde ein Fragebogen zur Evaluation der Kurserfahrung verwen-

---

4  Seit dem 1. Juni 2023 trägt die Hochschule den Namen Pommersche Universität in Słupsk.
5  Die Studierenden werden als »Stud. 1« bis »Stud. 6« bezeichnet.
6  »B1/B2« bezieht sich auf den *Gemeinsamen europäischen Referenzrahmen für Sprachen* (GER) (2001), der die verschiedenen Sprachniveaus auf einer Skala von A1 (Anfänger) bis C2 (Experten) einordnet.
7  Mit explorativ-interpretierenden Vorgehensweisen in der qualitativen Forschung beschäftigen sich u. a. Witzel (2000) und Mayring (2010).

det. Im Laufe der bisherigen Datenauswertung wurden vor allem Reflexionsprozesse der Studierenden, die in den schriftlichen Arbeiten sowie in Unter-
richtsgesprächen erfasst wurden, interpretiert. Im Anschluss daran werden exemplarische Aufgaben vorgestellt, die zur Interpretation der Reflexionen der
Studierenden dienen.

## 6.1    Analyse und Interpretation der ausgewählten Daten

Wie bereits erwähnt, richteten sich die erhobenen Daten hauptsächlich auf
Unterrichtsgespräche sowie Hausarbeiten der Studierenden. Bei den einfüh-
renden Gesprächen des Kurses über die Relevanz der Vergangenheit für unsere
heutige Lebenswelt wurden die Studierenden nach ihrer persönlichen Auffassung und Bedeutung von Geschichte in ihrem Leben gefragt. Ziel des Gesprächs
war es zu ermitteln, ob studentischen Erwägungen ein reflektiertes Geschichtsbewusstsein zugrunde liegt. Die im Rahmen des Kurses angefertigten Hausarbeiten der Studierenden dienten gleichzeitig dazu, ihre Fähigkeit zur Reflexion
und Analyse von historischen Ereignissen zu fördern.

### 6.1.1    Unterrichtsgespräche

Der erste Schritt der Datenanalyse erfolgte durch das Lesen der transkribierten
Unterrichtsgespräche. Wie weit das Geschichtsbewusstsein der Studierenden in
der Probandengruppe ausgeprägt ist, zeigt sich in den folgenden Aussagen: Eine
Studentin äußerte sich ganz spontan, dass sie persönlich »die Geschichte viel
über die Vergangenheit erfahren lässt, die einen direkten Einfluss auf unser
Leben heute hat« (Stud. 5). Ihre erste Deutschlandreise führte sie nach Berlin, wo
sie direkt vor Ort vor den Mauerresten mit der Geschichte der Berliner Mauer
konfrontiert wurde. Dies veranlasste sie dazu, mehr zum Thema Nachkriegsge-
schichte Deutschlands im Internet zu recherchieren. Sie thematisierte auch den
Krieg in der Ukraine und befürchtete eine Eskalation der Ereignisse (Stud. 5).
Eine andere Studentin hob hervor, dass die Geschichte für sie eine besondere
Bedeutung hat und dass sie sich stark auf eigene Erfahrungen bezieht. Sie hat
einmal im Slowinzischen Freilichtmuseum in Klucken (Kluki) gearbeitet, was sie
besonders für die Geschichte sensibilisiert hat. Darüber hinaus ist sie mit
mündlich tradierten Geschichten aus dem Familiengedächtnis aufgewachsen,
insbesondere durch die Erzählungen ihrer Familienmitglieder. Die Studentin
betonte, dass sie »das Glück hatte, ihre Urgroßeltern kennenzulernen und in der
Kindheit mit ihnen viel Zeit verbringen zu können« (Stud. 6). Über die Frage nach
der Allgegenwärtigkeit der Geschichte reflektierte sie wie folgt: »Geschichte lässt
sich an jedem Ort und mit jedem Menschen spüren, insbesondere in Pommern«

(Stud. 6). Auch die anderen Studierenden hatten keine größeren Probleme damit, Stellung zu der Frage zu beziehen, was Geschichte für sie persönlich bedeutet. Sie betonten die Relevanz der Geschichte für heutige Verhältnisse und griffen dabei auch das Thema im Kontext des Ukraine-Krieges auf.

### 6.1.2 Kursprodukt: thematischer Gegenstand

Das Thema »Wilhelm II. und die Polen« bietet eine ausgezeichnete Gelegenheit, nicht nur das Ende der Hohenzollern-Monarchie zu beleuchten, sondern auch Wilhelms Politik gegenüber den Polen zu bewerten. In der Vorlesung wurde der Gruppe eine multimediale Präsentation zu diesem Thema vorgeführt. Die als Hausaufgabe konzipierte Arbeit konzentrierte sich darauf, den Studierenden eine aufmerksame und fragende Haltung zu vermitteln, um ihre Fähigkeit zur kritischen Analyse zu fördern. Bei dieser Aufgabe geht es nicht nur darum, den Studierenden Kontextwissen über die deutsch-polnische Vergangenheit zu vermitteln, sondern auch ihre Kommentare und Reflexionen zu fördern, um ein tieferes Verständnis der fremden und eigenen Geschichte zu entwickeln. Die Studierenden bekamen ein Arbeitsblatt zum Thema »Kaiser Wilhelm II. und die Polen«, auf dem eine dreispaltige Tabelle erstellt wurde. In der ersten Spalte wurden sieben mediale Repräsentationen (Fotos, Gemälde, Karikatur, Plakat zum Film) als Kontextualisierung des Wilhelminischen Zeitalters gewählt, die als Medien des kollektiven Gedächtnisses der Polen fungierten. Diese sollten die deutsch-polnische Geschichte in der Wilhelminischen Epoche besser veranschaulichen und die polnische Wahrnehmung dieser Zeitperiode darstellen. In der zweiten Spalte wurde die Frage gestellt: *In welchem Kontext kann das Bild/der Film gesehen werden?* und der Arbeitsauftrag gegeben: *Finden Sie Kontexte zu den präsentierten Bildern und kommentieren Sie sie in Bezug auf die deutsch-polnische Geschichte in der Wilhelminischen Epoche 1890–1918.* Die dritte Spalte sollte die Studierenden dazu anregen, verschiedene Reflexionen anhand der folgenden Fragen anzustellen:
- *Welche Reflexionen lösen diese historischen Ereignisse bei Ihnen aus?*
- *Wie reflektieren Sie diese Ereignisse aus heutiger Sicht?*
- *Wie hat sich Ihre Meinung durch die historische Recherche verändert?*
- *Welche neuen Fragen ergeben sich für Sie?*

Alle Kursteilnehmer:innen haben eine selbstständige schriftliche Aufgabe verfasst, die in die Analyse einbezogen werden konnte.

(1) Ein Foto von Marienburg war die erste mediale Repräsentation, die von den Studierenden im Kontext der nationalen Identität der Deutschen und Polen dargestellt werden sollte. Marienburg war der Ort zahlreicher Besuche von Wilhelm II., der hier berüchtigte Reden gegen Polen hielt. Die Aussagen zum ersten

Bild belegen, dass die polnischen Studierenden die Burg ziemlich gut kannten, da das Foto richtig mit dem Deutschen Orden in Marienburg in Verbindung gebracht wurde. Von den meisten Studierenden wurde die Burg im Kontext des Deutschen Ordens und von Wilhelm II. wahrgenommen, es lässt sich aber gleich bemerken, dass sie ihre Recherchen hauptsächlich im Internet anstellten. Eine Studentin berichtete über die Kaisertage und die Einweihung der Kirche auf dem Hohen Schloss in Marienburg im Jahre 1902 sowie über die polenfeindliche Rede des Kaisers. In ihrem Kommentar tauchte auch der Begriff *Polenfresser* auf (Stud. 1). Diese Studentin reflektierte über die aus dem Internet geholte Information und bemerkte lediglich: »Mir fällt auf, welche polenfeindliche Politik damals wirklich betrieben wurde« (Stud. 1). Sie konstatierte, dass die Beschäftigung mit dem Thema ihr die Möglichkeit gab, ihren Blick auf die historischen Ereignisse zu schärfen (Stud. 1). Eine weitere Person äußerte sich sehr lakonisch: »Das Bild (Gebäude) kann in Erinnerung gerufen werden, wenn man über die Geschichte des Deutschen Ordens in Polen spricht«, und verwies mit diesem Bauwerk auf die seit Jahrhunderten dauernde enge Bindung zwischen der deutschen und polnischen Geschichte (Stud. 2). Die Studierenden erkannten auch die Bedeutung der Burg für die Bildung der deutschen nationalen Identität. In diesem Kontext wurde an eine Renovierung der Ordensburg Marienburg in den Jahren 1896 bis 1918 im Auftrag des deutschen Kaisers Wilhelm II. erinnert (Stud. 3). Eine andere Studentin betonte auch, dass »Marienburg für Wilhelm II sehr wichtig war, weil er dachte, dass die Burg ein Erbe der ritterlichen Tradition ist. Deshalb besuchte Wilhelm Marienburg ca. 50-mal, um seine national geprägten Reden hier zu halten« (Stud. 5). Es gab auch eine Studentin, die sich nur auf eine Information aus Wikipedia verließ (Stud. 4). Hier fand eigentlich keine geschichtskulturelle Kontextualisierung der Information statt.

(2) Ein Foto des Grunwald-Denkmals in Krakau bot den Studierenden eine weitere Gelegenheit, über die deutsch-polnischen Beziehungen nachzudenken, die im kollektiven Gedächtnis der Polen verankert sind. In den meisten Kommentaren wurde das Denkmal als Symbol für den Sieg der Polen über den Deutschen Orden interpretiert. Eine Studentin besuchte vor Kurzem Krakau, wo sie im Grand-Hotel, dem früheren Palais von Fürst Czartoryski, übernachtete. Schon die historisch eingerichteten Innenräume des Hotels versetzten sie ins 19. Jahrhundert. Bei der Erkundung der Stadt und ihrer Denkmäler reflektierte sie auch über die Bedeutung des Denkmals für die Polen: »Das Grunwald-Denkmal in Krakau ist ein Erinnerungsort, der uns an die siegreiche Schlacht bei Tannenberg und an Wladyslaw Jagiello erinnert. Es ist zu bemerken, dass sich dieses Denkmal am Jan-Matejko-Platz befindet. Meiner Meinung nach ist auch der patriotisch gesinnte Maler Jan Matejko ein polnischer Erinnerungsort« (Stud. 5).

(3) Der Wagen des Drzymała sollte von den Studierenden als Beispiel für die nationalpolnische Widerstandsbewegung gegen die repressive Polenpolitik von

Wilhelm II. erkannt werden. Die Studierenden fügten folgende Kommentare zum dritten Bild ein: »Der Wagen des Drzymała ist ein gutes Beispiel für die feindliche preußische Polenpolitik und zugleich polnische Propaganda vor dem Ersten Weltkrieg« (Stud. 1). Fast alle Studierenden bestätigten, dass ihnen der Fall Drzymała aus ihrer Schulzeit bekannt ist. Auch die heutige Erinnerung an das Ereignis wurde von den Studierenden an vielen Beispielen in Kunst und Literatur erwähnt: »Die polnische Stadt Rakoniewice hat Drzymała ein Denkmal gesetzt: am dortigen Marktplatz steht ein Nachbau seines Wagens« (Stud. 4). Eine weitere Studentin schrieb: »Michał Drzymała war ein Patriot, der gegen die Germanisierung gekämpft hat. In Polen kann man viele Erinnerungsorte finden, die mit Michał Drzymała und seinem Wagen verbunden sind, wie z. B.: die Replik von seinem Wagen in Drzymałowo, die Rekonstruktion des Innenraums seines Wagens in Poznań oder sein Grabstein in Miasteczko Krajeńskie« (Stud. 5). Dieselbe Studentin schrieb noch in diesem Zusammenhang: »Weder auf dem Gymnasium noch im Lyzeum habe ich bedauerlicherweise etwas über Michał Drzymała gelernt« (Stud. 5) und sie konstatierte, dass erst die Vorlesung und Gespräche mit ihrem Vater ihr wichtige Impulse zu weiteren Recherchen gaben. Zusätzlich dazu reflektierte die Studentin: »Das historische Bewusstsein meiner Eltern ist viel größer als das der heutigen Generation«. Außer dieser Studentin kannten die Anderen den »Fall Drzymała« und in ihren Kommentaren wurde der Posener Bauer als eine Symbolfigur der Polen im Kampf gegen die Germanisierung im preußischen Teilungsgebiet wahrgenommen (Stud. 2, Stud. 3, Stud. 6).

(4) Die Postkarte *Wreschener Schulstreik*, durch deren Verbreitung die betroffenen polnischen Schüler:innen zu »Märtyrern« und »kleinen Helden« stilisiert wurden, hat die Studierenden zu folgenden Reflexionen angeregt: Der Kinderstreik richtete sich gegen die Germanisierung der Schulen und zeigte, dass sogar die Jüngsten für ihre Sprache kämpfen wollten, da sie sich ihres Polentums bewusst waren (Stud. 2, Stud. 3). In einem Kommentar wird deutlich, dass der Text lässig aus dem Internet abgeschrieben wurde (Stud. 4).

(5) Die Präsentation der Karikatur *Czerwony Kapturek* [Rotkäppchen] von Henryk Nowodworski zielte darauf ab, sie als bildliche Form der Satire auf Wilhelm II. darzustellen. Die Reflexionen der Studierenden belegen, dass sie die Intention des Karikaturisten richtig erkannt haben: »Die Zeit der Germanisierung wurde auch auf lustige und spöttische Weise dargestellt« (Stud. 1); »Diese Karikatur zeigt, dass die Polen nicht gut über den deutschen Kaiser dachten« (Stud. 2); »Ich denke, das Wichtigste hier ist, dass Wilhelm II. spöttisch als Betrüger den Polen gegenüber dargestellt wurde. Meiner Meinung nach zeigt diese Karikatur in gewisser Weise die Hoffnung, dass sich die Polen in Zukunft von den Teilungen befreien und die Gerechtigkeit triumphiert, wie in dem Märchen *Rotkäppchen* der Gebrüder Grimm« (Stud. 3). Eine Studentin kommentierte die Karikatur mit folgenden Worten: »Wilhelm II. wurde als ein Wolf

und unser Heimatland Polen als Rotkäppchen dargestellt. Für mich wird Wilhelm II. als *Polenfresser* und Betrüger präsentiert, wie der Wolf in dem Märchen, der sich in Omas Kleider ins Bett legte, um Rotkäppchen zu fressen. Das Rotkäppchen (Polen) kann als Symbol für Unschuld interpretiert werden« (Stud. 5).

(6) In der Vorlesung wurde den Studierenden der älteste polnische Stummfilm aus dem Jahre 1908 präsentiert. Der französische Titel der gefundenen Kopie *Les martyrs de la Pologne*[8] [*Cierpienia Polski*] sollte deutlich darauf hinweisen, wie ungerecht die polnischen Untertanen unter Wilhelm II., insbesondere in der Provinz Posen, behandelt wurden. Eindeutig assoziierten alle Studierenden die dargestellten Szenen mit dem Wreschener Schulstreik der Kinder aus dem Jahre 1901, Zwangsaussiedlungen der Polen und mit der polenfeindlichen Politik des Kaisers: »Dieser ungewöhnliche Film zeigt den Widerstand der polnischen Bevölkerung gegen die Germanisierung. Es ist das älteste Kulturwerk, das zeigt, wie die Polen der Welt mitteilen wollten, welche Leiden sie erlitten haben« (Stud. 2); »Der älteste polnische Stummfilm und gleichzeitig einer der ersten historisch überlieferten Versuche, das Thema Polen in Teilungszeiten im Kino darzustellen. Der Film spielt auf den Streik der Wreschener Kinder und den Protest von Michał Drzymała an, die sich in den Köpfen der polnischen Zuschauer als Symbole der absoluten Germanisierung seitens der deutschen Behörden und des Kampfes der Polen um die Verteidigung ihrer eigenen Kultur bewahrt haben« (Stud. 3).

(7) Das Foto von Wilhelms II. Sommerresidenz in Cadinen [Kadyny], die heute Teil eines Hotelbetriebs ist, dient im Folgenden als Beleg dafür, dass sich eine neue Wahrnehmung der geteilten deutsch-polnischen Vergangenheit entwickelt und die lokale und regionale Erinnerung an den letzten deutschen Kaiser an Bedeutung gewinnt. Die Studierenden haben diese Funktion des Schlosses erkannt, da ihre Reflexionen auch darum kreisen. »Dank Wilhelm II. erlangte das kleine Dorf Bekanntheit und begann zu expandieren« betonte eine Studentin in ihrer Aussage (Stud. 1). Nach Meinungen der Studierenden spielt der Schlosskomplex heute eine besondere Rolle, da man vor Ort die Geschichte fast live erkunden kann.

## 7.   Abschließende Bemerkungen

Es ist zunächst festzustellen, dass alle Studierenden die Bereitschaft gezeigt haben, sich neues Sach- und Sprachwissen anzueignen und darüber zu reflektieren. Aus der oben dargestellten Phase des Projekts lässt sich Folgendes schlussfolgern:

---

8 Der Film ist abrufbar unter: https://www.youtube.com/watch?v=IuIkdFVvuUM&feature [Zugriff am 10.04. 2022].

- Die Kursteilnehmer:innen haben selbstständig Recherchen zu ihnen nicht bekannten Ereignissen durchgeführt, um ihr Wissen zu erweitern. Es lässt sich jedoch in Einzelfällen bemerken, dass manche von ihnen mit den Internettexten sehr unprofessionell umgegangen sind und einfach Einträge aus Wikipedia abgeschrieben haben, ohne mindestens ein paar narrative Texte auszuwählen und miteinander zu kombinieren oder die Strategien des Verkürzens und Verknüpfens anzuwenden.
- Dabei ist dennoch im Blick zu behalten, dass die Bearbeitung dieser Aufgabe eine große Herausforderung für diese Gruppe vor allem deshalb darstellte, weil dies über die fremde Sprache (hier: Deutsch) erfolgte. Da sich die Beschäftigung der Studierenden an einem funktionalen Sprachgebrauch orientierte und der Fachwortschatz an konkreten Sprachhandlungssituationen ausgerichtet war, wurden ihre sprachlichen Fähigkeiten, insbesondere im Bereich des Fachwortschatzes, erweitert und neues fachliches Wissen erworben. In allen Aussagen lassen sich zahlreiche kulturspezifische Begriffe und Fachwörter zur Beschreibung historischer Sachverhalte finden.
- Alle Projektteilnehmer:innen haben im Unterrichtsprozess drei aufeinander folgende Phasen durchlaufen: die Phase der »historischen Wissensaktivierung«, »historischen Narration« und »historischen Reflexion«. Auch die Phase der Wissensaktivierung kann als Reflexionsprozess betrachtet werden, da eine reflektierende Person nach Informationen aus verschiedenen Quellen sucht. Zwar wurden die Informationen von den Studierenden vorwiegend den Internetseiten entnommen, aber manche versuchten, die Aufgaben mithilfe des bestehenden Wissens zu bewältigen.
- Der Schwerpunkt der fremdsprachlichen Auseinandersetzung mit der deutsch-polnischen Vergangenheit war deutlich zugunsten geschichtswissenschaftlicher Erkenntnis- und Reflexionsprozesse verschoben, was auch das Ziel des Projekts war.
- Es lässt sich in den Reflexionsprozessen der Studierenden eine bewusste Wahrnehmung sprachlicher Phänomene erkennen, was darauf hinweist, dass sie in der Lage sind, nicht nur fachliches Wissen, sondern auch sprachliche Strukturen zu analysieren. Dies kann dazu beitragen, dass sie ihre sprachlichen Fähigkeiten und Kompetenzen verbessern und in Zukunft in der Lage sind, komplexe Sachverhalte in der Fremdsprache präziser und angemessener auszudrücken.

Zusammenfassend lässt sich festhalten, dass der Versuch, gleichzeitig fachliches und sprachliches Wissen aufzubauen, den Reflexionsprozess erheblich erschweren kann. An vielen Stellen wird deutlich, dass der Grad der Reflexion stark variiert. Dies ist wahrscheinlich auf Lücken im Bereich des historischen Wissens zurückzuführen, die im Unterricht von den Studierenden selbst erkannt wurden.

Die Reflexion spielt jedoch eine wichtige Rolle in der Lehrerausbildung und daher sollen Programme oder Lernangebote zur Entwicklung dieser Fähigkeit sowohl im Fach- als auch Sprachunterricht den Studierenden angeboten werden.

## Bibliographie

Andresen, Helga / Funke, Reinhold (2006): *Entwicklung sprachlichen Wissens und sprachlicher Bewusstheit*. In: Bredel, Ursula / Günther, Hartmut / Klotz, Peter / Ossner, Jakob / Siebert-Ott Gesa (Hrsg.): *Didaktik der Deutschen Sprache*, Bd. 1. Paderborn u. a.: Ferdinand Schöningh, S. 438–451.

Bechtel, Mark (2019): *Zum digitalen Wandel im Fremdsprachenunterricht*. In: Burwitz-Melzer, Eva / Riemer, Claudia / Schmelter, Lars (Hrsg.): *Das Lehren und Lernen von Fremd- und Zweitsprachen im digitalen Wandel*. Tübingen: Narr Francke Attempto, S. 24–34.

Dewey, John (1933): *How We Think: A Restatement of the Relation of Reflective Thinking to the Educative Process*. Boston: D.C. Heath and Company.

GER (2001) = *Gemeinsamer europäischer Referenzrahmen für Sprachen: lernen, lehren, beurteilen*. Berlin: Langenscheidt.

Ebertowski, Monika / Eck, Guiskard / Kusserow, Krystyna / Neumann, Harald-Matthias / Pinter, Georg (2012): *Karikaturen interpretieren*. In: Ebertowski, Monika / Eck, Guiskard / Kusserow, Krystyna / Neumann, Harald-Matthias / Pinter, Georg (Hrsg.): *Projekt G, 7/8*. Stuttgart / Leipzig: Klett, S. 210–211.

Handro, Saskia (2013): *Sprache und historisches Lernen: Dimensionen eines Schlüsselproblems des Geschichtsunterrichts*. In: Becker-Mrotzek, Michael / Schramm, Karen / Thürmann, Eike / Vollmer, Helmut Johannes (Hrsg.): *Sprache im Fach. Sprachlichkeit und fachliches Lernen*. Münster u. a.: Waxmann, S. 317–334.

Hartung, Olaf (2013): *Sprache und konzeptionelles Schreibhandeln im Fach Geschichte. Ergebnisse der empirischen Fallstudie »Geschichte – Schreiben – Lernen«*. In: Becker-Mrotzek, Michael / Schramm, Karen / Thürmann, Eike / Vollmer, Helmut Johannes (Hrsg.): *Sprache im Fach. Sprachlichkeit und fachliches Lernen*. Münster u. a.: Waxmann, S. 335–352.

Jeismann, Karl-Ernst (1997): *Geschichtsbewusstsein – Theorie*. In: Bergmann, Klaus / Fröhlich, Klaus / Kuhn, Annette / Rüsen, Jörg / Schneider, Gerhard (Hrsg.): *Handbuch der Geschichtsdidaktik*. Seelze-Velber: Kallmeyer, S. 42–44.

Krammer, Reinhard (2002): *Reflektiertes Geschichtsbewusstsein als Ziel des Geschichtsunterrichtes. Was tun in der Praxis? Manuskript für ein Referat, gehalten am Österreichischen Historikertag in Salzburg im September 2002*. URL: https://www.erinnern.a t/themen/e_bibliothek/seminarbibliotheken-zentrale-seminare/an-der-grenze/212_Kr ammer-ReflektiertesGeschichtsbewusstsein.pdf [Zugriff am 10.05.2022].

Leisen, Josef (2010): *Handbuch Sprachförderung im Fach. Sprachsensibler Fachunterricht in der Praxis. Grundlagenwissen, Anregungen und Beispiele für die Unterstützung von sprachschwachen Lernern und Lernern mit Zuwanderungsgeschichte beim Sprechen, Lesen, Schreiben und Üben im Fach*. Bonn: Varus.

Levin, Anne (2005): *Lernen durch Fragen. Wirkung von strukturierenden Hilfen auf das Generieren von Studierendenfragen als begleitende Lernstrategie.* Münster: Waxmann.

Mayring, Philipp (2010): *Qualitative Inhaltsanalyse: Grundlagen und Techniken.* Weinheim u. a.: Beltz.

Michalak, Magdalena / Lemke, Valerie / Goeke, Marius (2015): *Sprache im Fachunterricht: Eine Einführung in Deutsch als Zweitsprache und sprachbewussten Unterricht.* Tübingen: Narr Francke Attempto.

Myczko, Kazimiera (2015): *Wie viel Reflexion braucht der Fremdsprachenlerner?* In: Glottodidactica, XLII (2), S. 45–59.

Pandel, Hans-Jürgen (2010): *Historisches Erzählen. Narrativität im Geschichtsunterricht.* Schwalbach/Ts.: Wochenschau.

Pandel, Hans-Jürgen (2013): *Geschichtsdidaktik. Eine Theorie für die Praxis.* Schwalbach/Ts.: Wochenschau.

Pallaske, Christoph (2015): *Die Vermessung der (digitalen) Welt. Geschichtslernen im digitalen Wandel.* In: Demantowsky, Marko / Pallaske, Christoph (Hrsg.): *Geschichte lernen im digitalen Wandel.* Berlin: de Gruyter, S. 135–148.

Schmölzer-Eibinger, Sabine (2007): *Auf dem Weg zur Literalen Didaktik.* In: Schmölzer-Eibinger, Sabine / Weidacher, Georg (Hrsg.): *Textkompetenz. Eine Schlüsselkompetenz und ihre Vermittlung.* Tübingen: Narr Francke Attempto, S. 207–222.

Schön, Donald A. (1983): *The Reflective Practitioner: How Professionals Think in Action.* New York: Basic Books.

Schwabe, Astrid (2015): *Das World Wide Web als historisches Informations-Medium? Ausgewählte Ergebnisse zur Nutzung der historischen Website Vimu.info.* In: Demantowsky, Marko / Pallaske, Christoph (Hrsg.): *Geschichte lernen im digitalen Wandel.* Berlin: de Gruyter, S. 35–58.

Vollmer, Helmut Johannes / Thürmann, Eike (2013): *Sprachbildung und Bildungssprache als Aufgabe aller Fächer der Regelschule.* In: Becker-Mrotzek, Michael / Schramm, Karen / Thürmann, Eike / Vollmer, Helmut Johannes (Hrsg.): *Sprache im Fach. Sprachlichkeit und fachliches Lernen.* Münster u. a.: Waxmann, S. 41–58.

Widawska, Barbara (2021): *Koncepcja świadomego wsparcia językowego w ramach kształcenia historycznego na studiach filologicznych.* In: Stolarczyk-Gembiak, Anna / Woźnicka, Marta (Hrsg.): *Zbliżenia 6. Badania interdyscyplinarne: rzeczywistość a wyzwania.* Poznań: Rys, S. 133–146.

Wierlacher, Alois (2003): *Landeskunde als Landesstudien.* In: Wierlacher, Alois / Bogner, Andrea (Hrsg.): *Handbuch interkultureller Germanistik.* Stuttgart / Weimar: Metzler, S. 504–513.

Witzel, Andreas (2000): *Das problemzentrierte Interview.* In: Forum Qualitative Sozialforschung, 1 (1), Art. 22. URL: https://www.qualitative-research.net/index.php/fqs/article/view/1132/2520 [Zugriff am 10.06.2022].

IV. Wendepunkte in der Rolle und in der Ausbildung von Fremdsprachenlehrkräften

Eliza Chabros (Katolicki Uniwersytet Lubelski Jana Pawła II, Lublin)

# Ist der Fremdsprachenunterricht schon mehrsprachig oder immer noch monolingual ausgerichtet? Über Herausforderungen und Probleme auf dem Weg zur mehrsprachigen Wende

**Abstract**

**Have the English Classes already Become Multilingual or are They still Monolingual? The Challenges and Obstacles on the Road to a Multilingual Breakthrough**

No breakthrough, regardless of what aspects of teaching and learning foreign languages are concerned, will occur without changing teachers' thinking. This also applies to the concept of didactics of multilingualism, the guidelines of which were formulated in European documents more than 20 years ago. The aim of the article is to examine the reception of ›didactics of multilingualism‹ among German language teachers as well as to attempt to analyze the problems related to the implementation of ›foreign language integrated teaching‹ in selected secondary schools in the Lublin province. In the conducted qualitative research (interview), teachers were asked about their approach to integrating all the existing language resources of students and teachers in German language lessons, as well as their own multilingual competences and the needs resulting from the process of implementing the didactics of multilingualism, in order to determine what changes should take place in educating future foreign language teachers.

**Keywords:** multilingualism, didactics of multilingualism, teachers' approach to the didactics of multilingualism

**Schlüsselwörter:** Mehrsprachigkeit, Mehrsprachigkeitsdidaktik, Einstellung der Lehrenden zur Mehrsprachigkeitsdidaktik

## 1. Die Wende zur integrativen Mehrsprachigkeitsdidaktik

Wer in die Google-Suchleiste das Stichwort ›Mehrsprachigkeit‹ eintippt, erhält ca. 2,5 Mio. Ergebnisse. Diese Zahl bestätigt den hohen Stellenwert des Diskurses, der seit Jahrzehnten das Denken über zeitgemäßen Fremdsprachenunterricht prägt. Die Förderung von Mehrsprachigkeit resultiert aus der Verantwortung für das friedliche Zusammenwachsen Europas, Demokratiesicherung sowie Pflege seiner sprachlichen Vielfalt (vgl. Neuner et al. 2009: 20). Um dies zu gewährleisten, ist es unentbehrlich, dass möglichst viele europäische Bürger:innen mindestens zwei moderne Fremdsprachen beherrschen.

Als mehrsprachig gilt in der einschlägigen Literatur eine Person, die

> im alltäglichen Leben regelmäßig zwei oder mehrere Sprachen verwendet und sich
> somit verständigen kann, sowie von der einen in die andere umschalten kann, vor-
> ausgesetzt, dass die Umstände dies erforderlich machen. Dabei muss der Sprecher die
> einzelnen Sprachen nicht mit demselben Perfektionsgrad beherrschen. (Méron-Minuth
> 2018: 46)

Ein wichtiger Aspekt der Mehrsprachigkeit ist ihr dynamischer Charakter.
Méron-Minuth zufolge sollte man »Mehrsprachigkeit nicht als starre Gegeben-
heit, sondern vielmehr als Kontinuum einer umfassenden, stets im Wechsel
begriffenen Situation [betrachten]« (ebd.: 50). Wie die Autorin bemerkt, kann die
mehrsprachige Kompetenz nicht nur durch ungesteuerten Spracherwerb, sondern auch im gesteuerten Kontext (in der Schule, im Sprachkurs usw.) entwickelt
werden.

Das Umdenken zur Intensivierung des Fremdsprachenlernens wird durch
Befunde der psycholinguistischen Untersuchungen untermauert, die besagen,
dass die Aneignung der Sprachkenntnisse nicht wesentlich von anderen Wis-
sensaneignungsprozessen divergiert, d. h. nicht als ein bloß additiver Prozess zu
verstehen ist. Beim Aneignen jeder weiteren Fremdsprache (L3, L4, …) erfolgen
qualitative Unterschiede zum Erwerbsprozess der ersten Fremdsprache (L2), die
daraus resultieren, dass neues sprachliches Wissen mit schon existierenden
Wissensbeständen aus zuvor erlernten Sprachen verknüpft und durch diesen
Kontakt das neue Wissen erst strukturiert und organisiert wird. Angesichts
dieser Erkenntnisse entstehen Modelle, die das multiple Sprachenlernen bzw. das
integrierte Sprachenlernen erklären.[1] Sie versuchen der Frage nachzugehen, wie
die zuvor gelernten Fremdsprachen für das Erlernen weiterer Sprachen genutzt
werden können, so dass Synergie-Effekte entstehen, die den Lernprozess opti-
mieren, d. h. ihn beschleunigen und effektiver machen sowie »die beim Sprachenlernen sehr hohe kognitive Belastung so niedrig wie möglich […] halten«
(Wokusch/Lys 2007: 170).

Individuelle Mehrsprachigkeit als Ziel der europäischen Sprachenpolitik fußt
auf lebensweltlicher und schulischer Mehrsprachigkeit europäischer Bürger:in-
nen. Man muss Bredthauer und Engfer (2018) Recht geben, wenn sie behaupten,
dass Lehrende heutzutage überall mit sprachlich heterogenen Lernenden zu tun
haben, die entweder durch ihre Migrationshintergründe, bilinguale Eltern oder
schulischen Fremdsprachenunterricht schon mehrsprachig sind und über gewisse Sprachressourcen verfügen. Hinzu kommen Lehrende mit ihrem sprachlichen Repertoire.

---

1 Eine Zusammenstellung und Charakterisierung der einzelnen Modelle (u. a. Faktorenmodell
  von Hufeisen (2010), Dynamic Model of Multilingualism von Herdina/Jessner (2002), Rollen-
  Funktions-Modell von Williams/Hammerberg (1998) findet man bei Grasz (2017: 57).

Das Potenzial der lebensweltlichen und schulischen Mehrsprachigkeit der Lernenden sowie die Erkenntnisse der psycholinguistischen Studien über die Rolle des bestehenden sprachlichen und sprachlernstrategischen Wissens beim Erlernen von Fremdsprachen versucht die sog. Mehrsprachigkeitsdidaktik zu nutzen. Sie beruht auf dem »Ansatz, überall dort systematisch interlingualen Transfer in den Fremdsprachenunterricht einzubeziehen, wo sich Möglichkeiten in lexikalischer, inhaltlicher, (grammatischer) struktureller, lernstrategischer Hinsicht ergeben« (Méron-Minuth 2018: 52). Unter die Mehrsprachigkeitsdidaktik fallen facettenreiche Aktivitäten, deren Zielsetzungen von Reich und Krumm (2013) zum einen in kognitive/metakognitive, zum anderen in affektive/attitudinale eingeteilt werden. Die erst genannten Zielsetzungen werden im Unterricht v. a. mittels des Sprachtransfers und der Sprachvergleiche realisiert, die sowohl Herkunftssprachen der Lernenden als auch die in der Schule unterrichteten Sprachen einbeziehen. Mit sprachreflexiven Verfahren wird hingegen versucht, das Interesse der Lernenden an Sprachen und am Sprachenlernen zu wecken, was dem affektiven/attitudionalen Aspekt entspricht. Beispiele für sprachreflexive Aktivitäten sind u. a. Projekttage zu einzelnen Sprachen, Sprachbiografien und Sprachporträts der Lernenden (vgl. Wokusch/Lys 2007: 187 ff.).

Seit über einer Dekade erscheinen regelmäßig Studien, die sich mit der Resonanz der sprachenpolitischen Richtlinien befassen und den aktuellen Stand der Implementierung der Mehrsprachigkeitsdidaktik im schulischen Kontext erforschen. Die Forscher:innen beschäftigen sich mit dem Problem der Umsetzbarkeit der Mehrsprachigkeitsdidaktik, indem sie die wichtigsten Akteur:innen des gesteuerten Fremdsprachenerwerbs befragen, d. h. Lernende (vgl. Wypusz 2015; Daryai-Hansen/Lindemann/Speitz 2019[2]), Lehrende (vgl. Heyder 2014; Hinc 2015, 2016; Méron-Minuth 2019; Grasz 2020) und Lehramtsstudierende als zukünftige Lehrende (vgl. Haukås 2019; Grasz 2020). Dabei sind die beiden zuletzt genannten Gruppen insbesondere aus der Forscherperspektive interessant, weil ihre Vertreter:innen letztlich für die Gestaltung des Unterrichtsgeschehens und die Umsetzung innovativer Ansätze verantwortlich sind. Doch bereits die Titel der relevanten Studien (vgl. Marx (2014), Wypusz (2015), Bredthauer/Engfer (2018), Wurzenrainer/Laimer (2018), Lindemann (2019)) verraten, dass der Implementierungsprozess nicht völlig reibungslos und flüssig verläuft. Die Lehrenden verweisen auf zahlreiche Hindernisse für den Einbezug des mehrsprachigkeitsorientierten Ansatzes in den Fremdsprachenunterricht. In den analysierten Studien werden folgende problematischen Bereiche genannt:

---

2 Lernende werden in den hier erwähnten Studien zugleich mit den Lehrenden untersucht.

- fehlendes Wissen über die Mehrsprachigkeitsdidaktik, ihre Zielsetzungen und Verfahren, was darauf zurückzuführen ist, dass der Ansatz noch nicht ein integraler Bestandteil der Lehrpläne und der Lehrerausbildung ist,
- fehlende mehrsprachige Kompetenz von Lehrenden,
- Mangel an mehrsprachigkeitsorientierten Lehrwerken und Materialien,
- Zeitmangel für die Umsetzung des Ansatzes,
- Angst vor der neuen Rolle der Lehrenden, die nicht mehr als Expert:innen für die eine Fremdsprache fungieren, sondern zu »Mitlernenden« werden (vgl. Daryai-Hansen/Lindemann/Speitz 2019: 63 ff.),
- Angst vor Sprachenvermischung in den Köpfen der Lernenden,
- »[n]iedriges Stundenvolumen« für die Zielsprache (vgl. Barras/Peyer/Lüthi 2019), was keinen Raum für die Umsetzung der mehrsprachigkeitsorientierten Ziele lässt,
- antizipierte Probleme, die sich aus dem Verzicht auf möglichst beste Entwicklung der Kompetenz (Muttersprachler-Kompetenz) in der unterrichteten Zielsprache ergeben würden,
- fehlende Akzeptanz der Gesellschaft (v. a. Eltern) für mehrsprachigkeitsdidaktische Aktivitäten innerhalb des Zielsprachenunterrichts.

Die recherchierten Studien bestätigen eine positive Einstellung der befragten Lehrenden zur Mehrsprachigkeitsorientierung im Unterricht, was jedoch nicht automatisch mit dem Willen zur Implementierung der Verfahren einhergeht und zwar auch dann nicht, wenn die Lehrenden mit Zielsetzungen des Ansatzes sowie entsprechenden Verfahren und Techniken bekannt gemacht wurden (vgl. Haukås 2019). Auch die Verankerung des Ansatzes in nationalen Lehrplänen garantiert nicht – so Daryai-Hansen, Lindemann und Speitz (2019: 63) sowie Grasz (2020: 501) – seine reale Umsetzung im Schulalltag, was vermuten lässt, dass sich eher andere Faktoren (aus der oben präsentierten Liste bzw. noch andere) als hemmend beim integrativen Fremdsprachenlernen erweisen.

## 2.	Einstellungen der Lehrenden zur Mehrsprachigkeit und Mehrsprachigkeitsdidaktik

Seit einigen Jahrzehnten werden die Einstellungen (auch Kognitionen, Meinungen, Annahmen, Vorstellungen) der Lehrenden in den Vordergrund der Fremdsprachenforschung gerückt, da diese zu Prädikatoren des Lehrerverhaltens werden (vgl. Bredthauer/Engfer 2018: 2). Mit Lehrereinstellungen versucht man die Entscheidungen zu erfassen, die Lehrende bei der Unterrichtsvorbereitung, -durchführung und -evaluation treffen.

## 2.1    Zielsetzung des Beitrags und methodische Vorgehensweise

Der vorliegende Beitrag konzentriert sich auf die Lehrerkognitionen zur Mehrsprachigkeit, um herauszufinden, wie die Lehrenden an polnischen Oberschulen zur Mehrsprachigkeitsdidaktik stehen und mit welchen Resultaten sie den Ansatz implementieren. Angesichts dessen stellen sich folgende Forschungsfragen:
- Wie stehen die Lehrenden zur Mehrsprachigkeit, zu ihren Prinzipien und Verfahren?
- Wie schätzen die Lehrenden ihre eigenen Ressourcen im Zusammenhang mit der Implementierung der Mehrsprachigkcitsdidaktik ein?
- Haben die Lehrenden Erfahrungen mit dem Ansatz gemacht?
- Wie wird die Idee der Nutzung mehrsprachigkeitsorientierter Verfahren im Deutschunterricht beurteilt?
- Inwiefern ist die Zusammenarbeit zwischen Sprachenlehrer:innen bezüglich der Implementierung der Mehrsprachigkeitsdidaktik in der jeweiligen Einrichtung möglich?

Um den Forschungsfragen nachzugehen, hat man sich des Interviews als Erhebungsinstrument bedient. Dieses Verfahren eignet sich besonders für die Erforschung der inneren Gegenstände, zu denen Einstellungen, Meinungen, Erfahrungen gezählt werden, die sonst nicht zu beobachten sind. Darüber hinaus liegt der Vorzug der mündlichen Befragungen gegenüber den schriftlichen darin, dass sie detailliertere und differenziertere Einsichten in die Lehrerkognitionen sichern (vgl. Aguado 2019: 74 f.). Die geführten Interviews kann man als eine Mischform zwischen narrativen und leitfadengestützten Interviews einstufen.[3] Für die Auswertung der Daten wurde die qualitative Datenanalyse verwendet (vgl. Mayring 2010), wobei das Analyseverfahren deduktiv verlief, indem man bei der Kategorienbildung die Fragestellungen der vorliegenden Studie sowie andere Untersuchungen berücksichtigt hat.

## 2.2    Interviewpartner:innen

Die Stichprobe der Untersuchung besteht aus sechs Lehrpersonen (fünf Frauen und einem Mann), die im Moment der Durchführung der Interviews an Lubliner Oberschulen (2 Personen) bzw. Oberschulen in der Lubliner Region (Biała Podlaska, Lubartów (2 Personen), Radzyń Podlaski) Deutsch als zweite Fremdsprache unterrichtet haben. Dabei hat eine Lehrerin außer Deutsch seit zwei

---

3 Sie folgen dem Prinzip »so offen und monologisch wie möglich, so strukturiert und dialogisch wie nötig« (Helfferich 2011:169).

Jahren parallel auch Englisch gelehrt. Die Berufserfahrung der Forschungsteil-
nehmer:innen beträgt zwischen 16 und 24 Jahren. Alle Personen wurden über
eine E-Mail zur Teilnahme an der Untersuchung eingeladen, in der das Interviewthema nur punktuell signalisiert wurde, damit die Interviewpartner:innen
(IP) möglichst spontan über ihre Erfahrungen berichten. Es wurde angenom-
men, dass die Lehrkräfte nicht unbedingt mit Prinzipien und Verfahren der
Mehrsprachigkeitsdidaktik vertraut sind. Aus diesem Grunde wurden in jedes
Interview Passagen aus der Fachliteratur und aus dem aktuellen Lehrplan integriert, um eine gemeinsame Basis im Sinne des Grundwissens für die IP zu
schaffen.

## 2.3    Ergebnisse der Untersuchung

Die Ergebnisse der Untersuchung werden nachstehend in einer Reihenfolge
dargestellt, die sich aus dem Leitfaden ergibt.

### 2.3.1   Zum Konzept ›mehrsprachige Person‹

Da der Fokus des Beitrags auf der Erfassung der Einstellungen der Lehrenden zur
Mehrsprachigkeit als Ressource in dem von ihnen geführten Unterricht liegt, war
es am Anfang wichtig herauszufinden, was die IP unter den Konzepten ›Mehrsprachigkeit‹ und ›mehrsprachige Person‹ verstehen und ob sie sich persönlich
als mehrsprachig bezeichnen. Die gegebenen Antworten spiegeln die verschiedenen Auffassungen der Konzepte in der Fachliteratur wieder, wo sowohl die
Anzahl der erlernten Sprachen als auch das erreichte Niveau nicht einheitlich
eingestuft werden. So bezeichnen die Lehrenden die Kompetenzen mehrspra-
chiger Personen wie folgt: »haben ziemlich gute Sprachkenntnisse«, »sprechen
fließend« (IP2), »es muss nicht alles grammatisch korrekt sein, so wie im Buch, es
kann kleine Fehler geben, aber nicht solche, die Kommunikation beeinträchti-
gen« (IP1), »können sich verständigen, aber über globale Politik sprechen – das
wäre schon zu viel verlangt« (IP5). Was die Anzahl der Sprachen im Repertoire
einer mehrsprachigen Person anbetrifft, so hört man folgende Antworten: »einige Sprachen, mindestens zwei« (IP3, IP5), »mindestens zwei/drei Sprachen«(IP2), »mehr als eine Sprache – ist schon doch eine Vielfalt… aber es gibt
doch Menschen, für die fünf Sprachen zu wenig sind, und die wollen halt weitere
lernen« (IP4). IP2 weist darauf hin, dass die Muttersprache Polnisch auch ein
wichtiger Bestandteil der Mehrsprachigkeit ist, daher in diesem Zusammenhang
genannt werden muss und argumentiert, dass es weltweit Menschen gibt, die
diese Sprache lernen. Sie bezeichnet die heutigen Schüler:innen als »mehrsprachige Generation«.

Der Begriff ›Mehrsprachigkeit‹ wird in den Interviews im Kontext besserer Chancen auf dem Arbeitsmarkt, größerer Akzeptanz in der Gesellschaft, Erweiterung der Horizonte für die Wahrnehmung der Welt definiert. Gebeten um die Positionierung der eigenen Person im Kontext der Mehrsprachigkeit nennen die Lehrenden ihre Kompetenzen in den zuvor gelernten Fremdsprachen – Deutsch, Englisch, Russisch, Italientisch und Spanisch (siehe Tabelle 1) – und schätzen ihr Sprachniveau hinsichtlich der produktiven und rezeptiven Fertigkeiten ein. Obwohl alle Personen im Studium einen Lateinkurs absolviert haben, wird die Sprache kaum erwähnt, wenn schon, dann mit der Erklärung: »Latein würde ich gar nicht dazu zählen. Das gehört schon der Vergangenheit an« (IP3). Es lässt sich außerdem bemerken, dass die interviewte Gruppe hohe Anforderungen an die eigenen Fremdsprachenkenntnisse stellt und sie kritisch hinterfragt. Drei Personen lehnen es definitiv ab, sich selbst als mehrsprachig zu bezeichnen (IP1, IP5, IP6). In den Antworten wird zudem deutlich, dass die erworbenen Kompetenzen des Englischen, einer Sprache, die derselben Sprachfamilie wie Deutsch angehört, von den Lehrenden selbst als nicht befriedigend bewertet werden: »es gab von Anfang an nicht diese Liebe zum Englischen wie zum Deutschen« (IP4), was damit zu erklären ist, dass die Personen erst im Studium angefangen haben, Englisch zu lernen und außer IP2 und IP3 das Erlernen der Sprache nicht fortgesetzt haben. Dies scheint insofern problematisch zu sein, als im polnischen Schulsystem die deutsche Sprache als zweite Fremdsprache nach Englisch angeboten wird, wodurch Englisch als eine Transferbasis für jede weitere Sprache fungieren könnte. Der Bescheidenheit der Lehrpersonen bei der Einschätzung des eigenen Potenzials widersprechen wiederum folgende Äußerungen: »Wohin ich auch immer reise, bin ich imstande mich [auf Englisch] zu verständigen, aber eher mittels Basiswortschatz... ohne auf seriöse Themen einzugehen« (IP5).

| | unterrichtet | L1 | L2 | L3 | L4 | L5 | L6 |
|---|---|---|---|---|---|---|---|
| IP1 | DE | PL | EN<br>R: A2<br>P: A1 | RU<br>R: A2/B1<br>P: A2 | DE | LA | |
| IP2 | DE | PL | DE<br>R: C1<br>P: B2 | RU<br>R: A2<br>P: A1/A2 | EN<br>R: A2/B1 | LA | SP Anfängerin |
| IP3 | DE u. EN | PL | DE<br>R: C<br>P: C | RU<br>Grundkenntnisse | EN<br>R: B2<br>P: B2 | LA | |
| IP4 | DE | PL | DE<br>k. A. | RU<br>R: A1<br>P: A1 | EN<br>R: B1<br>P: B1 | LA | IT Anfänger |

*(Fortsetzung)*

|      | unterrichtet | L1 | L2            | L3         | L4            | L5 | L6 |
|------|--------------|----|---------------|------------|---------------|----|----|
| IP5  | DE           | PL | DE<br>k. A.   |            |               | LA |    |
| IP6  | DE           | PL | RU<br>R: B1<br>P: B1 | DE<br>k. A. | EN<br>R: B1<br>P: B1 | LA |    |

Tab. 1: Das eigene Repertoire als Ressource beim Sprachenlehren[4]

### 2.3.2  Erfahrungen mit mehrsprachigkeitsorientierten Aktivitäten als Schüler:in

Bei der Beantwortung der Frage: Welche Erfahrungen haben Sie mit dem Ansatz als Schüler:in gemacht? ist es deutlich, dass die IP noch ein vages Verständnis von dem Konzept ›Mehrsprachigkeit‹ haben, wovon verunsicherte Äußerungen über ihre Erfahrungen sowie häufiges Nachfragen zeugen. Einige Lehrende assoziieren den Ansatz mit den Lehrveranstaltungen in der kontrastiven Grammatik, die sie im Germanistikstudium besucht haben. Aus den Aussagen der Personen geht jedoch hervor, dass sie sich der Ziele, an die zuvor erworbenen Sprachen anzuknüpfen und dabei gesammelte Erfahrungen beim Erlernen weiterer Fremdsprachen zu nutzen (Effektivität des Lernprozesses steigern, den Prozess beschleunigen), bewusst sind. Das belegen folgende Zitate: »Mir haben Begriffe aus der polnischen Grammatik geholfen« (IP2), »Ich hatte schon Vorkenntnisse – das hat mir sehr geholfen« (IP3), »Ich mache das, um es mir besser zu merken. Ich lerne halt so. Ich habe den Eindruck, dadurch geht es schneller« (IP5). Zwei Personen merken an, dass eine größere Anzahl der beherrschten Sprachen Herstellung von Verknüpfungen erleichtert (IP4), wobei die am besten beherrschte Fremdsprache (Deutsch) zu einer richtigen Fundgrube wird (IP2). Für IP5 muss die Sprache erst gut beherrscht werden, um eine Transferbasis für weitere Sprachen auszumachen. Zwei IP heben hingegen hervor, dass die Fähigkeit, Sprachen beim Lernen aufeinander zu beziehen, erst mit einem gewissen Alter entwickelt wird und dass man dazu eine Bewusstheit braucht, die nicht von Anfang an vorhanden ist: »Als ich gelernt habe, habe ich nicht daran gedacht […] ich habe mich nicht auf andere Sprachen bezogen, sie nicht verglichen... Jetzt [wenn ich Englisch lerne] vergleiche ich alles mit dem Deutschen und Polnischen« (IP5). »Sprachbewusstheit ist beim Lernen einer weiteren Sprache am wichtigsten« (IP4). Den Ausführungen der Personen kann man entnehmen, dass sie vorwiegend innerhalb der auf der Sprachverwandtschaft basierten Konstel-

---

4 Erklärung der Abkürzungen: DE (Deutsch), PL (Polnisch), EN (Englisch), RU (Russisch), LA (Latein), SP (Spanisch), IT (Italienisch), R (rezeptiv), P (produktiv), A1, A2, B1, B2, C1 (Sprachniveau nach dem Gemeinsamen europäischen Referenzrahmen), k. A. (keine Angabe).

lationen die Sprachen aufeinander bezogen haben, d. h.: Polnisch ← Russisch (IP2), Deutsch ← Englisch. Darüber hinaus werden Zusammenhänge zwischen der Muttersprache und den zuvor gelernten Fremdsprachen genannt (v. a. Polnisch ← Deutsch (IP1, IP5), Polnisch ← Englisch). Die letzten werden insbesondere im Bereich der Satzstruktur, Satzteile, Wortarten und Terminologie gesehen. Aus dem Datenmaterial ist ersichtlich, dass auch typologisch nicht-verwandte Sprachen miteinander verglichen werden (Deutsch ← Italienisch, Deutsch ← Spanisch, Englisch ← Spanisch). Aus den Erklärungen der IP lässt sich auch schließen, dass die Lehrkräfte intuitiv wissen, welche Verfahren beim mehrsprachigkeitsorientierten Ansatz überhaupt in Frage kommen. Sie erwähnen dazu Sprachvergleiche und Suche nach Ähnlichkeiten und Unterschieden.

### 2.3.3 Erfahrungen mit mehrsprachigkeitsdidaktischem Ansatz in der bisherigen Berufspraxis

Auf die Frage, welche Erfahrungen die IP mit dem Ansatz in ihrer Berufspraxis gemacht haben, werden Antworten gegeben, die beweisen, dass die IP über vielfältige Erfahrungen mit dem Ansatz im DaF-Unterricht verfügen, auch wenn die meisten von ihnen mit dem Begriff ›Mehrsprachigkeitsdidaktik‹ nicht vertraut sind und nicht einmal wissen, ob er im aktuellen Lehrplan überhaupt verankert ist. Die Anwendung mehrsprachigkeitsorientierter Verfahren beschreiben sie als »eher unbewusst und spontan« (IP5), »eher Anspielung, kurze Digression« (IP4), »kurzer Impuls, eine Neuigkeit« (IP6). Unter spontan soll eigentlich punktuell bzw. gelegentlich verstanden werden, weil v. a. im Hinblick auf die Grammatik dieselben grammatischen Phänomene wiederholt genannt werden. Dies kann bedeuten, dass die IP auf elaborierte Strukturen rekurrieren. Die Häufigkeit der Anwendung solcher Aktivitäten hängt dabei vom erreichten Sprachniveau der jeweiligen Person ab. IP1 behauptet hierzu, Vergleiche mit dem Englischen manchmal vorzunehmen, wenn ihr Sprachniveau das zulässt, während sie an das Polnische sehr oft anknüpft. Die Lehrenden kennen zwar das sprachliche Repertoire ihrer Schüler:innen, weil danach gleich in der ersten Deutschstunde gefragt wird, wo über bisherige Fremdsprachenerfahrungen und bewährte Strategien, Fremdsprachen zu erlernen, die Rede ist. Es lässt sich jedoch schließen, dass nur ein Teil der Ressourcen, d. h. Englisch- und Polnisch-Kenntnisse, Eingang in den Unterricht findet, während die übrigen Vorkenntnisse unbeachtet bleiben. Die IP behaupten, im Deutschunterricht sehr oft bzw. oft auf die Muttersprache (Polnisch) zurückzugreifen. Sie sind der Überzeugung, dass der Muttersprache ein fester Platz im Fremdsprachenunterricht eingeräumt werden soll und weigern sich vor Versuchen, Polnisch aus dem Fremdsprachenunterricht zu verbannen, weil das dem Durchdringen, dem Ineinandergreifen der Sprachen widerspricht (IP4). Die Motivation, aus den Vorkenntnissen des Polnischen zu schöpfen und sich auf diese zu beziehen, resultiert aus der Absicht, den Lernprozess zu erleichtern. Einstimmig glauben die Lehrenden, die Muttersprache sollte eine Ausgangsbasis für das Lehren und Erlernen weiterer Sprachen (»Brückensprache«) sein. In ihrem Berufsalltag erweist sich aber, dass viele Jugendliche nicht über ausreichende Kenntnisse der polnischen Grammatik verfügen, die man in die Zielsprache transferieren könnte, um synergiestiftende Effekte zu erreichen. Es mangelt v. a. an terminologischen Grundkenntnissen (Bezeichnungen für Wortarten und Satzglieder), am Wissen über Kasus, Kasusfragen, Pronomen, Typen der Nebensätze. Schuld an dem Sachverhalt sind in Augen der IP erstens Polnisch-Lehrende, die die Terminologie nicht konsequent verwenden, zweitens der derzeit dominierende Fokus auf die Literatur und drittens Haltung der Lernenden selbst, die auf die polnische Grammatik keinen großen Wert legen und Polnisch als Schulfach ignorieren.

Gefragt nach Situationen, in denen sie im Unterricht auf andere Fremdsprachen (hier ausschließlich Englisch) zurückgreifen, geben die IP an, dass sie andere Sprachen heranziehen,

- wenn sie ein Phänomen der deutschen Sprache erklären und feststellen, dass die Schüler:innen es nur schwer nachvollziehen (IP5, IP3) – »Als eine Erklärungsmethode habe ich eine solche Methode entwickelt« (IP4),
- wenn die Lernenden deutsches Wort vergessen haben (IP5),
- damit sich die Schüler:innen ein Wort einfacher einprägen: »Sie behalten das Wort besser im Gedächtnis, wenn anstelle eines polnischen Äquivalents ein englisches angegeben wird, wenn sie auf ihre Englischkenntnisse zurückgreifen können. Das ist für sie interessant. Und das ist wichtig« (IP6),
- um die DaF-Lernenden zum Denken zu bewegen, anstatt fertige Bedeutungen anzugeben (IP3),
- um v. a. im Anfängerunterricht Schüler:innen Mut zu geben, sie zu verzaubern, ihnen zu zeigen, dass sie nicht bei null anfangen, da sie doch in der Lage sind, im deutschen Text so viele aus anderen Sprachen bekannte Wörter (Internationalismen) zu erkennen und zu verstehen (IP2).

Tabelle 2 präsentiert eine Zusammenstellung konkreter Bereiche innerhalb der Grammatik und Lexik, die von Lehrenden als Basis für einen Sprachtransfer (Ähnlichkeiten) bzw. kontrastives Arbeiten (Unterschiede) regelmäßig genutzt werden.

| Grammatik (Ähnlichkeiten) | Lexik (Ähnlichkeiten) |
|---|---|
| – Struktur der Tempora<br>– unregelmäßige Verben<br>– Hilfsverben<br>– Artikelwörter<br>– Passiv | – Kognate (Englisch/ Deutsch)<br>– Wortschatz aus dem Bereich ›neue Technologien‹<br>– Wortbildungsregeln |
| **Grammatik (Unterschiede)** | **Lexik (Unterschiede)** |
| Adjektivdeklination<br>Erkennen grammatischer Kategorien | Falsche Freunde |

Tab. 2: Bereiche der Lexik und Grammatik, in denen die Lehrkräfte im Deutschunterricht auf Englischvorkenntnisse zurückgreifen

Die Beurteilung von Ergebnissen, die das Einbetten von mehrsprachigkeitsorientierten Aktivitäten liefert, fällt sehr unterschiedlich aus. Sie steht in der Wechselbeziehung mit dem Potenzial und der Motivation der von IP unterrichteten Gruppen. Doch alle Lehrpersonen sind sich darüber einig, dass die Englisch-Ressourcen in letzter Zeit einiges zu wünschen übrig lassen und lediglich in einem beschränkten Maße eine Transferbasis für Deutsch darstellen können. Allerdings ist das nur im Bereich der Grammatik problematisch: »Ich bin enttäuscht von den Englischvorkenntnissen meiner Schüler:innen. […] Ich möchte etwas aus dem Englischen ins Deutsche transferieren, aber es fehlt an theoretischem Wissen, auf dem man eine Regel im Deutschen aufbauen könnte« (IP2), »Das Wissen sollte auf dieser Etappe schon präsent sein« (IP1). Eine Erklärung für die Wissenslücken im Bereich der Grammatik finden die IP zum einen in der Art und Weise, wie Englisch von Schüler:innen erworben wird. Sie ähnelt heutzutage mehr dem impliziten Spracherwerb, wodurch das grammatische Wissen chaotisch und ungeordnet ist. Es wird beim Lernen wenig Wert auf die Grammatik gelegt: »Die Schüler schnappen die Sprache aus Filmen, Liedern auf…« (IP1). »Sie verwenden bestimmte Strukturen, ohne sie zu kennen und argumentieren: man sagt doch so!« (IP2) oder »ich bin doch kommunikativ« (IP1). Zum anderen wird Englisch insbesondere am Anfang, wenn die Grundstrukturen eingeführt werden, vorwiegend spielerisch erlernt, was dazu führt, dass Schüler:innen Phrasen automatisieren, ohne die grammatischen Strukturen erkannt zu haben (vgl. Haukås 2019: 8). Die Schüler:innen verfügten, so die Erfahrungen der IP, über lückenhafte Grammatikkenntnisse innerhalb der Grundphänomene wie Artikelgebrauch, Wortfolge, Arten von Nebensätzen, Stammformen des Verbs sowie haben die bereits bei Schwierigkeiten mit dem Rückgriff auf Vorkenntnisse im Polnischen genannten Probleme mit der Terminologie grammatischer Kategorien (Wortarten, Satzteile). Dies erschwert erheblich den Wissenstransfer aus dem Englischen ins Deutsche, macht ihn als Hilfswerkzeug untauglich und stellt den Sinn des Transfers in Frage. Im lexikalischen Bereich werden von den IP keine Schwierigkeiten mit dem Einbezug der Vorkenntnisse aus dem Englischen genannt. Der lexikalische Transfer verläuft reibungslos (IP6). Aus den Berichten der IP kann man schließen, dass in der Regel Lehrende Impulse für die mehrsprachigkeitsorientierten Aktivitäten geben: »Die Schüler bemerken Ähnlichkeiten, wenn der Lehrer auf sie hinweist« (IP2). Die Lernenden würden solche Versuche erst ab einem höheren Niveau unternehmen (IP4), was IP5 in Anlehnung an eigene Erfahrungen als Schülerin mit dem Mangel an kognitiver Reife und fehlenden Englischkenntnissen erklärt. IP6 gibt an, dass leistungsstärkere Schüler:innen durchaus die Gemeinsamkeiten und Unterschiede zwischen den Sprachen bemerkten und diese auch im Unterricht meldeten. Solche Schüler:innen empfänden Freude darüber, bestimmte Sachen schon zu kennen und fühlten sich dadurch geschmeichelt (IP6).

### 2.3.4  Einstellungen der Lehrer:innen zur Mehrsprachigkeitsdidaktik

Bis auf die IP2, die – als Beraterin für Methodik und Didaktik – ein umfangreiches Wissen über den Ansatz, seine zentralen Prinzipien und Ziele besaß, hatten die restlichen IP ein vages Verständnis über die Problematik der Mehrsprachigkeitsdidaktik. Die Einzelheiten bezüglich der Anwendungsmöglichkeiten und der lernförderlichen Effekte kristallisierten sich für sie erst in der Interviewsituation heraus. Da das Interviewthema im Vorfeld der Interviews nur grob umrissen wurde, lässt sich vermuten, dass die IP »keine sorgfältig durchdachten Stellungnahmen« (Oppenheim 2004: 87), sondern spontane Antworten im Hinblick auf ihre Einstellung zum Konzept ›Lehren unter Einbettung aller vorhandenen Ressourcen‹ formulierten. Auf die Frage, wie sie die Idee beurteilen, in ihrem Unterricht das gesamte vorhandene Sprachenrepertoire (d. h. ihr eigenes und das der Schüler:innen) zu integrieren, antworteten die IP wie folgt: »sehr interessant« (IP3, IP5), »einleuchtend« (IP2). Auf diese durchaus positiven Beurteilungen folgen jedoch Vorbehalte wie Zeitmangel im regulären Unterricht: »Das hätte Sinn, aber nicht bei zwei Wochenstunden Deutsch. Nennen Sie das Egoismus, aber mir wäre es einfach zu schade, wenn ich in den zwei Stunden noch zusätzlich Englischkenntnisse der Schüler pflegen müsste. [...] Bei so wenigen Stunden wollen wir unseren Schülern solide Grundkenntnisse des Deutschen vermitteln« (IP6). IP3 schlägt die Umsetzung des Konzepts im Rahmen zusätzlicher Stunden vor, da sie dafür keine Zeit im Unterricht findet. In diesem Zusammenhang hört man bei einigen Lehrenden wiederholt das Argument, dass sich schon bei drei Stunden viel eher Vergleiche zwischen Sprachen anstellen ließen. Der Umsetzung des Konzepts würden den IP zufolge Motivation und Potenzial vieler Schüler:innen im Wege stehen: Die Einbettung der Verfahren »ist abhängig vom Willen der Lernenden« (IP3), »Die Chancen stehen höher, wenn die Gruppe leistungsstark ist« (IP5). Die Idee sei gut, »wenn der Schüler genau und sorgfältig ist und auf diese Dinge Wert legt« (IP2). Viele Lernende hätten generell gar kein Interesse an der zweiten Fremdsprache. Folglich seien für sie mehrsprachigkeitsorientierte Aktivitäten im Deutschunterricht kein wichtiges Thema. Die IP berichten, dass es unter ihren Schüler:innen auch solche gibt, die enthusiastisch auf Übungen reagieren, die lexikalische Phänomene in Anknüpfung an andere Sprachen präsentieren (IP5).

### 2.3.5 Möglichkeiten der Zusammenarbeit mit Lehrkräften anderer Sprachen

Bis auf IP6, die offen gesteht, dass sie im Moment keine Chancen auf die Zusammenarbeit mit anderen Fremdsprachenlehrenden sieht[5], erklären die anderen Personen den Willen und die Notwendigkeit, sich mit Lehrenden anderer Sprachen regelmäßig zu treffen und in Gruppenarbeit durch gemeinsame Analyse bestimmter sprachlicher Phänomene Materialien für ihren Unterricht vorzubereiten und am Wortschatz zu arbeiten. Der Zeitfaktor ist hierbei ein problematischer Punkt. Während IP5 vorschlägt, sich zu Beginn einmal pro Woche zu treffen, möchte IP1 nicht allzu oft mit anderen zusammenarbeiten, da ihr Stundenplan und der ihrer Kolleg:innen dies nicht erlaubt. IP2 – selbst sehr positiv gegenüber dem Konzept und den Diskussionen mit Lehrer:innen aus ihrer Schule eingestellt – zweifelt am Engagement der Lehrkräfte und behauptet, dass sie sich durchaus den Widerwillen der Lehrer:innen vorstellen könne, schon wieder ihre private Zeit für eine Innovation zu opfern.

## 3. Zusammenfassung und Diskussion der Ergebnisse

Die Resultate der vorliegenden Studie zeigen, dass im polnischen Schulkontext sowohl kognitive als auch affektive Zielsetzungen eine wichtige Rolle spielen, auch wenn sie nicht in demselben Maße umgesetzt werden. Das kann an der Spezifik Polens liegen, wo die Einbettung der Mehrsprachigkeitsdidaktik nicht in erster Linie mit der Integration von Schüler:innen mit anderen Herkunftssprachen zusammenhängt (vgl. Daryai-Hansen/Lindemann/Speitz 2019: 64). Daher ist es ersichtlich, dass Deutschlehrende im Klassenzimmer die affektiven Ziele stets vor Augen haben und diese auch konsequent realisieren, indem sie ihre Schüler:innen zum Lernen des Deutschen (z. B. durch attraktive Unterrichtsgestaltung) und weiterer Fremdsprachen motivieren (z. B. Polyglotten- oder Sprachentage organisieren). Somit setzen sie vorwiegend das Konzept der separaten Mehrsprachigkeit (*separate plurilingualism*) um. Den Aussagen der

---

5 Die Lehrerin argumentiert es damit, dass eine solche Kooperation viel Zeitaufwand, Engagement aller beteiligten Seiten verlangt und eine gründliche didaktische Basis braucht. Die Kooperation wäre erfolgreich, wenn man den Endeffekt der Arbeit sehen würde.

befragten IP kann man entnehmen, dass die kognitiven und metakognitiven Ziele (d. h. »Wissen über Sprache und Sprachenlernen, Prozeduren der Sprachanalyse und des Sprachenvergleichs« (Barras 2019: 379)) ebenfalls verfolgt werden, obwohl ihre Umsetzung eher intuitiv als theoriebegründet erfolgt, d. h. sich primär aus Mechanismen der Erleichterung des Fremdsprachenlehrens ergibt und dadurch nur marginal, ziemlich unsicher und variationsarm ist (Forschungsfrage 3; vgl. hierzu auch Wypusz (2015: 88); Grasz (2020: 501)). Die IP kennen weder den Ansatz noch seine Verfahren. Wegen der relativen Neuheit des Ansatzes hatten die Lehrpersonen keine Chance, sich mit der Mehrsprachigkeitsdidaktik im Rahmen ihrer Studienausbildung vertraut zu machen. Sie wurde in den Studienlehrplänen nicht behandelt. So wundert es auch nicht, dass die Mehrsprachigkeitsdidaktik in den letzten Jahren in der Weiterbildung kaum präsent war. Die Themenbereiche, an denen sich die von IP besuchten Schulungen und Seminare orientierten, waren: neues Abitur, Online-Unterricht und Umgang mit Flüchtlingskindern aus der Ukraine. Auch die aktuellen polnischen Lehrpläne für die Oberschule betrachten den Ansatz nur am Rande. Fünf von sechs interviewten Lehrer:innen waren nicht imstande, das Konzept in dem Curriculum wiederzuerkennen und haben die Unkenntnis seiner Vorgaben gestanden. Sie haben die Tatsache damit erklärt, sich in erster Linie an dem Lehrwerk und seinen Inhalten zu orientieren. Selbst in den Lehrmaterialien können Lehrpersonen nur selten mit dem Ansatz in Kontakt kommen. Sie wünschen, er wäre präsenter in den Lehrwerken. Wenn man aber die Mehrsprachigkeit als dynamisches Konzept auffasst, das Veränderungen und fortlaufender Entwicklung unterliegt, hat die Vorstellung eines universellen Lehrwerks, das in jedem Klassenzimmer einsetzbar wäre, wenig Sinn. Die Implementierung der Mehrsprachigkeit soll immer kontextgebunden verlaufen, also möglichst alle aktuell im Klassenzimmer vorhandenen Ressourcen, sprachliche Bedürfnisse der Lernenden und konkrete Rahmenbedingungen berücksichtigen (vgl. Szymankiewicz/ Kucharczyk 2015: 75), die stets variieren. In den mehrsprachigkeitsorientierten Lehrmaterialien sollten verstärkt lernförderliche Verfahren und Techniken vermittelt werden, mit denen man Vorkenntnisse aus einer Sprache beim Erlernen der Zielsprache nutzen kann. Die Beispiele aus dem Lehrwerk sollen die Lehrenden dazu inspirieren, über das fremdsprachliche Potenzial und Vorwissen im Klassenzimmer zu reflektieren, die Techniken auf die konkrete Situation zu übertragen und auszuprobieren. Dabei müssten sich Autoren der Lehrwerke v. a. an der typischen Sequenzierung der Sprachen im polnischen Bildungskontext orientieren. Zu viele Sprachen im Lehrwerk würden nur Chaos stiften und müssten unbeachtet bleiben.

Aus den geführten Interviews geht außerdem hervor, dass den Lehrenden weitere Impulse und vor allem konkretes deklaratives und prozedurales Wissen hinsichtlich der Mehrsprachigkeitsorientierung im Zielsprachenunterricht fehlen. Sie sind hingegen mit der Zweckmäßigkeit des Ansatzes, wie bereits oben erörtert wurde, einverstanden (Forschungsfrage 1). Die meisten IP sind auch dazu bereit, ihre mehrsprachigkeitsorientierten Aktivitäten im Deutschunterricht zu intensivieren – auch im Rahmen des jetzigen Stundenvolumens für Deutsch als zweite Fremdsprache, weil sie darin Vorteile für Lerner:innen und ihr Schulfach sehen (vgl. Forschungsfrage 4). Die Implementierung der Mehrsprachigkeitsdidaktik darf aber nicht das Hauptziel des Unterrichts in den Hintergrund verbannen, d. h. die Entwicklung der sprachlichen Kompetenz in der Zielsprache, was sich aus dem absolvierten Studium ergibt. Als Übergangslösung würden sich Seminare bzw. Webinare eignen, die zum einen das Wissen der Lehrenden über den Ansatz systematisieren und vertiefen, zum anderen ein Repertoire an praktischen Lösungsvorschlägen anbieten, die man im nächsten Unterricht einsetzen und ihre Praktikabilität und Berechtigung für die jeweilige Lernergruppe ausprobieren kann. In der längeren Perspektive müssen jedoch Maßnahmen ergriffen werden, die Lehrenden der Muttersprache und der ersten Fremdsprache für das Thema zu sensibilisieren. Ohne ihr Engagement und ihre Kooperation im Hinblick auf die konsequente Verwendung grammatischer Termini und Einübung der Grundstrukturen ist die Implementierung der Mehrsprachigkeitsdidaktik sehr schwierig. Gerade die Englischlehrenden müssten die Akzentverschiebung und die veränderte Perspektive akzeptieren: Englisch erhält nun als dominierende globale Kommunikationssprache die Rolle einer Transfersprache im Kontext der Mehrsprachigkeit. Die befragten IP würden gerne mit Lehrenden anderer Fremdsprachen aus ihren Schulen arbeiten, um gemeinsam mehrsprachigkeitsorientierte Materialien (z. B.. Liste der Kognate in zwei Sprachen) zu entwickeln und problematische Bereiche (z. B.. Aussprache-Unterschiede in zwei Sprachen) zu klären (vgl. Forschungsfrage 5).

Es wäre ideal, wenn die Lehrpersonen nicht nur Sprachkenntnisse, sondern auch authentisches Interesse an anderen Fremdsprachen und fremden Kulturen zeigen würden (vgl. Méron-Minuth 2018: 20). Das bestätigen die IP selbst, wenn sie behaupten: »Glaubwürdigkeit wirkt. [...] Das eigene Vorbild ist überzeugender für Schüler« (IP4). »Es imponiert Schüler:innen, wenn Lehrer:innen auch andere Sprachen kennen, sie hören dann besser zu, sind konzentrierter« (IP1). Der unzureichenden Kompetenzen in anderen Fremdsprachen waren sich die meisten befragten Lehrkräfte völlig bewusst (vgl. Forschungsfrage 2).

# Bibliographie

Aguado, Karin (2019): *Zur Vielfalt qualitativer Datenerhebungsverfahren.* In: Wilden, Eva / Rossa, Henning (Hrsg.): *Fremdsprachenforschung als interdisziplinäres Projekt.* Band 65. Berlin: Peter Lang, S. 67–86.

Barras, Malgorzata / Peyer, Elisabeth / Lüthi, Gabriela (2019): *Mehrsprachigkeitsdidaktik im schulischen Fremdsprachenunterricht: Die Sicht der Lehrpersonen.* In: Zeitschrift für Interkulturellen Fremdsprachenunterricht, 24 (2), S. 377–403.

Bredthauer, Stefanie / Engfer, Hilke (2018): *Natürlich ist Mehrsprachigkeit toll! Aber was hat das mit meinem Unterricht zu tun?* URL: https://kups.ub.uni-koeln.de/8092/1/Manu skript_BredthauerEngfer-2.pdf [Zugriff am 27.01.2023].

Daryai-Hansen, Petra / Lindemann, Beate / Speitz, Heike (2019): *Mehrsprachigkeit im frühen DaF-Unterricht in Dänemark und Norwegen – Lehrer- und Schülerperspektiven.* In: German as a foreign language, 1, S. 44–71.

Grasz, Sabine (2017): *Hilfe oder Hindernis? Meinungen finnischer Sprachstudierender über Mehrsprachigkeit als Ressource beim Deutschlernen* In: Zeitschrift für Interkulturellen Fremdsprachenunterricht, 22 (2), S. 56–65.

Grasz, Sabine (2020): *Die Rolle der Mehrsprachigkeit beim Lehren und Lernen von Fremdsprachen aus der Sicht zukünftiger SprachenlehrerInnen in Finnland.* In: Zeitschrift für Interkulturellen Fremdsprachenunterricht, 25 (1), S. 483–505.

Haukås, Astå (2019): *Einstellungen und Erfahrungen von Lehramtsstudierenden zur Mehrsprachigkeitsorientierung im Deutschunterricht.* In: German as a foreign language, 1, S. 4–24.

Helfferich, Cornelia (2011): *Die Qualität qualitativer Daten.* Wiesbaden: Verlag für Sozialwissenschaften.

Herdina, Philip / Jessner, Ulrike (2002): *A Dynamic Model of Multilingualism. Perspectives of Change in Psycholinguistics.* Clevedon: Multilingual Matters.

Heyder, Karoline / Schädlich, Birgit (2014): *Mehrsprachigkeit und Multikulturalität – eine Umfrage unter Fremdsprachenlehrkräften in Niedersachsen.* In: Zeitschrift für Interkulturellen Fremdsprachenunterricht, 19 (1), S. 183–201.

Hinc, Jolanta (2016): *Rola języka angielskiego jako pierwszego języka obcego w nauczaniu języka niemieckiego jako drugiego języka obcego – założenia teoretyczne a rzeczywistość dydaktyczna.* In: Linguodidactica, 20, S. 105–118.

Hinc, Jolanta (2015): *Zur Förderung der individuellen Mehrsprachigkeit des Fremdsprachenlernenden – Aufgaben für die Polnisch- und Fremdsprachenlehrenden.* In: Neofilolog, 45 (2), S. 233–244.

Hufeisen, Britta (2010): *Theoretische Fundierung multiplen Sprachenlernens – Faktorenmodell 2.0.* In: Hufeisen, Britta (Hrsg.): *Jahrbuch Deutsch als Fremdsprache. Intercultural German Studies 36.* München: Iudicum, S. 200–208.

Krumm, Hans-Jürgen (2018): *Veränderungen im Bereich des Lehrens und Lernens von Sprachen und deren Konsequenzen für die Aus- und Fortbildung von Fremdsprachenlehrerinnen.* In: Neofilolog, 51 (1), S. 11–27.

Lindemann, Beate (2019): *Mehrsprachigkeitsdidaktik im norwegischen DaF-Unterricht – der mühsame Weg vom Wissen zur Umsetzung.* In: German as a foreign language, 1, S. 24–44.

Marx, Nicole (2014): *Häppchen oder Hauptgericht? Zeichen der Stagnation in der deutschen Mehrsprachigkeitsdidaktik.* In: Zeitschrift für Interkulturellen Fremdsprachenunterricht, 19 (1), S. 8–24.

Méron-Minuth, Sylvie (2018): *Mehrsprachigkeit im Fremdsprachenunterricht. Giessener Beiträge zur Fremdsprachendidaktik.* Tübingen: Narr Verlag.

Mayring, Philipp (2010): *Qualitative Inhaltsanalyse. Grundlagen und Techniken.* Weinheim / Basel: Beltz.

Neuner, Gerhard / Hufeisen, Britta / Kursiŝa, Anta / Marx, Nicole / Koithan, Ute / Erlenwein, Sabine (2009): *Deutsch als zweite Fremdsprache.* Berlin u. a.: Langenscheidt.

Oppenheim, Abraham Naftali (2004): *Kwestionariusze, wywiady, pomiary postaw.* Poznań: Wydawnictwo Zysk i S-ka.

Reich, Hans Heinrich / Krumm Hans-Jürgen (2013): *Sprachbildung und Mehrsprachigkeit. Ein Curriculum zur Wahrnehmung und Bewältigung sprachlicher Vielfalt im Unterricht.* Münster: Waxmann.

Szymankiewicz, Krystyna / Kucharczyk, Radosław (2015): *Kompetencja różnojęzyczna w początkowym kształceniu nauczycieli.* In: Neofilolog, 45 (1), S. 73–86.

Williams, Sarah / Hammarberg, Björn (1998): *Language switches In L3 production: Implications for a polyglot speaking model.* In: Applied Linguistics, 19 (3), S. 295–333.

Wokusch, Susane / Lys, Irene (2007): *Überlegungen zu einer integrativen Fremdsprachendidaktik.* In: Beiträge zur Lehrerinnen- und Lehrerbildung, 25 (2), S. 168–179.

Wurzenrainer, Martin / Laimer, Thomas (2018): *Mehrsprachigkeit im Basisbildungsunterricht mit MigrantInnen – eine Ressource und keine Komplikation!* In: Magazin Erwachsenenbildung, 33, S. 3–10.

Wypusz, Joanna (2015): *Konzept Deutsch als Fremdsprache nach Englisch (DaFnE) – Notwendigkeit oder Wunschvorstellung? Empirische Untersuchung in Grundschulen in Großpolen.* In: Glottididactica, 42 (1), S. 81–91.

Monika Janicka (Uniwersytet Marii Curie-Skłodowskiej, Lublin)

# Nonverbale und verbale Aspekte des Erteilens von Instruktionen. Brauchen wir eine Wende im Methodentraining von angehenden DaF-Lehrkräften?

**Abstract**
**Verbal and Nonverbal Aspects of Giving Instructions. Do We Need a Turn in the Training for Preservice Teachers of German as a Foreign Language?**
The article focuses on the training of Polish preservice teachers of German as a foreign language. The analysis of the Polish education standards indicates the position of communicative competence as rather underestimated. The aim of this article is to highlight the role of communicative competence as one of the most important skills in a teachers' work. Another goal is to encourage the teacher trainers to include the training and a reflection on the training methods into the teacher preparation programmes as well as to give signals to education policymakers to put a special emphasis on the communicative competence in the education standards. As the instruction and the professional body language are important factors of teachers' communicative competence, the present paper shows exemplary, how to work on communicative competence improving the quality of instructions and controlling some elements of the body language. Implementing the technique micro-teaching the student teachers have a chance to experiment with teachers' behaviours and to learn from each other.

**Keywords:** teacher training, instruction, professional body language, micro-teaching
**Schlüsselwörter:** Lehrerbildung, Instruktion, fachbezogene Körpersprache, Micro-Teaching

## 1.    Einleitung

Angehende Deutschlehrer:innen werden in Polen im Germanistikstudium ausgebildet und auf ihre künftige Lehrtätigkeit im Rahmen des pädagogisch-fachdidaktischen Moduls vorbereitet. Nach den 2019 aktualisierten Bildungsstandards müssen sie solche Kompetenzen erwerben, die Wissen aus dem Bereich der Fachmethodik, der Fachdidaktik, der Psychologie und der Pädagogik, sowie eine Reihe an Fähigkeiten und sozialen Kompetenzen umfassen.[1] Einige Punkte der

---

1  Vgl. *Rozporządzenie Ministra Nauki i Szkolnictwa Wyższego z dnia 25 lipca 2019 r. w sprawie*

Bildungsstandards sind den Kommunikationskompetenzen der angehenden Lehrer:innen gewidmet. Demnach sollen sie sich der Bedeutung der Sprache als eines der wichtigsten Werkzeuge der Lehrkraft bewusst sein, sowie die Problematik der Arbeit mit Schüler:innen mit geringen Polnischkenntnissen oder Sprachstörungen und die Kommunikationstechniken zu didaktischen Zwecken erkennen. Zu diesen Techniken wird die Kunst des Vortragens sowie die Fähigkeit, solche Fragen zu stellen, die die Aktivität der Schüler:innen fördern, gezählt. Zu den geforderten Kenntnissen gehört auch das Wissen um den Bau und die Funktion der Sprechorgane und Prinzipien der Stimmbildung. In Bezug auf die Fertigkeiten und die Einstellungen wird den Kommunikationskompetenzen in den Bildungsstandards explizit nicht sehr viel Platz gewidmet. Zu den zu erwerbenden Fähigkeiten in diesem Bereich gehört u. a. die Fähigkeit, bewusst und effizient zu kommunizieren sowie das Kommunikationsregister an das Niveau und die Wahrnehmungsmöglichkeiten der Lernenden anzupassen.

Es ist zu konstatieren, dass der Lehrberuf ein sprachaffiner Beruf ist, in dem die Kommunikationskompetenzen eine äußerst wichtige Rolle einnehmen. Deshalb dient als Ausgangspunkt weiterer Erwägungen die Annahme, dass die Kommunikationskompetenzen der Lehrpersonen stärker in den Fokus des Methodentrainings gerückt werden sollen und dass theoretische Kenntnisse in diesem Bereich unzureichend für eine effiziente Lehrtätigkeit sind. Es wäre deshalb angebracht, im Training von angehenden Lehrkräften bestimmte Aspekte der Kommunikationskompetenz gezielt zu thematisieren und ihre Förderung einer vertieften Reflexion zu unterziehen.

Die Lehrtätigkeit beruht sehr stark auf dem Instruieren, zu dem solche sprachlichen Handlungen wie Bitten, Fragen, Auffordern, Erklären, Anweisen, Beurteilen oder Ermahnen gezählt werden können. Diese Sprechakte haben zum Ziel, konkrete Reaktionen der Lernenden zu bewirken: Informationen zu übermitteln, auf das Verhalten der Lernenden einzuwirken und bestimmte Reaktionen auszulösen. Da dem Instruieren in der Lehrperson-Lernende-Kommunikation eine wichtige Bedeutung zukommt, stehen im Mittelpunkt der vorliegenden Analyse zwei Elemente des Methodentrainings, das im Rahmen der Deutschlehrerausbildung dargeboten werden sollte, und zwar die Erteilung der Instruktion und die Körpersprache, die die verbalen Anweisungen unterstützt. Ein geschärfter Blick auf diese Problematik kann zum besseren Verständnis der Rolle der Kommunikationskompetenz als Teilkompetenz der Lehrkompetenzen beitragen. In dem vorliegenden Beitrag wird ein Vorschlag präsentiert, wie die

---

standardu kształcenia przygotowującego do wykonywania zawodu nauczyciela (*Verordnung des Ministers für Bildung und das Hochschulwesen vom 25. Juli 2019 zu Bildungsstandards für den Lehrerberuf*). URL: http://isap.sejm.gov.pl/isap.nsf/DocDetails.xsp?id=WDU20190001450 [Zugriff am 11.05.2023].

Entwicklung der Kommunikationskompetenz stärker in den Fokus des Methodentrainings gerückt werden kann.

## 2.    Körpersprache in fachlichen Handlungszusammenhängen

Das von Watzlawick, Beavin und Jackson (2007) entwickelte Axiom zur menschlichen Kommunikation besagt, dass es unmöglich sei, nicht zu kommunizieren. Jede Mitteilung hat neben dem Inhaltsaspekt auch einen Beziehungsaspekt, was besagt, dass der Sender in seinen Äußerungen zugleich eine Stellung zu seinem Empfänger nimmt. Durch den Ton der Stimme, den Gesichtsausdruck oder den Kontext kann dieselbe Aussage auf unterschiedliche Weise gedeutet werden. Insofern ist festzustellen, dass der Beziehungsaspekt den Inhaltsaspekt bestimmt (vgl. Watzlawick/Beavin/Jackson 2007: 53–54). Das Konzept aufgreifend konstatiert Kalverkämper (2000: 47), dass es ebenfalls unmöglich ist, »den kommunikativen Körper des Gegenübers nicht zu interpretieren«. Diese Feststellung hat in berufsbezogenen Kontexten eine besondere Dimension. Die Körpersprache der Profis ist

> ein Habitus, der sich aus dem Selbstverständnis des körpersprachlich agierenden als Experte, Leitfigur, Autorität, Sachverständiger, Situationsmächtiger ableitet und der demnach in spezifischer, auffälliger und von dem Gegenüber oder dem Publikum auch wahrgenommener Weise ausgespielt wird, durchaus auch unbewusst, aber vielfach erlernt, angeeignet, ›gekünstelt‹. (Kalverkämper 2000: 71–72)

Kalverkämper spricht von *fachbezogener Körpersprache* und betont, dass in fachlichen Handlungszusammenhängen die Körpersprache spezifisch eingesetzt wird, gleichwertig mit dem verbalen Text ist und zu seiner Unterstreichung, Ergänzung und Illustration dient. Der Körpersprache ist eine Signalqualität eigen: Sie wirkt als ein Mittel der Beziehungspflege und Beziehungsstiftung, ist mit Expressivität und Appellation stark personenbezogen (vgl. Kalverkämper 2000: 74). Durch die Körpersprache wird Nähe oder Distanz, aber auch die Wahrnehmung des Gegenübers geschaffen. Morreale, Spitzberg und Barge (2007) legen nahe, dass nonverbale Signale über die Wahrnehmung und Einschätzung einer Person entscheiden.

Der Körper der Lehrperson sendet wichtige nonverbale Signale, die Wahrnehmungen und Einstellungen der Lernenden zur Lehrperson bestimmen. So werden Signale, die verschiedene Körperteile senden, folgendermaßen gedeutet:
- Mimik (Gesicht): Personen, die den Augenkontakt vermeiden, den Blick vom Gesprächspartner abwenden, drücken Angst und Unsicherheit aus,
- Gestik (Hände, Schultern): mangelnde Gestik wird als Unsicherheit interpretiert, während verschränkte Arme für Geschlossenheit gehalten werden,

- Haptik (Berührungsverhalten): das Berühren des Arms eines Lernenden oder Händedruck können von der Unterstützung oder Kooperation zeugen, sie können auch als Ausdruck der Sympathie wahrgenommen werden, während jeglicher Mangel an Berührung Distanz zum Ausdruck bringt,
- Kinesik (Bewegungsverhalten): beharrliches Sitzen oder Stehen hinter dem Tisch drückt Unsicherheit und Abgrenzung aus,
- Proxemik (Nähe-Distanz-Verhalten, Abstandswahrung gegenüber dem Partner): Auch wenn sich die Lehrperson mithilfe von Gegenständen vor dem Körper von der Gruppe abgrenzt, wird das als Unsicherheit, Geschlossenheit wahrgenommen (vgl. Morreale/Spitzberg/Barge 2007: 181–188).

Die Meinungen, ob und inwiefern die Körpersprache zu beherrschen ist, klaffen auseinander. Während Autoren wie Molcho (1998) oder Martin (2010) in ihren Ratgebern zeigen, wie man durch die Kontrolle der Körpersprache beim Gegenüber Vertrauen erwecken oder die Kommunikation verbessern kann, findet Heckel (2010), dass die Körpersprache nicht erlernbar sei. Gleichzeitig stellt er fest, dass Inkongruenzen in dem verbalen und nonverbalen Verhalten Unsicherheiten in der Kommunikation erzeugen (vgl. Heckel 2010: 76–78). Im beruflichen Kontext einer Lehrperson kann das weitgehende Konsequenzen haben. Eine Lehrkraft, die versucht, die Klasse zu führen und durch bestimmte Anweisungen das Unterrichtsgeschehen zu bestimmen und zugleich durch ihre Körperhaltung Unsicherheit oder sogar Angst ausstrahlt, wird von den Lernenden nicht ernst genommen. Besonders von pubertierenden Jugendlichen ist nicht zu erwarten, dass sie durch aufmerksames Zuhören und empathisches Verhalten diesen Inkongruenzen geduldig und verständnisvoll entgegensehen. Das legt nahe, dass angehende Lehrkräfte an ihrer Körpersprache bewusst arbeiten sollten.

## 3.    Ziel der Klassenführung und Rolle der Instruktion

Angesichts der sich rasch wandelnden Welt, des erodierenden Fachwissens und des allgemeinen Zugangs zu digitalen Medien hat die früher zentrale Aufgabe der Lehrperson, den Schüler:innen das Wissen zu vermitteln, an Bedeutung verloren. In lernerorientierten, konstruktivistischen Ansätzen wird von der Lehrperson viel mehr erwartet, dass sie sich zurücknimmt und den Lernenden mehr Handlungsspielraum überlässt. Die Lehrkräfte müssen sonst noch in mehreren weiteren Rollen agieren: Einerseits sind sie mehr wissende Experten, andererseits Moderator:innen der Wissens- und Handlungskonstruktion, die sich durch die Fach-, Methoden- und Sozialkompetenz auszeichnen, Impulse geben und Fragen einbringen, die die Lernenden zur Problemlösung und Problemfindung anleiten (vgl. Reich 2004: 205–206). Für Gold (2015: 112–128) genießen auch die Führungsqualitäten der Lehrperson hohe Wichtigkeit. Das eigentliche Ziel der Klassenführung sieht der Pädagoge in der »Herstellung und Gewährleistung einer Atmosphäre (und einer Lernumgebung), in der gut gelernt werden kann« (Gold 2015: 113). Gold zählt dazu die Fähigkeit, mit Störungen umzugehen, zu deren Maßnahmen Blickkontakt und verbale Intervention bei dem betreffenden Schüler/der betreffenden Schülerin zählen – Handlungen, die auf nonverbaler und verbaler Kommunikation basieren.

Selbst wenn in den neuen Erwartungen an die Lehrerrolle die Akzente anders als im traditionellen Unterricht gesetzt werden, lässt es sich nicht leugnen, dass die Lehrpersonen in einer direktiven Beziehung zu ihren Lernenden stehen. Dies drückt sich u. a. darin aus, dass sie den Lernenden die Lernprozesse nach wie vor organisieren. Für Meyer (2003: 37) ist die klare Strukturierung des Unterrichts, in dem die Schüler:innen wissen, was sie tun sollen, Prinzip Nummer 1 guten Unterrichts. Es lässt keinen Zweifel daran, dass Lernende wissen werden, was sie tun sollen, wenn die Lehrersprache klar sein wird. Auch Helmke (2006) betont, dass ein guter Unterricht in der Schule u. a. bedeutet, dass er gut und klar strukturiert ist und dass die Inhalte fachlich und sprachlich richtig dargestellt werden. Auch kooperative, konstruktivistische Unterrichtsmethoden, die eine höhere Autonomie der Schüler:innen voraussetzen und Selbststeuerungskomponente enthalten, bedürfen zunächst einer klaren Instruktion, was das Ziel der Aufgabe und die zum Erreichen des Zieles führende Arbeitsvorgänge angeht. Gold (2015: 133) unterstreicht, dass es kaum eine Unterrichtsstunde geben könnte, in der sich nicht einige Prinzipien *direkter Instruktion* wiederfinden würden. Dazu gehören die folgenden Maßnahmen:
- Rückblick auf die vorangegangene Stunde, Wiederholung bereits gelernter Inhalte und eine Prüfung der individuellen Lernvoraussetzungen,
- eine darstellende Form der Stoffvermittlung,
- eine informative Rückmeldung und eine Anleitung zum gemeinsamen Üben,
- eine Anleitung zum selbstständigen Üben,
- eine kontinuierliche (formative) Überprüfung der Lernfortschritte.

Im Fremdsprachenunterricht muss der Aspekt des fremdsprachlichen Inputs mitberücksichtigt werden. Das stellt für die Lehrkraft eine zusätzliche Herausforderung dar. Schart und Legutke (2012: 118–122) fassen zusammen, was die hohe Qualität der Lehrersprache im Fremdsprachenunterricht ausmacht. Zu diesen Merkmalen gehören:
- verständliche Aussprache (Deutlichkeit, Geschwindigkeit, Intonation): Wenn es notwendig ist, das Verständnis der Lernenden zu fördern, sollte die Lehrkraft mit einer deutlich akzentuierten Intonation sprechen, sie sollte es vermeiden, zur Tafel oder zur Wand zu sprechen,

- angemessene sprachliche Mittel: Für bestimmte Arbeitsanweisungen sollen immer die gleichen Wendungen benutzt werden. Der Wortschatz und die benutzten Strukturen sollen an das Niveau der Lernenden angepasst werden und für sie sprachlich verständlich sein,
- Einsatz nonverbaler Mittel wie Mimik, Gestik und Visualisierung: Die Lehrenden sollen pantomimische Mittel benutzen, um manche Situationen zu erklären. Sprache soll mit Mimik und Gestik verbunden werden, damit die Lernenden die Mitteilung besser verstehen können, unbekannte Wörter sollen mit Zeichnungen an der Tafel illustriert werden.

Um die hohe Qualität des Unterrichts zu gewährleisten, bedarf es auch einer *adaptiven Instruktion*, die darauf beruht, dass das unterrichtliche Vorgehen an die oft heterogenen Lern- und Leitungsvoraussetzungen angepasst wird. Sie setzt voraus, dass die Geschwindigkeit des unterrichtlichen Vorgehens sowie die Aufgabenmenge und -komplexität die Möglichkeiten der Lernenden berücksichtigen (vgl. Gold 2015: 133–134). Die angeführten Erwägungen zeigen zweifellos, dass eine gute Instruktion für die Unterrichtsqualität und -effizienz eine große Bedeutung hat.

## 4.  Micro-Teaching als Element des Methodentrainings für angehende Deutschlehrkräfte – ein Studienbericht

Die angestellten Erwägungen rücken zwei wichtige Aspekte in den Vordergrund, die einen inhärenten Teil der Lehrerkompetenzen darstellen: das Erteilen von Instruktion und die sie unterstützende Körpersprache. Klare Instruktionen (Anweisungen) ordnen das Unterrichtsgeschehen, legen die Aktivitäten der Lernenden fest und steuern somit zur Qualität der Unterrichtsprozesse bei. Sie werden durch die Körpersprache der Lehrperson unterstützt.

Das Konzept des Trainings, das in dem vorliegenden Beitrag präsentiert wird, knüpft an das Konzept des sozialen Lernens am Modell: Das Lernen erfolgt durch den aktiven Umgang mit der sozialen Umgebung. Es geschieht durch Wahrnehmung, Bedeutungszuschreibung, kognitive Strukturierung, Gewichtung und Selektion von Informationen sowie durch Nachahmung und Identifikation des Beobachters mit dem durch eine andere Person vorgeführten Verhalten (vgl. Bandura 2007: 27–31).

Im Folgenden wird das für Studierende des zweiten Studienjahres der Germanistik an der Maria Curie-Skłodowska Universität in Lublin bestimmte

Training präsentiert, dass die Form von Micro-Teaching[2] hatte: Die Studierenden führten im Rahmen des Kurses »DaF-Didaktik im Grundschulunterricht«[3] DaF-Unterricht, wobei die einen aus der Gruppe die Lehrer:innenrolle übernahmen und sich die anderen in die Rolle der deutschlernenden Grundschüler:innen versetzten. An dem Kurs haben insgesamt acht Lehramtsstudierende teilgenommen. Sie hatten ein heterogenes Sprachniveau, das von Niveau A2 bis B2+ reichte. Die Aufgabe, die die Studierenden im Laufe des Kurses erarbeiteten, bestand darin, in Partnerarbeit eine Unterrichtsstunde von 45 Minuten vorzubereiten und durchzuführen. Im Rahmen der Vorbereitung auf diese Aufgabe lernten die Studierenden verschiedene Unterrichtsmodelle kennen. Sie wurden in die Unterrichtsstruktur eingeführt sowie mit den Aktivitäten der Lehrperson in den jeweiligen Unterrichtsphasen vertraut gemacht. Besprochen wurden auch die Prinzipien der Lehrersprache. Gemeinsam wurden formelhafte Wendungen für jede Unterrichtsphase gesammelt. Dazu wurden auch für die Lehrersprache typische Strukturen wie z. B. der Imperativ wiederholt. Auch die Kriterien der Evaluation der auszuführenden Aufgabe wurden diskutiert. Es wurde dabei betont, dass das Ziel der Evaluation nicht lediglich darin bestehe, das Ergebnis des Lernprojektes zu beurteilen. Vielmehr sollte die Evaluation dem Zweck dienen, dass die Projektteilnehmer:innen prozessartig voneinander lernen. Nach jeder durchgeführten Unterrichtsstunde wurde auf die Wahrnehmung des beobachteten Unterrichtsgeschehens im Plenum eingegangen. Dabei wurde sowohl die verbale als auch die nonverbale Seite des Unterrichts bewertet. Die Prinzipien, denen man dabei folgte, entsprachen dem Konzept *assessment for learning* (Bewertung für das Lernen), in dem es darum geht, dass Lernende Anhaltspunkte dafür gewinnen, wie sie erfolgreich weiterlernen können, aber zugleich wurde hier *assessment as learning* (Bewertung als Lernen) praktiziert, bei dem Beurteilungsvorgänge ein Element des selbstgesteuerten Lernvorgangs sind und dem Ziel folgen, die Fähigkeit zur Selbstbeurteilung und Selbststeuerung des eigenen Lernprozesses zu entwickeln (vgl. Winter 2018: 15). Bei der Beurteilung der präsentierten Sequenzen wurde zunächst auf jene Elemente eingegangen, die besonders gelungen waren. Statt die Unterrichtssequenz zu bemängeln, sollten die Beobachtenden konstruktive Kritik in den Fokus stellen und ihre kritischen Anmerkungen in Form von Verbesserungsvorschlägen formulieren, wie sie persönlich bestimmte Aktivitäten umgesetzt hätten. Es wurde stets betont, dass die Beurteilung der Förderung der Lehrkompetenzen dient und den nächsten Lehrer:innen-Paaren, die noch vor der Erfüllung der Aufgabe standen, beim

---

2 Auf John Hatties Rangliste von den effektivsten Unterrichtsmethoden nimmt *Micro-Teaching* mit dem Effekt von 0,88 die vierte Position ein (vgl. Hattie 2015).

3 Die polnische Bezeichnung des Faches lautet »Dydaktyka języka niemieckiego w szkole podstawowej«.

Planen ihrer Sequenzen behilflich sein soll. Diese Art der Evaluation sollte Reflexion über den Kompetenzerwerb ermöglichen, sowie selbstständiges, reflexives, kooperatives Lernen fördern.

Die Durchführung des Projektes umfasste vier Unterrichtssequenzen, die die Form einer Simulation des Deutschunterrichts für Grundschüler:innen auf dem Niveau A1 hatten. Als Grundlage für die Präsentationsphase sollte immer ein Hörtext dienen, mithilfe dessen der neue Stoff präsentiert wurde. Die Texte und Übungen, die in den Unterrichtssequenzen vorkamen, lagen unter dem Niveau der Student:innen des zweiten Studienjahres der Germanistik und sollten nur als Simulation des Unterrichts mit A1-Lernenden betrachtet werden. Alle Sequenzen wurden videografiert, wofür von den Studierenden schriftliche Einwilligungen eingeholt wurden.

## 5.   Ergebnisse der Studie

Die präsentierten Unterrichtssequenzen wurden in der Reihenfolge beschrieben, in der sie von den Studierenden durchgeführt wurden. Für die Analyse werden Teile der Unterrichtssequenzen gewählt, in denen das Verhalten und der Unterrichtsstil der Lehrpersonen für die ganze Sequenz charakteristische Züge tragen. In der Transkription steht die Abkürzung L für Lehrperson, die Abkürzung S für Schüler:innen/Lernende. Mit dem Asterisk * werden die fehlerhaften Formen markiert, die in den Instruktionen der Studierenden vorkamen. Beschrieben (*mit Kursivschrift*) wird auch das nonverbale Verhalten der Unterrichtenden, das der Videoaufnahme zu entnehmen ist.

### 5.1   Unterrichtssequenz 1

Die beiden Lehrpersonen sitzen hinter dem Schreibtisch, ohne aufzustehen. Zusätzlich ist die Person, die in dem Moment die Aufgabe moderiert, durch den Bildschirm des Laptops von der Gruppe abgegrenzt. Eine Instruktion, was die Lernenden tun sollen und worum es in der Aufgabe, die sie lesen sollen, geht, gibt es nicht. Den Lernenden wird lediglich mitgeteilt, dass sie Übung 2 machen sollen, wofür ihnen ein paar Minuten zur Verfügung gestellt werden, damit sie sich mit der Aufgabe vertraut machen.

> L (*vor der Gruppe an der Tafel stehend*): Nächst* macht selbst die Übungen 2 auf Seite acht und hundert, eh…, einhundertacht und Übungen 4, 6 und 7 auf Seite einhundertneun.
>
> *Ein paar Minuten später.*

L (*hinter dem Schreibtisch sitzend*): Sie sind* alle fertig? ..... Okay, Übung Nummer 2... Vielleicht Darek.

S: Ich habe einen Hund. Ich möchte einen Hund.

L: Nein. Ich habe einen Hund und ich habe **keinen** Hund.

S: So. Also, Ich habe einen Hund und ich habe keinen Hund.

L: Ja. Und zwei?

S: Ich habe eine Katze und ich möchte eine Katze. Eh... Und ich möchte keine Katze. (*Die Lehrperson lächelt der anderen Lehrperson zu*) Ich möchte einen Kanarienvogel und ich möchte keinen Kanarienvogel.

L: Okay. Kamila?

Die Lehrperson erklärt nicht, was die Lernenden tun sollen. Sie lässt sich lediglich auf die Aufgabenstellung aus dem Lehrwerk ein. Als der Student denselben Fehler wiederholt, wendet sie sich lächelnd der Co-Lehrperson zu und signalisiert auf diese Art und Weise, dass sie den wiederholten Fehler bemerkt hat, ohne jedoch darauf verbal einzugehen, ohne den Fehler zu korrigieren, ohne zu erklären, nach welchem Muster die Sätze geübt werden sollen, bittet sie eine andere Person um die Fortsetzung der Übung. Die Instruktion ist viel zu karg, um den Lernenden das richtige Verständnis der durchzuführenden Aufgabe zu vermitteln. Aber die Lehrpersonen trauen sich bis zum Ende der Unterrichtssequenz nicht zu, etwas an ihren Instruktionstechniken zu ändern.

## 5.2  Unterrichtssequenz 2

Die Lehrpersonen stehen an der Tafel. Der Lehrende, der die Instruktion erteilt, bemüht sich, den Blickkontakt mit der Gruppe aufzunehmen. Immer wieder schaut er aber in das Lehrbuch, das er vor sich hält, was wahrscheinlich einer besseren Konzentration dienen soll, aber zugleich auch von seiner Nervosität zeugen kann.

L: Schaut euch jetzt bitte die erste Übung an. Seite 30. Macht bitte eure Lehrbücher auf und schaut euch vielleicht* die ganze Übung an. Ihr habt dort den Brief von Magda. Und jetzt kleine Bitte an euch. Lest euch* bitte den Brief von Magda genau. Und ja... Ihr habt zwei Minuten Zeit, dann die ihr* den Text lesen könnt, und dann werden wir alle Informationen aus dem Text prüfen. Also, wie gesagt, ihr habt zwei Minuten Zeit, um zu lesen.. Notiert euch bitte beinahe* *alle* unverständlichen, alle neuen Ausdrücke und Wörter, also all das, was ihr nicht versteht.

(*Nach einer kurzen Pause*)

L: Und der zweite Punkt... Sagt mir bitte, was das Verb *mögen* bedeutet?

S: Lubić

L: Und das ist ein häufig gebrauchtes Verb und zugleich (*gestikuliert, macht eine offene Handbewegung, nimmt Blickkontakt zu der Gruppe auf*) auch… ihr erkennt natürlich diesen Begriff* nicht. Das Verb *mögen* bedeutet also nicht nur *lubić*, sondern es ist auch ein Modalverb und zugleich auch ein unregelmäßiges Verb. Wie meint ihr, worin besteht diese Unregelmäßigkeit? Na czym polega nieregularność czasownika *mögen*, o ile oczywiście kiedykolwiek spotkaliście się z takim pojęciem jak nieregularność czasownika. (*Pause*) Na czym może polegać to zjawisko? Ja rozumiem, że to może nie jest pytanie dla pierwszej gimnazjum, tak? Ale tak na logikę, z czym kojarzy wam się pojęcie nieregularność w odniesieniu do czasownika? Czy może zauważyliście…

S: Zmiana, jakaś zmiana.

L: Dokładnie, chodzi o pewną zmianę. Chodzi o zmianę formy czasownika. Tak jak tam macie napisane w podręczniku w przykładzie. Forma podstawowa czasownika brzmi *mögen*. Ale już taka forma jak »ich möge«* nie istnieje…

Während dieser Unterrichtssequenz bemühen sich die Lehrpersonen um einen besseren Kontakt zur Gruppe. Sie bewegen sich im Klassenraum, haben die gesamte Gruppe im Blick. Die Lehrperson, die die Instruktion erteilt, scheint etwas aufgeregt zu sein, gestikuliert aber auf eine ziemlich natürliche Weise. Die Co-Lehrperson geht auf die Gruppe zu, um so zu tun, als würde sie die Arbeitsergebnisse kontrollieren. Der angehende Lehrer scheint sich in seiner Rolle ziemlich locker zu fühlen. Die Instruktion, die hier erteilt wird, ist jedoch sehr verzwickt und es ist anzunehmen, dass sie im echten Unterricht von Schüler:innen auf dem Niveau A1 nicht verstanden worden wäre. Die Instruktion ist sehr ausgebaut und umfasst gleichzeitig sehr viele Aspekte: Zuerst sollen die Lernenden einen Text lesen und unbekannte Vokabeln notieren. Darauf wird aber nicht eingegangen. Im Fokus steht auf einmal die Struktur mit dem Modalverb *mögen*. Sie wird aber auch auf eine komplizierte Weise erklärt unter Nutzung von Fachbegriffen und Anspielungen auf das Unwissen der Lernenden. Da die Erklärungen ziemlich abstrakt werden, muss die Lehrperson zur Muttersprache als Stütze greifen. Der Instruierende dominiert die Lernenden sehr stark, stellt Fragen, ohne eine Antwort abzuwarten.

## 5.3    Unterrichtssequenz 3

Die Student:innen, die in dieser Sequenz die Rolle der Lehrpersonen übernehmen, verhalten sich ziemlich locker. Sie halten sich nicht hartnäckig an die Unterlagen mit den Aufgaben, sie gehen auf die Lernenden zu und tun so, als würden sie sie in ihrer Einzelarbeit unterstützen.

L: Schaut bitte die Aufgabe* 1b. Ja. Und seht bitte Bilder an*. Ihr hört die Aussagen, ihr müsst nur ein Bild mit der passenden Aussage, die ihr hört, zu verbinden*... Na, ja. Versteht ihr alles? Nur ein Bild mit der passenden Aussage, die ihr hört, verbinden. Okay? Hm.... Schreibt in die Hefte bitte.

(*Nach dem Hören*)

L: Okay. Habt ihr oder nicht*? Noch einmal?

S: Nein.

L: So, welches Bild passt hier?

S: Zweite*.

L: Ja, sehr schön.

Die Instruktion enthält zwar sprachliche Fehler, die Sätze sind aber vorwiegend kurz und prägnant. Die Lehrperson wiederholt die Aufgabenstellung mit anderen Worten und überprüft, ob sie verstanden wurde. Sie vergewissert sich, ob eine Wiederholung notwendig ist und gibt den Lernenden bei korrekten Antworten positive Rückmeldungen, die am Ende durch ein Lächeln bekräftigt werden. Bei der Aufgabenstellung steht die Lehrperson zwar hinter dem Lehrerpult, hält aber Blickkontakt mit der Gruppe und unterstützt ihre Mitteilungen durch spärliche gestische Signale.

## 5.4    Unterrichtssequenz 4

Die Lehrperson steht an der Tafel, aber mit dem Blick zur Klasse gerichtet. Sie verhält sich ziemlich locker, hat aber wenig Blickkontakt mit den Lernenden. Sie schaut vorwiegend in das Lehrwerk und nur selten in Richtung der Lernenden.

L: Und weiter haben wir die Übung 2 und zwei Sätze ... und ... bitte gucken. Und jetzt schalte ich den zweiten Punkt* ein und ihr müsst diese Sätze ergänzen.

(*Nach dem Hören*)

L: Ok, brauchen Sie* ... braucht ihr nochmal *hören, oder nicht? Ok. vielleicht Darek.

S: Ich habe am Donnerstag die AG-Fußball und dienstags hab' ich die AG-Tanzen.

L: Eeeeh...ok.

Der Hörtext wird in kleinere Abschnitte aufgeteilt, was eine bessere Konzentration auf die Aufgabe ermöglicht. Die Instruktion ist knapp, aber prägnant. Die Lehrperson vergewissert sich, ob die Lernenden die Aufgabe und dann den Hörtext verstanden haben, oder ob eine Wiederholung notwendig ist. Die Lernenden reagieren angemessen, was ein Hinweis dafür ist, dass sie die zu erfüllende Aufgabe verstanden haben. Zum Schluss gibt die Lehrperson eine knappe, aber positive Rückmeldung zu der genannten Lösung.

## 6.    Schlussfolgerungen

Die vier Unterrichtssequenzen wurden innerhalb von vier Wochen in darauffolgenden Unterrichtsstunden durchgeführt. Vor Beginn des Projektes wurden die Studierenden mit verschiedenen Aspekten der Unterrichtsführung, darunter mit Prinzipien einer guten Instruktion vertraut gemacht. Die analysierten Aufnahmen können aber nahe legen, dass nicht die theoretischen Grundlagen, sondern die Beobachtung der Mitstudierenden und eine Reflexion über die von ihnen erteilten Instruktionen und die Wahrnehmung und Thematisierung ihrer Körpersprache dazu beigetragen haben, dass sich das kommunikative Verhalten der angehenden DaF-Lehrkräfte von Unterricht zu Unterricht veränderte und immer bewusster kontrolliert wurde. Denn nach jeder ca. 45-minütigen Unterrichtssequenz, wurden weitere 45 Minuten für die Evaluation des Beobachteten bestimmt. Thematisiert wurden dabei Aspekte wie Körperhaltung, Kinesik, Einsatz der Mimik und Gestik, sowie die Akkuratheit der erteilten Instruktion. Wie locker oder wie verkrampft man sich vor einer Gruppe sprechend (selbst wenn diese Gruppe aus Mitstudierenden besteht) fühlt, hängt sicherlich mit der Persönlichkeit zusammen und lässt sich nicht vollständig kontrollieren. Es kann aber an Aspekten wie Nähe und Distanz, Blickkontakt oder das Bewegungsverhalten gearbeitet werden. Das analysierte Kommunikationsverhalten der Studierenden zeigte auch, dass die Effizienz der Instruktion nicht unbedingt mit der sprachlichen Kompetenz der Lehrpersonen zusammenhängen muss. Die Transkriptionen der Unterrichtsverläufe und das beobachtbare Verhalten der Lehrpersonen sind eine exemplarische Dokumentierung dessen, wie das durchgeführte Micro-Teaching schwerpunktmäßig als Teil des Fachmethodentrainings zu einer Reflexion über das kommunikative Verhalten und zu bewussterem Umgang mit der eigenen Kommunikationsweise – sowohl auf der verbalen als auch auf der nonverbalen Ebene – führen können.

## 7.    Diskussion und Ausblick

In Polen basieren die Unterrichtsziele des modernen Fremdsprachenunterrichts (darunter auch des DaF-Unterrichts) auf dem Sprachkönnen. Sie werden mit Hilfe der Beschreibung von zu erreichenden Lerneffekten erfasst und sind somit output-orientiert[4]. Schröder (2007: 293–297) vertritt den Standpunkt, dass der Output aber nur dann stimmen kann, wenn der Input angemessen ist. Insofern fordert er u. a. eine bessere sprachpraktische Ausbildung von angehenden Lehrer:innen sowie eine fundierte Ausbildung in *classroom discourse*. Eine gute Instruktion sowie eine hohe Qualität der Lehrersprache sind wichtige Faktoren, die zur Qualität des Outputs beitragen können. Insofern sollte das Erteilen von Instruktionen einen vorrangigen Platz in der Lehrerbildung sowie ein inhärenter Teil des Methodentrainings von angehenden Deutschlehrkräften sein. Die Instruktion ist ein Teil berufsbezogener Fachsprache, die durch die Körpersprache unterstützt wird. Es besteht zwar kein Konsens darüber, inwiefern die Körpersprache erlernt werden kann, was aus den präsentierten Erwägungen hervorgeht, aber es lässt sich nicht leugnen, dass die Implementierung von Erkenntnissen der Kommunikationswissenschaft eine vertiefende Analyse der Rolle von verbaler und nonverbaler Kommunikation und eine bewusste Wahrnehmung der eigenen Kommunikationsweise, darunter auch der Körpersprache, zur Erhöhung der Qualität des Inputs und somit zu einer besseren Qualität des Unterrichts beisteuern können.

Die Körpersprache unterstützt das Verbale und sollte deshalb als ein Teil des Lehrertrainings thematisiert werden. Während das Verbale in den Bildungsrichtlinien für angehende Lehrkräfte thematisiert wird, wird dem Training der Körpersprache und seiner Bedeutung im Lehrerberuf kein Platz eingeräumt. Angesichts der Wichtigkeit der Körpersprache, insbesondere im fachbezogenen Kontext, sollte dieser Aspekt in die Ausbildung von angehenden Lehrkräften implementiert werden. Das Micro-Teaching scheint dabei eine geeignete Trainingsmethode zu sein.

Die Analyse der Bildungsstandards für angehende Lehrkräfte legt nahe, dass darin die kommunikative Kompetenz der Lehrkräfte nicht genügend fokussiert wird und dass ihr eine zu marginale Rolle eingeräumt wird. Mit dem vorliegenden Beitrag sollen Signale für die Bildungsstandards geliefert werden, die performativen Zielsetzungen, darunter das Erteilen von Instruktionen samt Arbeit an der Körpersprache, in den Mittelpunkt der Lehrkräftebildung zu rücken.

---

4 Vgl. *Rozporządzenie Ministra Edukacji Narodowej z dnia 30 stycznia 2018 r. w sprawie podstawy programowej kształcenia ogólnego dla liceum ogólnokształcącego, technikum oraz branżowej szkoły II stopnia* (*Verordnung des Bildungsministers vom 30. Januar 2018 zum Lerncurriculum für allgemeinbildende weiterführende Schulen*). URL: https://isap.sejm.gov.pl /isap.nsf/download.xsp/WDU20180000467/O/D20180467.pdf [Zugriff am 07.07.2023].

# Bibliographie

Bandura, Albert (2007): *Teoria społecznego uczenia się*. Warszawa: Wydawnictwo Naukowe PWN.

Gold, Andreas (2015): *Guter Unterricht. Was wir wirklich darüber wissen*. Göttingen: Vandenhoeck & Ruprecht.

Hattie, John (2015): *Widoczne uczenie się dla nauczycieli. Jak maksymalizować siłę oddziaływania na uczenie się*. Warszawa: Centrum Edukacji Europejskiej.

Heckel, Jürgen (2010): *Frei sprechen lernen. Ein Leitfaden zur Selbsthilfe*. München: A1.

Helmke, Andreas (2006): *Was wissen wir über guten Unterricht?* In: Pädagogik, 2, S. 42–45.

Kalverkämper, Hartwig (2000): *Fachliche Körpersprache*. In: Baumann, Klaus-Dieter / Kalverkämper, Hartwig / Steinberg-Rahal, Kerstin (Hrsg.): *Sprachen im Beruf. Stand – Probleme – Perspektiven*. Tübingen: Gunter Narr.

Martin, Jean-Claude (2010): *Komunikacja niewerbalna czyli mowa ciała*. Kielce: Jedność.

Meyer, Hilbert (2003): *Zehn Merkmale guten Unterrichts. Empirische Befunde und didaktische Ratschläge*. In: Pädagogik, 10, S. 36–43.

Molcho, Samy (1998): *Mowa ciała*. Warszawa: Diogenes.

Morreale, Sherwyn, P. / Spitzberg, Brian H. / Barge, J. Kevin (2007): *Komunikacja między ludźmi. Motywacja, wiedza i umiejętności*. Warszawa: Wydawnictwo Naukowe PWN.

Reich, Kersten (2004): *Konstruktivistische Didaktik. Lehren und Lernen aus interaktionistischer Sicht*. München / Unterschleißheim: Luchterhand.

Schart, Michael / Legutke, Michael (2012): *Lehrkompetenz und Unterrichtsgestaltung*. München: Klett-Langenscheidt.

Schröder, Konrad (2007): *Kompetenz, Bildungsstandards und Lehrerbildung aus fachdidaktischer Sicht*. In: Beck, Bärbel / Klieme, Eckhard (Hrsg.): *Sprachliche Kompetenzen. Konzepte und Messung. DESI-Studie*. Weinheim / Basel: Beltz, S. 290–298.

Watzlawik, Paul / Beavin, Janet, H. / Jackson, Don D. (2008): *Menschliche Kommunikation. Formen Störungen Paradoxien*. Bern: Hans Huber.

Winter, Felix (2018): *Lerndialog statt Noten. Neue Formen der Leistungsbeurteilung*. Weinheim / Basel: Beltz.

# Internetquellen

*Rozporządzenie Ministra Nauki i Szkolnictwa Wyższego z dnia 25 lipca 2019 r. w sprawie standardu kształcenia przygotowującego do wykonywania zawodu nauczyciela.* (Verordnung des Ministers für Bildung und das Hochschulwesen vom 25. Juli 2019 zu Bildungsstandards für den Lehrerberuf). URL: http://isap.sejm.gov.pl/isap.nsf/DocDetails.xsp?id=WDU20190001450 [Zugriff am 11.05.2023].

*Rozporządzenie Ministra Edukacji Narodowej z dnia 30 stycznia 2018 r. w sprawie podstawy programowej kształcenia ogólnego dla liceum ogólnokształcącego, technikum oraz branżowej szkoły II stopnia.* (Verordnung des Bildungsministers vom 30. Januar 2018 zum Lerncurriculum für allgemeinbildende weiterführende Schulen). URL: https://isap.sejm.gov.pl/isap.nsf/download.xsp/WDU20180000467/O/D20180467.pdf [Zugriff am 11.05.2023].

# Autorinnen und Autoren des Bandes

**Eliza Chabros, Dr.**, Katholische Universität Lublin Johannes Paul II. Forschungsschwerpunkte: Implementierung der Mehrsprachigkeitsdidaktik, Konzept »Deutsch als Fremdsprache nach Englisch«, Plateau-Effekt beim Fremdsprachenerwerb.
ORCID: 0000-0002-1580-1869

**Marta Anna Gierzyńska, Dr.**, Warmia und Mazury-Universität in Olsztyn. Forschungsschwerpunkte: Fachsprachen, Kognitive Linguistik, Fremdsprachendidaktik.
ORCID: 0000-0002-0594-9325

**Helena Hradílková, Mgr.**, Masaryk Universität Brünn. Forschungsschwerpunkte: problembasierter Unterricht, Medien im Fremdsprachenunterricht, Entwicklung von Online-Kursen, neuromotorische Unreife bei Kindern und Erwachsenen.
ORCID: 0000-0002-5721-5235

**Mariusz Jakosz, Univ.-Prof. Dr.**, Schlesische Universität Katowice. Forschungsschwerpunkte: Stereotype und Vorurteile in der deutsch-polnischen Wahrnehmung, Politolinguistik, Medienlinguistik, Diskurslinguistik, Phraseologie und frühes Fremdsprachenlernen.
ORCID: 0000-0001-9606-679X

**Monika Janicka, Dr.**, Maria Curie-Skłodowska Universität in Lublin. Forschungsschwerpunkte: Fremdsprachenunterricht für Lernende mit besonderen Förderbedürfnissen, fördernde Bewertung und Fremdsprachenlehrerausbildung.
ORCID: 0000-0002-5603-4803

**Dalius Jarmalavičius, Dr.**, Universität Vilnius. Forschungsschwerpunkte: historische Sprachwissenschaft der baltischen und germanischen Sprachen, synchrone und diachrone Wortbildungsforschung, Didaktik der Fremdsprachen, Theorie und Praxis von CLIL.
ORCID: 0000-0002-6755-6316

**Monika Kowalonek-Janczarek, Dr.**, Adam-Mickiewicz-Universität Poznań. Forschungsschwerpunkte: Fremdsprachendidaktik, Mehrsprachigkeit, Sprachenpolitik und Linguistic Landscapes.
ORCID: 0000-0002-9230-1948

**Michael M. Kretzer, Dr.**, Ruhr-Universität Bochum (Deutschland), University of the Western Cape Bellville (Südafrika). Forschungsschwerpunkte: das südliche und östliche Afrika, Bildungssysteme, Sprachenpolitik und Linguistic Landscapes.
ORCID: 0000-0002-8603-0141

**Virginija Jūratė Pukevičiūtė, Dr.**, Universität Vilnius. Forschungsschwerpunkte: Didaktik der Fremdsprachen, Theorie und Praxis von CLIL, Erwerb der Kompetenzen, Lernkompetenz, Wortbildung beim Fremdsprachenlernen.
ORCID: 0000-0002-3219-2794

**Petr Pytlík, Mgr. Ing. Ph.D.**, Masaryk Universität Brünn. Forschungsschwerpunkte: deutsche Literatur um die Wende des 19. und 20. Jahrhunderts, insbesondere die Autoren der so genannten Völkischen Bewegung.
ORCID: 0000-0002-2661-2529

**Joanna Targońska, Dr. habil.**, Warmia und Mazury-Universität in Olsztyn. Forschungsschwerpunkte: Wortschatzarbeit im Fremdsprachenunterricht, Wortschatzerwerb, Entwicklung der lexikalischen Kompetenz (insbesondere der Kollokationskompetenz) im DaF-Unterricht, Kollokationen und Phraseologie in verschiedenen Fachsprachen und Registern und Wissenschaftssprache Deutsch.
ORCID: 0000-0001-5495-3358

**Barbara Widawska, Dr.**, Pommersche Universität in Słupsk. Forschungsschwerpunkte: Literatur-, Landeskunde- und Filmdidaktik, bilingualer Sachfachunterricht (CLIL), sprachsensibler Fachunterricht (Deutsch/Geschichte), reflexives Lernen sowie deutsch-polnische Wechselbeziehungen in der Geschichte, Literatur und Kultur.
ORCID: 0000-001-6257-3750